**Perspektiver på
Henrik Stangerup
– og andre nordiske forfattere**

BEEWOLF PRESS
Island Dynamics
Lergravsvej 53, 3. sal / 2300 København S / Danmark
http://www.beewolfpress.com

Copyright © Bergur Rønne Moberg 2014

ISBN: 978-87-996331-3-5

Det Letterstedtske Selskab støttede udgaven

Forsidebillede © Adam Grydehøj.

Bergur Rønne Moberg

Perspektiver på Henrik Stangerup
– og andre nordiske forfattere

Beewolf

Det centrale i Hermann Brochs forfatterskab er – midten, det centrale problem er den manglende midte. Midten som den store fylde, kraftkilden og værdicentret, midten som den store tomhed. Forfatterskabet, det digteriske og det filosofiske, kredser om dette centrum, dette værditomrum; det er på den ene side analyse og skildring af værdiopløsning, på den anden side stræben mod syntese, mod helhed, båret af den erkendelse at det hele, som er splittet i tiden, alligevel er der hele tiden, at der er en sammenhæng bag den opsplittede sociale virkelighed

– s. 67 i Villy Sørensens *Demokratiet og kunsten*

Perspektiver på Henrik Stangerup

Indhold

FORORD..3

ARTIKLER
Trianguleringer i den verdenslitterære geografi.
Henrik Stangerups tredjestandpunkt og forestillinger om midten belyst åndshistorisk, antropologisk og verdenslitterært...........................7

Verdenslitterære geografier i resten og Vesten.
Perspektiver på færøske og kontinentaleuropæiske romaner i modernismensmargin 71

Færøpolitisme – Faroepolitanism...127

To hjemstavne.
At høre til i en globaliseret verden. Stedpolygami og mobilitet i *Undir suðurstjørnum* af Gunnar Hoydal.......................................157

INTERVIEWS
Sted og erindring.
Interview med Lisbeth Nebelong, 18.11.2008...............................179

Krønikesamfundet og slottet i hovedet.
Interview med Einar Már Guðmundsson, 26.8 2013....................193

NOTER..213

Bergur Rønne Moberg

Perspektiver på Henrik Stangerup

Forord

Bogen indeholder bidrag til litterære emner som sted, hjemlighed, verdenslitteratur, migration, idé- og kulturhistoriske forestillinger om tredjestandpunktet og midten, antropologisk eller antropologilignende referentialitet i digtning osv. Bogen består dels af litteraturvidenskabelige artikler og dels af interviews. Samlet set er der først og fremmest tale om nordiske emner, værker og forfattere, men med et gennemgående udblik til det europæiske og kosmopolitiske, hvor det lokale og globale, det moderne og det førmoderne mødes.

Bogens væsentligste bidrag er artiklen "Trianguleringer i den verdenslitterære geografi. Henrik Stangerups tredjestandpunkt og forestillinger om midten belyst åndshistorisk, antropologisk og verdenslitterært". Jeg vil takke professor emeritus Hans Hertel ved Københavns Universitet og professor Henk van der Liet ved Universiteit van Amsterdam for deres grundige gennemlæsning af og værdifulde kommentarer til denne artikel. Flere af artiklerne henviser til den klassiske og moderne europæiske forestilling om midten. Forestillingen om midten repræsenterer en omfattende intellektuel position. Den er blevet kaldt en integrationsstrategi og et vovestykke og fungerer som sådan som et modsynspunkt til ideologiernes snævert interessetænkende og bekvemme polariseringer og dikotomier i digtning, litteraturstudier, kulturstudier og i andre sammenhænge.

Jeg vil gerne takke interviewpersonerne Einar Már Guðmundsson og Lisbeth Nebelong for tilføjelser sendt via mail efter at interviewene var blevet gennemført *in persona*.

København, marts 2014
Bergur Rønne Moberg

Bergur Rønne Moberg

Perspektiver på Henrik Stangerup

Artikler

Bergur Rønne Moberg

Perspektiver på Henrik Stangerup

Trianguleringer i den verdenslitterære geografi

Henrik Stangerups tredjestandpunkt og forestillinger om midten belyst åndshistorisk, antropologisk og verdenslitterært

Standpunkttænkerne er [...] et langt stykke af vejen enige i de fundamentale fænomener: de arbejder alle med et dialektisk samspil mellem det indre og det ydre, de ønsker alle en helhedstænkning der skal afløse de autonome værdisystemer, og de henviser alle, mere eller mindre udtalt, til noget ontologisk alment [...] Sagt på en anden måde kan det synes som et forsøg på at dunkle problemerne, når man i en politisk-økonomisk krise svarer igen med et æstetisk og eksistentielt rum. Hertil er kun at sige at standpunkttænkerne opfatter den kulturelle analyse, hvor der analyseres holdninger, som værende lige så gyldige som den politiske analyse.
 – Niels Grum og Niels Houkjær: *Biografien i utopiens tjeneste – et forsøg på at betragte det tredje standpunkt som ramme om alternative tankesæt fra Arne Sørensen til K.E. Løgstrup*, s. 107-108.

Alt hvad der bare havde en svag lugt af konformisme, tilpasning og ensretning hadede han [Stangerup, brm] af et godt hjerte, både til højre og især til venstre, hvor systemtænkerne fandtes.
 – Lars Bonnevie: "Samtaler på Augustinerkajen" i: *Angsten, lykken og ekstasen*, s. 160.

Der findes næppe heller en enkelt gruppe i befolkningen, som alene kan påtage sig rollen som vor tids intellektuelle. Det er ikke muligt for psykologerne fordi deres profession af væsen er praktisk og pragmatisk til forskel fra intellektuel. Filosofferne kan heller ikke udfylde rollen alene, fordi flertallet af dem har satset på analytisk filosofi, og for teologerne er det også en umulig opgave, da sekulariseringen har undermineret deres autoritet. Endelig er der kunstnerne,

Bergur Rønne Moberg

men blandt dem er der mange, som har solgt deres sjæl til avantgarden og det postmoderne. Der er derfor ikke én af de klassiske grupper af intellektuelle, som alene kan løfte arven i dag.

— Dorthe Jørgensen: *Viden og visdom. Spørgsmålet om de intellektuelle*, s. 119-20.

En af de bekendelser, vi har fået i det 20. århundrede er, at forfatteren kun kan være ansvarlig, hvis han tænker på ét menneske, når han skriver. Tænker man på bare 3.000 eller 300, bliver man entertainer. Det 20. århundrede er fuld af tragiske eksempler på forfattere og kunstnere, som var ligeglade med det ansvar. De skrev for ideologierne, for at blive berømte. De forsvarede kommunister, fascister og nazister. At skrive er at være personligt ansvarlig over for én person. Det er en personlig kontrakt.

— Sjón 18. marts 2011 i artiklen "Toget — ondskab, misundelse, begær", Weekendavisen.

Perspektiver på Henrik Stangerup

Det er ikke mange nordiske forfattere forundt at få en femspaltet nekrolog i *LeMonde*,[1] men det fik den danske forfatter Henrik Stangerup (1937-98). Han har med sit internationalt berømte forfatterskab foregrebet nutidens globale tænkning i litteratur og filosofi. København–Paris–Rio blev til en verdensakse i forfatterskabet, som han selv kaldte "min egen eksistentielle trekant" (Stangerup 1986: 84) og hvormed han kædede dansk-europæisk åndshistorie sammen med verdensgeografien. Han sendte sine yndlingsdanskere – Kierkegaard, Holberg, P.L. Møller, P.W. Lund o.fl. – i kredsløb om Jorden og dermed ind i en verdenslitterær kontekst. I dag svinger pendulet tilbage mod verdensborgerånd, og det er en god anledning til at få placeret Henrik Stangerups forfatterskab i en verdenslitterær sammenhæng.

Artiklens fokus er "tredjestandpunktet" eller standpunktstænkning og "triangulering" (jf. senere). Den tredje position udmønter sig hos Stangerup som et radikalt mediationssprog, der er velegnet til at forhandle med modsatrettede positioner. Tredjestandpunktet og triangulering er begreber, der ikke strammer alt for meget i forsøget på at forklare højdepunkter i et livsværk, der er gennemglødet af en overbevisning om, at dikotomier spærrer for interaktiviteten mellem modsætninger og begrænser forståelsen af modernitetens kulturprocesser. Artiklens hovedbegreber er "tredjestandpunktet" (Johan Fjord Jensen) hentet fra dansk idéhistorie og litteraturhistorie og "triangulering" (Michael Harbsmeier) hentet fra antropologien (jf. senere). Myten er dybest set det "tredje standpunkts medium (Fjord Jensen bd. III:94), og trianguleringens logik fortaber sig ligeledes i mytens præhistorie. Både Johan Fjord Jensen og Michael Harbsmeier tilskriver den tredje instans en førbevidst og førmoderne oprindelse. Den logik som Fjord Jensen forbinder med tredjestandpunktet – "logisk løsningsform" (Fjord Jensen III: 79) – korresponderer med antropologiens beskrivelse af triangulering som abstrakt logik (Harbsmeier 1984: 44). Stangerup selv var fra starten optaget af eksistentialisme, persontænkere og eksistensfilosofisk dialogfilosofi, som prioriterede subjektet. Det præger også hans position som standpunkttænker.

Bergur Rønne Moberg

Mens der i Stangerups eget hjemland er skrevet forholdsvis lidt om forfatterskabet, har forfatterskabet i samtiden fået international bevågenhed både blandt læsere og litterater. Forfatterskabet fik imidlertid en generelt positiv modtagelse af dagbladskritikken i Danmark, hvorimod Stangerup havde mange hårde kritikere inden for universitetsmarxismen og 'Bermuda-trekanten' (*Politiken*, Gyldendal og DR).[2] Dette bidrog til at udgrænse forfatterskabet i den danske kontekst. Der gik således politik i kanoniseringen og et forsvar for Stangerup blev automatisk opfattet som en indtagelse af en borgerlig position og tilsvarende blev den modsatte position automatisk opfattet som et udtryk for en marxistisk position på venstrefløjen. Jeg har mødt Stangerup-læsere – om end ikke mange – der hverken er det ene eller det andet.

Stangerup selv var mest optaget af forestillingen om midten og historiens lange linjer og kom derfor på kollisionskurs med aktuel humanisme, 1970'er-marxismen og dansk modernisme. Hans samtid var præget af konkurrence og voldsomme polariseringer mellem to systemer: NATO og Warszawapagten. Kommunisme og kapitalisme var positioner, der gensidigt dæmoniserede hinanden, men reelt fremtrådte som "hinandens enhed, og som sådan fremtvinger de det tredje standpunkt som en logisk løsningsform" (Fjord Jensen 1981: 79). Det tredje standpunkt efter anden verdenskrig var således et forsøg på at finde en vej ud af den økonomiske og politiske konflikt mellem socialismen og kapitalismen.

Stangerup fortsatte sit politiske opgør med den ideologiske blokdannelse og hypostaserede positionsdannelser i den litterære og kulturelle kontekst. Han orienterede sig verdenslitterært og åndshistorisk herunder især mellem forskellige idéer: humanisme, kristendom, myter, sambakultur osv. Han gjorde op med for skarpe opdelinger mellem værdisfærer som videnskab, kunst og religion, realisme og modernisme, natur og kultur, sanselighed og inderlighed.

Heri ligger både ligheden og forskellen mellem Henrik Stangerup og Villy Sørensen. Med de mange overlapninger, som var og er mellem de to standpunktstænkere, er det både mærkeligt og ironisk, at de ikke havde mere forståelse for hinandens positioner. De kæmper begge for at "give kunsten ny berettigelse hinsides værdiopløsningens nihilisme og en l'art pour l'art'-præget æsteticisme" (Sørensen 1962: 130) og for at finde "en fællesnævner for de autonome værdisystemer, et nyt sprog hvori kommunikation var mulig" (ibid.). De tænker begge etisk og ser det farlige i autonomiseringen af enkeltdiskurser, som producerer falske modsætninger og ignorerer helhedsforestillinger. Men der er alligevel en væsentlig forskel i deres standpunktstænkning. Hvor Sørensen definerer sit standpunkt ud fra den dansk-europæiske tradition i skikkelse af Harald Kidde, Thomas Mann, Hermann Broch, Franz Kafka og tilbage i tiden til Seneca, har Stangerup sine identifikationspunkter både i det dansk-europæiske og i en ikke-europæisk tradition, som især er den latinamerikanske, men som også omfatter forfattere fra alverdens 'periferier' uden for Vesten og i udkanten af Vesten.

Den dynamiske jagt på et tredje punkt blev i sig selv til et rummeligt, men kontroversielt standpunkt, som bekræftede Thomas Manns udsagn om, at nuancer skaber raseri. At placere sig i et tredje sted i en tid med hårdt optrukne modsætninger var og blev Henrik Stangerups strategi som en anarkistisk figur på den danske litterære scene præget af det, han opfattede som æstetisk puritanisme i form af modernistisk ortodoksi. Gennem åndshistoriske perspektiver katapulterede han sig ud over en for smal modernitets- og modernismeforståelse og ideologisk interessetænkning.

Stangerup følte sig som en fremmed fugl i forhold til parnasæstetikken i København i 1960'erne og senere, hvor Klaus Rifbjerg havde overtaget digtertronen efter Thorkild Bjørnvig. Stangerup ville væk, først til Paris og senere til Latinamerika, hvis magiske realisme øvede en særlig tiltrækningskraft på hans nyrealistiske orientering. Han søgte også det latinamerikanske i det nordiske og i det nordatlantiske som et led i sit ønske om at bygge noget, der ligner en verdenslitterær bro mellem det nordiske og det latinamerikanske. På Danmarks og måske også på hele Nordens vegne kaldte han William Heinesen "vor egen latinamerikaner" (Stangerup 2003: 467). Stangerup fremhæver Heinesen i flere forskellige sammenhænge som et af sine forbilleder og opfattede tilsyneladende Heinesens forhold til modernitet og modernisme[3] som en tiltrængt udvidelse af det københavnske modernistmiljø i 1960'erne og 1970'erne. Heinesen blev en repræsentant for en kraftlinje mellem den fabulerende nordiske roman og det latinamerikanske romanboom.

Artiklens formål er at beskrive Stangerups forfatterskab set i lyset af en verdenslitterær videreudvikling af den danske standpunkttradition, som især har været orienteret mod en midterposition under den kolde krigs polariseringer. Stangerups standpunkttænkning vil blive beskrevet som et *writing back* til autonome værdisfærer herunder især til videnskaben, moderne (vestlig) kultur og kunst (modernisme) som begrænsede, reduktive værdisystemer. Perspektivet er historisk og antropologisk, hvor Stangerups forfatterskab belyses ud fra den danske standpunktstradition med vægt på studier i trianguleringer. Begge dimensioner peger i retning af triadiske relationsstrukturer i forfatterskabet, som forankres i verdenslitteraturen og den globale geografi bestående af Danmark, Frankrig og Brasilien. Det verdenslitterære felt vedrører en rumlig vending inden for kunst og humaniora, og det definerer sig derfor ud fra spatiale termer som lokal og global, Vesten og resten, centrum og periferi, kolonial og postkolonial (Rosendahl Thomsen 2008: 26). Formålet med verdenslitteratur er at beskrive sammenhængen mellem stedbundne og globaliserede erfaringer. Den er derfor en måde at læse litteratur ud i en kosmopolitisk kontekst, der trækker på både lokale, nationale og regionale sammenhænge.

Artiklens tese er, at Stangerups forfatterskab kan læses som et samlet forsøg på at fortælle og eller formulere det tredje standpunkt mest forstået som en videreudvikling af samme i retning af en globaliseret geografi. Begrebet er først og fremmest knyttet til den svenske debat om mellempositioner mellem øst og vest under den kolde krig (jf. Hans Hertel: *PH – en biografi*). Men Stangerups position peger ud over det politiske og den kolde krig ikke blot mod en geografisk orientering, men også mod forestillinger om midten i europæisk filosofi. Materialet er udvalgte eksempler fra Stangerups romaner og essays. Stangerups tekster bevæger sig i et litterært kulturarvsfelt, der nærer sig af det lokale, det regionale og det globale, og som samtidig omslutter alle tre dele som et lokus for modernitetens forestillede geografi (Jf. Huyssen 2005: 12). Den stangerupske geografi har en medierende funktion, hvor den lokale og nationale kontekst er indfældet i den regionale som en overgang til den globale. Kundera siger om regionens rolle i den verdenslitterære kontekst: "Mellem den *store globale kontekst* og den *lille nationale kontekst* kan man forestille sig et mellemtrin, lad os kalde det en *medierende kontekst*. Mellem Sverige og verden er dette trin Skandinavien. For Colombia er det Latinamerika" (Kundera 2005: 48).

Min læsning henter sine overordnede argumenter i det stærkt voksende forskningsfelt verdenslitterær kritik og teori, der har udviklet sig til en læsemetode, som kombinerer det lokale, nationale, regionale og det globale. Feltet udtrykker en vilje til at tænke transkulturelt, transarealt og tværdisciplinært og åbner for nye beskrivelsespositioner i forhold til nationallitteraturernes internationalitet. Erich Auerbach er en af de litteraturforskere, som er kommet til at stå centralt i de senere år. Han betoner verdenslitteratur som et "visionært begreb, der overskrider nationale litteraturer uden samtidig at ødelægge deres individualitet" (Auerbach 2008: 48).

Verdenslitteratur er et fænomen, der overskrider sin egen oprindelseskontekst med hensyn til overførsler og modtagelser af perspektiver og i forhold til oversættelser til andre sprog for dermed at få nyt liv i andre nationallitterære kontekster. At studere tekster i en verdenslitterær ramme aktualiserer spørgsmål om, hvordan kulturer forstår hinanden og hvordan nationallitterære kundskaber bringes ud i en mere omfattende cirkulation i og uden for den nationallitterære kontekst. Frem for at privilegere det radikalt nye efter vestligt avantgardistisk mønster, eller lige så ensidigt postkolonialismens ideologiske ambition om en afvestliggørelse, vil jeg læse Stangerup som repræsentant for dialogisk tredjeposition med Brasilien som forløsende midtpunkt i en polariseret tid. Han indtager m.a.o. en position mellem formelt brudfokuseret modernisme og kulturelt brudfokuseret postkolonialisme og udfordrer på den måde både gamle og nye hegemonier.

Tredjestandpunktet og den danske tradition.
Næst efter Villy Sørensen er Stangerup den mest markante og fornyende standpunkttænker i anden halvdel af det 20. århundrede i dansk litteratur. Stangerups forfatterskab kan læses som et samlet forsøg på at realisere det "det tredje standpunkt" som æstetisk forståelsesform. Stangerup nyfortolker standpunktet ved at løfte det ud af en dansk kontekst og ind i en verdenslitterær geografi. Med sit omfattende iagttagerapparat katapulterer Stangerup sig selv ud af det, der forekom ham at være et 'Københavnstrup' for i stedet at placere sig i en større – europæisk og global – kontekst. Det udmøntede sig i en næsten demonstrativ verdenslitterær satsning, hvor han på flere planer kraftigt insisterede på at overskride den danske oprindelseskontekst. Stangerup nyfortolker tredjestandpunktet ved at udnytte det som en platform til at se kategorier som Vesten, viden, modernitet på samme tid udefra og indefra.

Det værk, som grundigst behandler baggrunden for idéen om tredjestandpunktet i den danske tradition er Johan Fjord Jensens trebindsværk *Efter guldalderkonstruktionens sammenbrud bd. I-III* (1981). I denne sammenhæng gælder interessen primært 3. bind, hvor Fjord Jensen gør op med det han kalder "det tredje standpunkt", som han mener er et gennemgående træk i dansk kulturdebat. Bindets hovedeksempel er Villy Sørensens forfatterskab. Fjord Jensen gør sig samtidig til fortaler for et socialistisk tredjestandpunkt (ibid.: 194), der gør op med det traditionelle tredjestandpunkt, der er den ramme, hvori "guldalderkonstruktion og dannelseslære opfanges og tilbydes husly og får sine moderne problemer bearbejdet" (ibid.: 59). Fjord Jensens udgangspunkt er, at guldalderkonstruktionen søger mening og samtidig vender ryggen til den faktiske virkelighed. Per Øhrgaard anmeldte Fjord Jensens trilogi året efter den udkom, og heri hedder det:

Hvad det tredje standpunkt er i politik og almindelig kulturdebat, er nemlig guldalderkonstruktionen inden for Fjord Jensens eget fag, den danske litteratur og dens historie (Øhrgaard 1982: 117).

Guldalderkonstruktionen fremstår hos Fjord Jensen som et harmonisøgende projekt, der forsøger at forene uforenelige modsætninger og underkende interessetænkningens polariseringer, som i hans fremstilling svarer til de faktiske modsætninger i samfundet. Det er en marxistisk afvisning af dette standpunkt.

Tredjestandpunktet har haft solid appelkraft i dansk åndshistorie siden anden verdenskrig. Fra 1936-1940'erne udgav modstandsmanden Arne Sørensen tidsskriftet "Tredjestandpunktet", samtidig med at han udgav standpunktsbogen *Det moderne* Menneske (1936), der formidler nogle af de samme tanker som tidsskriftet. Bogen fik en stor gennemslagskraft med 10.000 solgte eksemplarer. Arne Sørensens synspunkter var populære i Heretica-kredsen og forbundet med præstegårdsdanmark og bekræftelse af traditionssamfundet. Hans standpunkt var religiøstnationalt mellem konservative og radikalt-revolutionære idéer (mellem nazisme og konservatisme), men var i grunden dubiøst, idet hans tredjestandpunkt ikke hindrede ham og hans parti i at lade sig repræsentere ved Nordische Gesellschaft propaganda-Reichstagungen i Lübeck 1936-38! Senere skrev en helt anden Sørensen en anden standpunktsbog. Det var Villy Sørensens *Oprør fra midten*, som solgte over 50.000 eksemplarer. Standpunktsdebatten har således haft en stor gennemslagskraft både i dansk åndshistorie og i den danske befolkning.

Det intellektuelle opgør med den ideologiske polarisering under den kolde krig er et af de steder, hvor brudfladerne i nyere dansk åndsliv virkelig kommer til syne.[4] Frankrig har i de senere år rehabiliteret en af sine store standpunkttænkere, Albert Camus. Stangerup var selv det, han i tredjestandpunkt-tidsskriftet *Perspektiv* tidligt kaldte Camus – "et eksempel" (Stangerup 1979: 263) – og har ligeledes fået voksende anerkendelse i de senere år. Uden sammeligning i øvrigt, så er der en vis parallel i, at

Bergur Rønne Moberg

Camus og Stangerup begge har haft en større status udenlands end i deres hjemlande. *Efter guldalderkonstruktionens sammenbrud* er et eksempel på dette, idet Henrik Stangerup – det gælder dog også andre danske standpunkttænkere som Anders Bodelsen – ikke nævnes i bogen på trods af, at han næst efter Villy Sørensen var den mest markante standpunkttænker i dansk litteratur i årtierne efter 1960'ernes opgør med guldalderkonstruktionens dannelsestænkning (Poul Henningsen døde i 1967). Fjord Jensen hævder endvidere, at tredjestandpunktet "brød sammen i slutningen af 60'erne" (ibid.: 83), men som denne artikel viser, var den kultur og det standpunkt, som Fjord Jensen anser for at være "døende" (Fjord Jensen 1981: 88) derimod under radikal forvandling. Fra sin uafhængige platform præsenterer Stangerup en ny forståelse af tredjestandpunktet i dansk litteratur og kulturkamp i 2. halvdel af det 20. århundrede. At Stangerup blev særlig optaget af guldalderen er i sig selv et opgør med traditionsblokaden hos Fjord Jensen, som i forhold til Stangerups projekt fremstår som styret af falske modsætninger mellem tradition og modernitet.

Hele grundlaget for guldalderkonstruktionen har udviklet sig langsomt inden for rammerne af den romantisk idealistiske historietradition (ibid.: 19-20). Denne historiske konstruktion består ifølge Fjord Jensen med enkelte justeringer næsten uanfægtet frem til 1960, hvor den mister sin forklaringskraft (ibid.: 27-28). Han kalder den kulturkritiske tradition, som Villy Sørensen var en hovedfigur i og som har haft en rammesættende betydning for efterkrigstidens kulturforståelse og politiske overvejelse for det tredje standpunkt (ibid.: 56):

> Herved forstår jeg den kulturkritiske opfattelse, der i afgrænsning til øst og vest, til socialismen og kapitalismen og til venstre og højre siden midten af 1930'erne har søgt at bane vej for en tredje løsning på den økonomiske, politiske og kulturelle krise, som de vestlige samfund efter traditionens opfattelse har befundet sig i. Så forskellige det tredje standpunkts løsningsforslag i øvrigt har været, har de alle været fælles om altid at udgå fra 'midten' og at afvise fløjenes "interessetænkning" (ibid.: 57).

Perspektiver på Henrik Stangerup

Fjord Jensen har i tredje bind af *Efter guldalderkonstruktionens sammenbrud* især valgt at studere Villy Sørensens forfatterskab, fordi det "mest samlet har givet udtryk for de tankeformer, som jeg og min generation er vokset op med og har haft som problem" (ibid.: 56). Han fremhæver samtidig, at undervejs i arbejdsprocessen har perspektivet "bestandigt udvidet sig ud over sin anledning og sin genstand" (ibid.: 56). Iagttagelsen af denne ekspansion indebærer imidlertid ikke en inddragelse af Henrik Stangerup, der var i kritisk dialog med Villy Sørensen om tredjestandpunktet (jf. senere). Dermed overser Fjord Jensen den kontaktflade til guldalderen, der er hos Stangerup, og som ikke berettiger en opfattelse af denne epoke som betydningsløs for samtidens åndsliv. Stangerup trak ikke på guldalderen for at vende sig mod en skønnere tid, men for at udvide tiden og rummet samt for at få inkommensurable værdisystemer i paradoksal samtale.

I sin anmeldelse af Fjord Jensens trilogi savner Per Øhrgaard "en "positiv" formulering af Fjord Jensens eget standpunkt: en positionsbestemmelse, der ikke har kritikken af det tredje standpunkt som sit vigtigste indhold" (Øhrgaard 1982: 126). Det er også min opfattelse, at Fjord Jensen ikke yder tredjestandpunktet retfærdighed, men er ensidigt optaget af at afsløre det som en falsk, virkelighedsfjern konstruktion. Hans smalle interessetænkning gør ham blind over for standpunktets forvandlinger i en udvidet kontekst, som var den globalisering, der endnu ikke var kommet på dagsordenen i 1970'erne og 1980'erne. Stangerup foregreb globaliseringens interaktionskontekster i litteratur og filosofi, og inddrog traditionen – herunder dansk guldalder og tredjestandpunktet som det lokale materiale – i en stadig tydeligere forekomst af et globalt rum for litteratur og kultur.

Paletten af tredjestandpunktstidsskrifter, kulturkampstidsskrifter og åndshistoriske diskussioner i den koldkrigsprægede anden halvdel af det 20. århundrede var den konfliktfyldte baggrund for udformningen af Stangerups standpunkt og kunstneriske indsats. I efterkrigstiden udkom tredjestandpunkttidsskrifter som *Perspektiv* (1953-69), der fungerede som et laboratorium og tilblivelseskontekst for tredjestandpunktet i tiden. Disse tidsskrifter insisterede på at levere en tværdisciplinær debat, der samtidig var vendt imod interessetænkning på begge politiske fløje. I en leder i *Perspektiv* – det er samtidig en spidsartikel i tidsskriftets sidste nummer, hvor Hans Hertel som medredaktør skriver på vegne af hele tidsskriftet – skriver Hertel, at midterstandpunktets formål var at "orientere og kritisere til højre *og* til venstre, i vest *og* i øst, *både* kontrarevolutionen *og* revolutionen, *både* de herskende klasser i politik og kulturliv *og* den udenomsparlamentariske opposition" (Hertel 1969: 3). Det var formuleret som en modstand mod Ebbe Reich, som i dagbladet Information 8.6. 1968 underkendte en tredje mulighed: "*Enten er man på oprørets side og reserverer sine betænkeligheder, eller også er man oprørets fjende*" (ibid.). Det viser, at standpunktet var langt fra døende.

Guldalderkonstruktionens midte kvalificerer en position, der fremhæver de lange linjer i dansk litteraturhistorie. Det er ganske vist en brudfyldt linje mere end en ubrudt kontinuitet. Men mere præcist er der tale om en kontaktflade, der opstår i nutiden til en svunden tid, der – med et udtryk af Ottmar Ette – fremstår som "gegenwärtige Bewegungsabläufe" (Ette 2005: 11), der svarer til en historieopfattelse med fokus på samtidige bevægelsesforløb. Fjord Jensen ser imidlertid nogle linjer mellem standpunktet og udviklingen i dansk modernisme i skikkelse af *Heretica*, Villy Sørensen og senere dansk kritik: "Hvad den ene forberedte, fuldbyrdede den anden. Det gjorde de inden for rammerne af det tredje standpunkt. Igennem denne fuldbyrdelse skabtes den danske modernisme. Da standpunktet brød sammen i slutningen af 60'erne, mistede også modernismen det fortolkningsgrundlag, som betingede dens modernitet" (Fjord Jensen: 83), hvorefter en ny modernisme, konfrontationsmodernismen, tog over.

Fjord Jensen har alligevel en for brudfokuseret tilgang til litteraturhistorien, idet han i sit stærke fokus på Sørensen overser Stangerups videreførelse af tredjestandpunktet i en global kontekst. Synspunktet fortsatte med Stangerups verdenslitterære operationer mellem det europæiske og det amerikanske kontinent, der garantede et fornyet fortolkningsgrundlag. Gennem figurer som Lund i romanen *Vejen til Lagoa Santa* – hvor handlingen er henlagt til guldalderen – demonstrerede Stangerup, at standpunktets romantiske rødder er tilstrækkeligt livskraftige til at blive fortolket ind i en ny tidsalder.

Da Fjord Jensen hævder at tredjestandpunktet gik under sidst i 1960'erne, er det et udtryk for hans opfattelse af, at Sørensens tredje standpunkt overvejende træder "frem som et politisk standpunkt i et opgør med modsætningsforholdet mellem øst og vest venstre og højre" (ibid.: 109).

Henrik Stangerup og tredjestandpunktet

Stangerup forvandler tredjestandpunktet ved at fjerne sig milevidt fra Arne Sørensens traditionelle og i grunden stærkt højreorienterede standpunkt i 1930'erne og '40'erne, der forfægtede enhed mellem digter og folk, individ og nation (jf. Sørensen 1936). Verdensappetitten står lysende klart i hans brasilianske engagement, hvor han trak de store episke linjer mellem Vesten og 'resten' og genopdagede sine dansk-europæiske rødder. Stangerups imaginære investeringer i det Sydamerikanske synes uudtømmelige. I mere moderne kosmologiske trianguleringer bliver "det tredje sted hjemløst" (Fjord Jensen 1981.: 53) og de imaginære energier spredes, men hos Stangerup genererer den negative afhængighed konstant ny kreativitet, der kulminerer i de aktier han får i det brasilianske. Det forholder sig med denne dobbelthed som med Villy Sørensens beskrivelse af negativiteten i radikal afslørings-filosofi: "den absolutte spaltning synes at vise ned til en dybere samhørighed" og "Det rigtige antal minusser kan i det lange løb fremkalde et enkelt plus" (Sørensen 1969: 233), og det hænger sammen med den triangulerende relationsstruktur, der ikke får lov til at stivne i polariseringen.

Plussene har karakter af eksistentialisering. Fjord Jensen er ikke blind for denne dialektik i koldkrigspolariseringerne. Han fremhæver, at koldkrigens absolutte polariseringer mundede ud i en bred tilgang til det tredje standpunkt som historisk, politisk og æstetisk forståelsesform. Denne flerinklusive kontekst blev betingelsen for den eksistentialisering, der karakteriserede standpunktets konkrete udformning i netop denne periode (Fjord Jensen 1981: 81). Stangerups version af den brede tilgang til tredjestandpunktet blev hans migrationer i verden – i den verdenslitterære geografi. Hans bredde bliver med andre ord en globaliseret bredde. På samme måde som det tredje standpunkt har fået "sine moderne problemer bearbejdet" (ibid.: 59) i guldalderkonstruktionens dannelseslære får det hos Stangerup bearbejdet globaliseringen som den nyeste form for modernitet ud fra en historisk betragtning. Det tredje standpunkts "dannelseslære" (ibid.) manifesterer sig hos Stangerup som kosmopolitisme og kulturel globalisering. "Den enhed mellem digter og folk, mellem individ og nation og mellem nutid og fortid, som endnu guldalderkonstruktionen fastholdt og anskueliggjorde ved en række koblinger" (ibid.: 80) brød sammen i *Heretica*, hedder det hos Fjord Jensen. Men det er en forhastet konklusion, der overser de kosmopolitiske forbindelser mellem lokalt materiale og global påvirkning, som f.eks. Stangerups forfatterskab er et eksempel på. Da Stangerup flygter ud af Danmark til Frankrig og senere til Sydamerika er det med hele sin splittede danske arv og en fornemmelse for en dybere verdenslitterær samhørighed i bagagen.

Forholdet til kulturarven er symbolsk tilstede i Stangerups biltur til Paris efter sammenbruddet i 1976, hvor ægteskabet gik i stykker, filmen *Jorden er flad* blev et flop og faderen døde. Med sig på bagsædet havde han guldalderbøger som en del af arven fra faderen og på forsædet en vodkaflaske. Kursen var sat mod Paris endnu en gang, og kulturarven blev som ved et stykke forceret migration bragt ud af landet. Det var ikke blot livsfarlig kørsel, men også et større vovestykke, han her kastede sig ud i. Stangerup ankom mirakuløst til Paris, og han kørte væk fra et smalsporet åndsliv og i videre forstand på en flerhed af ideer: "Jeg kørte på idéerne" (Wivel 1986: 124) som Stangerup sagde i en markering af sit opgør med marxisternes sakralisering af en enkelt idé.

Perspektiver på Henrik Stangerup

Stangerup havde brug for den store tur ud i verden – han var første gang i Brasilien i 1973 – hvor han kunne kombinere vestlige og ikke-vestlige idéer. Det var en bagage af omfattende medieringer, der udvider "det tredje standpunkts mediationssprog" (Fjord Jensen: 58-59), der blev Stangerups globaliserede og kosmopolitiske svar til guldalder og modernisme på samme tid. Han skriver selv i artiklen "Forført af P.L. Møller", at han i romanbiografierne gør kulturarven i form af Kierkegaards tre stadier – det æstetiske, det etiske og det religiøse – "levende" (Stangerup 1985: 8). Det er verdenslitteratur som recirkulation uden for oprindelseskonteksten. De tre livsstadier står også som eksempler på en dynamisk forbindelse mellem flere forskellige idékomplekser, som efter guldalderen udspaltes i begrænsende og mere perspektivfattige systemer. Stangerup ser med andre ord den moderne dansk-europæiske systemverden med den mindre specialiserede og den ikke-vestlige kulturs øjne henholdsvis repræsenteret ved dansk guldalder og brasiliansk sambakultur. Det er polemisk interessant, men analytisk – især i idéhistorisk henseende – uholdbart at absolutere skellene mellem værdisfærerne. Kulturarven gøres endvidere levende på samme tid i en global, og en eksistentiel kontekst: "levende [...] i henholdsvis Brasilien, i Frankrig og Danmark" (ibid.: 8). Stangerups optagethed af at skabe sig en ny platform mellem Europa og Brasilien, Nord- og Sydeuropa, øst- og vestblokken fungerer grundlæggende som et eksistentielt-kunstnerisk svar på koldkrigspolarisering, nordeuropæisk puritanisme og alle former for absoluteringer af enkeltdiskurser. På baggrund af polariseringer i tidsånden kæmper Stangerup for at modernisere og redefinere tredjestandpunktet. Hans bedrift er, at han løfter dette standpunkt ud af en dansk-europæisk dannelseskontekst og ind i en globaliseret kontekst ved at gentænke en dansk-europæisk tradition fra et ikke-vestligt punkt, men uden at hans univers afvestliggøres som i den klassiske postkolonialisme. Den sene Stangerup befinder sig i perioden mellem den kolde krig og globaliseringen. Han kan imidlertid aldrig helt gøre sig fri af den kolde krig og sin europæiske spaltning mellem intellekt og følelse. Til gengæld finder han i geografien en måde at håndtere konfliktstoffet på, idet modsætningerne kanaliserers som en målrettet investering ud i en dynamisk global geografi. Latinamerika udgør en perspektivisk forløsning i romanbiografierne, men det forbliver en vej, en proces, som titlen *Vejen til Lagoa Santa* udtrykker det. Senere understreger Stangerup dette yderligere på livshistorisk vis: "jeg har ikke frelst mig ind i nogen morgendag, sidder ikke afklaret som en ældre mand i en gyngestol og fortæller børn og børnebørn at jeg heldigvis "kom igennem det" (Stangerup 1999: 27).

Stangerups geografiske trianguleringer vil blive læst som et modstykke til det kolde nord og den kolde krigs upræcise binære opdelinger af verden. Ikke kun Brasilien, men også Paris blev en del af forløsningen af den fastlåste situation. Paris var for Stangerup "ikke bare Europas, men hele verdens åndelige centrum" (Wivel 1986: 128). Forfatterskabets triangulære relationsstruktur udgør et produktivt idékompleks, der rækker ud over geografien og kendetegner også værkkompositioner, forestilling om livsstadier etc. Tredjevejen er en omfattende reaktion på splittelse mellem tro og viden, følelse og intellekt.

Stangerups bidrag til fornyelse af tredjestandpunktet består i en "ny harmoniseringsform" (Fjord Jensen: 60) i opposition til den "nationale og internationale interessetænknings polariseringer" (ibid.). Det indebærer en position, der er radikalt anderledes end både Arne Sørensens og Johan Fjord Jensens.[5] I modsætning til Arne Sørensens harmoniseringer og uproblematiserede koblinger mellem kunstner og folk, individ og nation, nutid og fortid, resulterer Stangerups moderne enhedstænkning ikke i en selvevident opfattelse af nationen. Stangerup kobler sig lige så lidt på Fjord Jensens samlede opgør med guldalderen som en konstruktion, der til sidst ligger i "grus" (ibid.: 73). I modsætning til den modernistiske reaktion på denne tilstand, som er "desillusion og hjemløshed" (ibid.), leverer Stangerup derimod et korrektiv til guldalderen, som han genbruger som inspirerende vraggods i en radikalt anderledes kontekst, som er relateret til den rumlige vending i form af globalisering og stedets genkomst. Stangerup svarer igen med et æstetisk, kulturelt og eksistentielt rum, der udfordrer den hårde sekularisme, der ligger bag Fjord Jensens alt for lette opgør med guldalderkonstruktionen. Som rodsøgende standpunktstænker tager Stangerup det kulturelle og eksistentielle dybt alvorligt i sin æstetik og litterære tænkning. Det er et tredjestandpunkt, der matcher en helhedstænkning, som er i stand til at udfordre de autonome værdisystemer. Stangerup korrigerer det kulturradikale og modernistiske opgør med alt, hvad der bar præg af traditionsbunden kontekst. Han var selv en slags kulturradikal: "Man kan mere end gætte på, at noget af det Henrik Stangerup elskede hos Brandes, PH og Elsa Gress, dels var deres ærlighed, dels deres uafhængighed og kompromisløshed" (Hansen 2004: 351).

Stangerups 'latinamerikaniserede' position ligner mexicaneren Octavio Paz' position, som i modsætning til den europæiske avantgarde ikke havde opgivet at udvikle nationen:

> I dag er vi vidne til en anden form for forandring: Den moderne kunst er begyndt at miste kraften til negation. Allerede i mange år har dens afvisninger blot været rituelle gentagelser: Oprør er blevet til tvangmæssig procedure, kritik til retorik, overskridelse til ceremoni. Negation er ikke længere kreativt. Jeg siger ikke, at vi oplever afslutningen på kunsten: Vi oplever afslutningen på idéen om moderne kunst... Avantgarden repræsenterer ikke længere forandring, de er blot variationer over tidligere modeller. Imitation af de moderne har steriliseret flere talenter end imitation af de gamle mestre. Ikke blot dør avantgardebevægelser i næsten samme øjeblik, de kommer til verden, men de spredes som ukrudt. Forskellighed opløses i uniformering. Fragmentationen af avantgarden i hundrede identiske bevægelser, i myretuen forsvinder alle forskelle (Jensen 2001: 39-40).

Efter bruddet med "modernismens aseptiske laboratorium" (Stangerup 1985: 8)[6] orienterede Stangerup sig mod det idérige og livskraftige latinamerikanske *writing back* og imod strukturelle overprioriteringer i moderniteten samt æstetisk puritanisme i modernismen. Den geografiske udbredelse af modernismen til det Homi Bhabha kalder Vestens marginer – herunder Syd- og Mellemamerika – har for alvor åbnet modernismen generelt for nye kontekster af lokal, national, social og politisk art. Det betyder, ifølge den mexicanske forfatter Carlos Fuentes, at hævdvundne kategorier kollapser, idet dikotomien mellem nationalisme og kosmopolitisme, realisme og fantasi, politisk engagement og æstetik/formalisme ophæves (Casanova 2004: 199).

Medieringen mellem digter og folk, individ og samfund har ændret karakter i modernismens globale geografiske kontekst. Stangerups transmetropole, transnationale og transatlantiske migrationer og konsultering af dansk kulturarv demonstrerer et væsentligt aspekt i dette forhold. Som forfatter, intellektuel og filminstruktør praktiserer han en kosmopolitisk kunstnerrolle med sans for en differentieret stofrigdom. Han kommer her i et kontrastforhold til modernismens isolerede – tematikbortskærende og generelt dekontekstualiserende – skriftdiskurs, der afskrev stedlige, nationale og regionale aspekter som reaktionære størrelser,[7] der ikke hører hjemme i en progressiv era. Det var ikke landet – nationen og Danmark i sig selv – som Stangerup tog afstand fra, men dets aktuelle scene og protestantiske rødder. Han tog nationen med sig og kombinerede to stedsopfattelser – den vertikale og den horisontale – hvor førstnævnte svarer til et forankringspunkt i en "personlig og kollektiv historie" og sidstnævnte til et "knudepunkt for globale strømme" (Ringgaard 2010: 276). Disse to dimensioner bliver tydelige i koblingen mellem inspirationen fra guldalderkøbenhavn, andre perioder i den national-litterære traditionskæde og den latinamerikanske romans globale indflydelse.

Set i forhold til Stangerups trianguleringer mellem Danmark, Frankrig og Sydamerika samt samtidighed mellem dansk fortid og nutidige konfliktflader, er Fjord Jensens analyse stivnet i en binær struktur og dermed ikke selv fri af kulturlivets stærke polariserende tendenser under den kolde krig, som han beskriver. Ved kun at inddrage Villy Sørensens forfatterskab viser Fjord Jensen, at han ikke har tilstrækkelig bred forståelse for, hvad der sker på 'midten', og han udelukker sig derudover fra dynamikken i tredjestandpunktet. En interesse for Stangerups tredjestandpunkt ville have kunnet fremhæve Sørensens og Stangerups standpunkt som nærtbeslægtede i deres fælles idéhistorisk anlagte kamp for midten. Fraværet af denne interesse hos Fjord Jensen betyder, at Sørensens positionering kommer til at fremstå dels som uimodsagt og dels som unik for tiden. Det ville have været oplagt at brede tanken om tredjestandpunktets eksistentialisering mere ud for at beskrive de spor, som polarisering og pres fra de storpolitiske konflikter satte på hele samtidens kunst- og kulturliv. Hermed ville det også have været muligt i en så omfattende bogudgavelse at trække linjer mellem PH, Villy Sørensen og Henrik Stangerup, som alle søgte en tredje løsning i det eksistentielle og i kunsten. Det ville også være værd at undersøge, hvorfor disse tre, på trods af fælles afsæt, kun havde lidt forståelse for hinanden. At han ikke gør det hænger utvivlsomt overordnet sammen med den kolde krigs hårdt optrukne positioner, som Fjord Jensen fortsætter med sit smalle og ensidige fokus på tredjestandpunktet. Henrik Stangerup og Villy Sørensen var fjendtligt stemt over for hinanden. Stangerup gjorde f.eks. i artiklen "Midteroprør eller "demokratisk fangelejr? Åbent brev til Villy Sørensen" op med Villy Sørensens, Niels I Meyers og Kristen Helveg Petersens bog *Oprør fra midten* (1978) ved at tale om "midteroprør i jeres ånd" (Stangerup 1978: 569), som for ham var systempræget anlagt og i modsætning til hans egen ikke-systemtænkende position i midten. Stangerup havde jævnligt været ude efter mange på venstrefløjen, og de opfattede ham derfor som reaktionær. Men som Hans Hertel argumenterer for i indledningen til *Tværtimod! Levned og meninger 1956-98* må Stangerup snarere defineres som liberal socialdemokrat tilhørende centrum-venstre. På den anden side ville højrefløjen have Stangerup for sig selv, men Stangerup stod tværtimod PH nær (jf. Stangerups PH-udgave *Vi er selv historie* fra 1963 og flere af hans essays i *Tværtimod!*). En bredere tilgang end den hos Fjord Jensen ville både have kunnet kaste lys over overlapninger og større og mindre modsætningsforhold i midterpositioneringerne fra 1930'erne og fremefter.

Stangerup kritiserede først og fremmest venstrefløjen, fordi han anså den for at repræsentere en dogmatisk tidsånd, men han opfattede sig selv som socialdemokrat. Af samme grund var det venstrefløjen, der var ude efter ham f.eks. i ugeavisen *Corsaren* og gjorde ham til prügelknabe. Hvor koldkrigens ideologiske krav gjaldt stillingtagen til enten den ene eller den anden gruppering, valgte Stangerup personligheden og identiteten. Han forudgriber dermed tendenser før og efter årtusindskiftet. Indtil Berlinmurens fald i 1989 var de store spørgsmål hovedsagelig af ideologisk art. Senere blev identitet og selvbiografiske tendenser det altoverskyggende tema. Ideologi blev afløst af identitet. Ideologier er totaliserende, og det der ikke passer ind i helheden må rettes til eller bortskæres. Identitet betyder at noget er det samme. Der er således noget andet, som det samme er forskelligt fra. Jo stærkere identiteten hævdes, jo mere forskelligt bliver det andet i forhold til det samme. I yderste fald kan det andet blive defineret i modsætning til det samme. Identitet i denne betydning er identitetstvang, og således kan identitet og ideologi minde om hinanden.

Ved sit poetiske valg af Brasilien, som i 1970'erne blev anset for at være et tredjeverdensland, åbner Stangerup identitetsbegrebet. Det er en geografisk åbning af identitetsbegrebet i kraft af, at spørgsmålet om 'hvem du er?' forstås gennem 'hvor du er?'. Gennem tematiseringen af forbindelser mellem det lokale og det globale minder Stangerup os om, at det ikke blot er ideologierne, der skal kritiseres, men også identitet, der ikke lader sig udfordre tilstrækkeligt af forskellighed og bevægelighed på tværs af tid og rum.

Som forfatter af verdenslitteratur sender Stangerup sit tredjestandpunkt i kredsløb om Jorden med guldalderkøbenhavn i skikkelse af romanfigurer som Kierkegaard, P.L. Møller og P.W. Lund og med dansk oplysningstid i skikkelse af Holberg i front. De er symbolfigurer for hans eget liv som dansker og verdensborger og for hans optræden i fodsporene hos verdenslitteraturens portalfigur, Goethe som henslængt i 1827 introducerede begrebet 'Weltliteratur', men med en måske vag, men dog visionær fornemmelse for det, vi i dag ville kalde det lokale og det globale: "Ich bin Weltbewohner, bin Weimaraner" (Lepenies 2008: 64). Stangerup har tilegnet et af sine essays – "Vive la Weltliteratur" (1991) – verdenslitteraturen. Heraf fremgår det, at Stangerup er barn af en nyslået verdensborgerånd. Han beskriver sin kosmopolitisme ved at henvise til den for ham ellers betonmodernistiske Philippe Sollers: "Kun ved at en ung franskmand med glæde påtager sig at være fransk kan han eller hun for alvor blive "europæisk", og heri måtte jeg støtte Sollers. Jeg byttede blot "fransk" ud med "dansk" og henviste til vore *founding fathers* – Holberg, Kierkegaard, Brandes" (Stangerup 1991: 488).

Stangerup levede indimellem i en eksillignende tilstand uden for Danmark, men afviste at blive opfattet som emigrantforfatter. Den bevægelige erfaring blev en integreret del af digteridentiteten, men på den særlige måde, at der på samme tid er tale om *migration*, der forudsætter fortsat transit, og om *rejse*, der forudsætter hjemkomst (Chambers 1995: 5). Ifølge Ian Chambers involverer rejsen og rejseromanen bevægelser mellem to stabile positioner med afgang og hjemkomst som velordnet ramme. Rejsen er forsynet med en rejseplan, der forudsætter at man vender tilbage til udgangspunktet. Heroverfor sætter Chambers migrationens bevægelser, hvor hjemkomst og fuldendelse af historien er umuliggjort, og hvor afgang og hjemkomst er omfattet af uvished.

Stangerups forfatterskab undergraver imidlertid et for skarpt skel mellem rejse og migration. De er snarere sammenfiltrede størrelser og flygtige polariteter, som aldrig hverken udviskes helt eller fuldendes helt. Den stangerupske hjemkomst er en hjemkomst, der hverken er præget af forsoning eller afklaring, hvad i øvrigt sammenfaldet af hans deroute og personlige hjemkomst til Danmark fra Brasilien i 1976 er et eksempel på. Tværtimod! Hjemkomsterne byder på fortsat nye oplevelser af fremmedhed og undergang. De stangerupske hjemkomster hverken opløses i eller ophæver den evigt migratoriske uvished. Migrationen er uophævelig ligesom hjemkomsten er det, som for Stangerups vedkommende trods alt er en hjemkomst. Med guldalderkonstruktionen in mente er der tale om

Bergur Rønne Moberg

en sameksistens mellem den modernistiske erfaring og hjemlighed som en vertikal størrelse: "Vejen til mødet med vertikaler går ikke bag om modernismen, men igennem modernismen" (Lykkeberg 2008: 159). Stangerup er verdensborgeren, hvor udlængsel og hjemlængsel er to sider af samme sag, samtidig med at forfatterskabet bevarer konturerne af et 'ude' og et 'hjemme'.

Med sit omfattende iagttagerapparat katapulterer Stangerup sig selv ud af 'Københavnstrup' for i stedet at placere sig i en større litterær og kulturel kontekst. Det udmøntede sig i en næsten demonstrativ verdenslitterær satsning, hvor han på flere planer insisterede på at overskride den danske oprindelseskontekst. Han nyfortolker tredjestandpunktet ved at udnytte det som en platform til at se kategorier som Vesten, viden, modernitet på samme tid ude fra og indefra. Der etableres på denne måde et omfattende refleksionsrum i hans essays, digtning og film, der omdefinerer tredjestandpunktet i en dansk kontekst.

En inddragelse af Stangerup i standpunktsdiskussionen efter guldalderkonstruktionens sammenbrud udfordrer Johan Fjord Jensens trebindsværk, der fremstiller emnet mere som katalogisering end som kampplads (Per Øhrgaard). Artiklen bidrager til den litterære danske standpunktstradition ved fortrinsvis at placere Henrik Stangerups midterpositionering som en dynamisk position mellem de mange idéer, han lod sig inspirere af. Han kom derfor i konflikt med kulturradikalismens endimensionale fokus på frigørelse og dikotomi mellem "individets frie selvudfoldelse og den undertrykkende konformitet" (ibid.: 125). Stangerup forstod aldrig, som han sagde, at man partout skulle gøre op med sin egen baggrund. Hans perspektiv rakte længere tilbage i sin egen og sit lands historie samt længere ud i verden sammenlignet med erfaringsuniverset hos de fleste af samtidens danske forfattere. Konflikten med kulturradikalisme bunder i dybere forstand i en divergerende opfattelse af historicisme, hvor alle væsentlige træk ved menneskelivet antages at være historiske. Den naive historiefilosofi var en del af kulturradikalismens progressive udstyr, der dikotomisk afviste afvigende synspunkter om natur og naturlighed som reaktionære. Stangerup abonnerede ikke på denne stærke tro på bevidsthedsbearbejdelse og frigørelse, fordi den betød en reduktion af skæbnens magt (jf. Lykkeberg 2008: 126). Det er den svækkede tillid til historicismen og socialteknologien, der former Stangerups uafhængige platform i en polariseret tid, og som er med til at gøre ham til en af de mest markante standpunkttænkere i dansk litteratur i denne periode.

Stangerup peger frem ad mod vilkårene for den globale identitetsdannelse først med Paris og Frankrig i blodet og senere Rio de Janeiro, Bahai og Brasilien generelt. [8]Han indgår i en transareal udveksling af idéer, som Pascale Casanova sammenligner med "the universal bank of foreign exchange and commerce" (Casanova 2004: 100). Stangerup opererer hjemmevant i oversættelseszonerne mellem centrum og periferi, nation og verden, lav- og højlitteratur, følelse og intellekt, tekst og kontekst.

I det følgende læses Stangerups tredjestandpunkt antropologisk.

Tredjestandpunktet som kosmologisk strategi
Antropologiske beskrivelser af triangulære relationsstrukturer udgør en grundlæggende forklaring af forestillingen om midten i den idéhistorisk orienterede dansk-europæiske standpunktstradition.[9] I begge tilfælde er der to poler og en triangulerende midte, der forbindes med fantasi og forløsning som i antropologien kaldes, "imaginære investeringer" og i standpunkttraditionen omtales som en "ikke eksisterende" "skabende midte" (Pedersen 2000: 70).

Med afsæt i artikler af antropologen Michael Harbsmeier hævder jeg, at Stangerups trianguleringer af det geografiske rum kan opfattes som et eksempel på et alment trekantsforhold, der vedrører grundlæggende kosmologiske strategier i mange kulturer.[10] Trianguleringen er fast inventar i sociale kosmologier og fungerer som en reduktion af kompleksitet, hvis formål er at kortlægge en kulturs mangfoldige omverdenskontakter og -relationer som håndterbare proportioner. Det er en ældgammel måde hos kulturer at etablere relationer til andre kulturer og forsøge at finde deres plads i en kaotisk verden med mange

Bergur Rønne Moberg

forskellige fremmede. Det er et mentalitetshistorisk forskningsfelt, der er ude efter at kortlægge systemer og strukturer i, hvordan vi tænker, skriver og taler om andre samfund, og hvordan vi forholder os praktisk til dem. Det er ikke strukturer, vi selv vælger eller kan styre, da de er en del af en "kollektiv bevidsthed". Vi tager dem for givet, fordi de befinder sig under bevidsthedsniveau, 'bag vores ryg', og i forhold til forskningen oftest under radaren.

Den kosmologiske trekant, der ligger bag Stangerups strategiske brug af trekantsforholdet mellem Danmark, Frankrig og Brasilien, består af en spænding mellem to akser. Trekantens bund udgør den paradigmatiske konfliktakse og dens opadgående linjer den syntagmatiske integrationsakse.

Ifølge Harbsmeier er sociale kosmologier et forsøg på at formulere love og systemer for, hvordan kulturer forholder sig til andre kulturer herunder til andre sociale kosmologier. De er enten en trussel, mareridt eller mulighed (Harbsmeier 1985: 308). Selv om den europæiske kosmologi har udviklet sig til den altdominerende, så er kosmologier generelt optaget af at gendrive, afvise og ophæve andre kulturers kosmologier. Der er et indbyrdes konkurrenceforhold. I forbindelse med de verdensomspændende europæiske erobringer er kosmologien blevet temporaliseret, og denne – europæiserede – form for kosmologi har af samme grund siden 1800-tallet fortrængt alle de andre kosmologier. Den triumferende fremgang for den moderne udviklingslogiske – eurokronologiske – måde at se på andre kulturer har medført produktion af andethed. Det har affødt modstand fra de koloniserede lande og kontinenter i form af en aftemporalisering. Den europæiske kosmologi kan i denne regi kaldes et "symptom" (ibid.: 307) på europæisk hegemoni. Dette aspekt hænger sammen med den europæiske kosmologi som værende slet og ret et "element" (ibid.: 307), idet den store kosmologiske transformation i det 18. århundrede stadig er virksom og har indflydelse på ikke blot vores opfattelse af andre kulturer og samfund, men også på andre kosmologier. Den fungerer som en universel rationalitet og har derfor legitimeret et sammenligningsgrundlag. Tilsyneladende er der ingen vej uden om den temporaliserede kosmologi, som Harbsmeier med henvisning til Max Weber beskriver som "a Weberian "iron cage" of universal rationality, from which we only can run away by moving backwards in time to "traditional" or even "primitive places. So it seems, at least" (ibid.: 307).

Forestillingen om sociale kosmologier udspringer imidlertid ikke kun af en rent kollektiv identitet. Harbsmeier opmuntrer til studier i individuelle kosmologier som pendanter til de sociale kosmologier (ibid.: 284).[11] På grund af, at sociale kosmologier udgør et uoverskueligt felt foreslår Harbsmeier, at man koncentrerer sig om en "tilsyneladende marginal dimension i disse kosmologier ved at præcisere begrebet "sociale kosmologier" til kun at omfatte måder og former for intellektuel, æstetisk, kulturel og praktisk omgang med anderledes (opdigtede, opdagede eller kendte) samfund og kulturer" (Harbsmeier 1984: 54). Dette svarer altså til individuelle kosmologier. I Harbsmeiers antropologiske kontekst er disse kosmologier en erkendelse af, at den individuelle bevidsthed reflekterer sociale – kulturelle og samfundsmæssige – systemer og strukturer og således også på dét niveau er et udtryk for en verdensanskuelse og verdensorientering, der rækker ud over individet.

Koldkrigspolariseringen mellem øst og vest i 1950'erne og fremefter er den geopolitiske baggrund for Stangerups triangulering mellem Danmark-Frankrig-Sydamerika. Samfundsforskere og journalister fatter samtidig interesse for begrebet "den tredje verden", som hurtigt slår ned i den offentlige bevidsthed for siden at "nedlejre sig i det almindelige sprogbrug" (ibid.: 41). Tiden er præget af en altoverskyggende konfrontation mellem den "første" verden, som er den "frie" vestlige verden og den "anden", "ufrie" kommunistiske verden. Det er en gensidig opposition, som begge parter hentede mening og perspektiver ud af. Tilbage var en restgruppe af lande bestående af alle dem, der endnu hverken var det ene eller det andet, men som var i denne konstruktion præget af stærke traditioner, kulturer, religioner, irrationalitet, underudvikling, overbefolkning, politisk kaos osv.

Blokdannelsen under den kolde krig er i sig selv et helt associationskompleks, der i mange forskellige sammenhænge – herunder hos Stangerup – er relateret til kosmologiske trekanters funktionsmåde i almindelighed. Såvel koldkrigstidens binære verdenssystem som modsætningen mellem København/Danmark/Norden/Nordeuropa og Paris/Frankrig/Sydeuropa kan let føjes ind i en triangulær relationsstruktur med udblik til andre geografier. Disse modsætninger udgør den antagonistiske relation i bunden af trekanten hos Stangerup, mens Brasilien udgør toppen af trekanten. Det er ifølge Harbsmeier relationen i bunden af den kosmologiske trekant, der gør trekantens top så meget mere fascinerende, end den ellers ville have været og modsætningerne i bunden til en tilsvarende tavs betingelse for det, der sker i toppen.

Lad os få præciseret, hvad der sker i selve trianguleringens 'højere' enhed. Styrken ved trianguleringer i forhold til de i øvrigt vældigt produktive oppositioner i trekantens fundament, er, at sidstnævnte ikke er "nær så gode til at kanalisere, fokalisere og koncentrere fantasien og forestillingsevnen på eet sted frem for alle andre" (ibid.: 45). Mening og retning fortaber sig nemt i de let mangfoldiggjorte venne-fjende dikotomier, og derfor virker trianguleringen oven på specifikke dualiteter transcenderende og frigørende, men energien til det triangulerende løft kommer fra de binære oppositioner. Trekantens top udgør den syntagmatiske både-og relation eller et komplementaritetsforhold, hvorimod den horisontale akse i trekantens bund udgør det paradigmatiske enten-eller forhold. Det er også trekantens top, som har den primære interesse i min analyse af Stangerup, hvor Sydamerika,

Brasilien, Rio, Bahai etc., er fuldendelsen af en triangulær struktur, der næres ved samtidens polære spændinger samt historiske forskelle mellem Nord- og Sydeuropa. Stangerups trianguleringer er således et dobbeltpolariseret europæisk univers med en politisk-ideologisk konflikt mellem øst og vest og en geografisk-kulturel modsætning mellem nord og syd. Stangerup anvender dem begge som platform for imaginære investeringer og domsafsigelse.

Da Brasilien spiller en særlig rolle på det eksistentielle og æstetisk-kulturelle felt for Stangerup, så er det her fokus vil være i det følgende. Med sit verdenslitteære udsyn og konstante blik for det ikke-vestlige var det naturligt for Stangerup at forankre sit tredjestandpunkt i den reelt eksisterende geografi. Brasilien som geografisk forløsningspunkt giver anledning til et fantasioprør mod det, han opfattede som gold modernisme og en steril nordeuropæisk kultur (Stangerup 1967). Stangerup var ikke blot passivt styret af en triangularitetens abstrakte logik i sin omfavnelse af Brasilien som eksistentielt valgslægtskab, men var også bevidst om, at brugen af det handlede om at træde over en tærskel for derefter at se verden og Europa i særdeleshed på en ny måde måde. Brasilien fungerer som et tærskelsbegreb i forfatterskabet,[12] hvorved det udefrakommende blik på det europæiske kommer i stand. Det er derudover også meget nemmere at markere sin identitet over for noget, der er anderledes. Derfor bliver Stangerups Sydamerikanske topoi også et udtryk for forfatterskabets ønskede verdenslitteære relief.

Stangerups kosmologiske trekant med hjørnerne placeret i tre kulturer har et klart meningsproducerende fokuspunkt, der ikke kan analyseres udtømmende ud fra strukturalismens taxonomiske registre. Som en forfatter, der er påvirket af persontænkning, eksistensfilosofi herunder af filosoffer som K.E. Løgstrup og Gabríel Marcel favner og udfordrer Stangerups ontologiske kosmologi modernitetens og modernismens dikotomiseringer af præmodernitet og modernitet, storby (som modernitetens og modernismens 'rigtige' topos) og udkant. Stangerup gør derudover op med en objektiverende orientering mod et atomiseret iagttagelsesapparat og passivitet over for meningsværdi. Det som Carl Steen Pedersen siger i sin bog om Villy Sørensens essayistiske forfatterskab med det passende navn *Midtens vovestykke*[13] gælder også Henrik Stangerups modige standpunktsmarkerende satsninger i det sydamerikanske:

> Da ingen virkelighedsfortolkning kan yde hele virkeligheden retfærdighed i modernitetens mangel på abslutte værdier, er det, når en gammel fortolkning bryder sammen, at der opstår mulighed for erkendelse af en dybere virkelighed. Herved bliver faldets evige gentagelse ikke kun det negative, men også den mulighed – den eneste – der frisætter den menneskelige fortolkning (Pedersen 2000: 25).

I Stangerups forfatterskab går det guldalderprægede tredjestandpunkt under kun for at blive genlanceret i en global, verdenslitterær kontekst med Brasilien som særligt fascinationspunkt. Hans personlige kosmologi er en ontologisk trekant, der indoptager europæiske dikotomier ved at transplantere dem over på den anden side af Atlanten. Det gjorde Stangerup til transatlantiker.

I det følgende gennemgås tre aspekter af Stangerups kosmologi: triangulering, imaginær investering og domsafsigelse. De beskrives samlet under hver enkelt af de kommende tre overskrifter, hvis respektive udgangspunkt er essayene og *Vejen til Lagoa Santa*.

København-Paris-Rio
Overskriftens tre byer udgør fremskudte positioner og interagerende knudepunkter i Henrik Stangerups forfatterskab. Han stræber via geografien efter at forløse den europæiske tidsånds polariseringer i produktive geografiske modsætninger af interkulturel og interkontinental art. København, Paris og Rio og deres tilhørende lande og regioner fungerer som hans litterære *axis mundi* og som en triangulerende kulturgeografisk formation. For Stangerup var Danmark – København især – en samtidighed af erindringssted og kampzone, ballast og ballade.

Paris var den verdenslitterære hovedstad, som Stangerup boede i både i 1960'erne og 1970'erne som journalist for *Politiken* og *Ekstrabladet*, og som han håbede på ville blive det samme springbræt ud i resten af verden for ham, som byen omkring samme tidspunkt blev for latinamerikansk litteratur.[14] Brasilien blev det ikke-vestlige alternativ, det sensuelle, perspektivrige fascinationspunkt, om end det aldrig på det rent personlige plan blev "holdbart som vedvarende grundlag for kampen mod de indre dæmoner" (Liet 1989: 328). Stangerup havde brug for erindringsstedet som lokal forankring, den verdenslitterære hovedstad som kulturel-kunstnerisk kapital og gennembrudsmulighed og endelig det transatlantiske som verdenslitterær ramme i form af et ikke-vestligt blik på sin vestlige kulturelle kapital.[15] Men alle tre byer var et led i Stangerups målrettede verdenslitterære ambitioner om at transcendere sin oprindelseskontekst, som hovedsagelig var anden halvdel af det 20. århundredes Danmark.

I denne sammenhæng fremhæves for det første de konfliktuelle aspekter af Stangerups dobbeltbundne samtids danske baggrund mere end hans inspiration fra dansk tradition, som til gengæld fremhæves i analysen af *Vejen til Lagoa Santa*. Konflikten bestod først og fremmest i et brud med den aktuelle humanisme og tidens venstrefløj, men så opslugt Stangerup end var af dette modsætningsforhold, også i rent negativ henseende som en selvdestruktiv modsætning, så formåede han også med stort overskud og energi at bryde ud af den, ovenikøbet med guldalderen og hele sin danske tradition ombord.

Det konfliktfyldte forhold skyldtes i høj grad, at Stangerup var en kontroversiel figur, der udfordrede samtidens hegemoner og 1970'er tendenser som emancipationsparadigmet, metaforløse tekster, antiepiske tendenser og alle former for ideologisk totalitetstænkning samt de politiske fløjes gensidige stigmatiseringer. Bruddet og konflikterne udartede sig indimellem til hundeslagsmål med automatiserede idiosynkrasier. Men bagved var der en ægte utilpashed, der positiverede sig i et blik udefra på det danske kunst- og kulturmiljø. Stangerup var født ind i miljøet, og den position han indtog blev uundgåeligt kædet sammen en erindringen om og arven efter faderen og litteraten Hakon Stangerup, der blev anklaget, men senere frikendt for nazisme.[16] Det var en sag, der kastede skygger over Henriks barndom og som uden tvivl har været med til at grundlægge et tidligt modsætningsforhold til det danske kunst- og kulturmiljø. Henk van der Liet forklarer Stangerups forhold til Danmark gennem hans forhold til faderen og familien: "Hos Stangerup forbliver faderens stilling intakt af to årsager: for det første fordi sønnen har arvet faderens navn og især den dermed forbundne dårlige klang i den kulturkritiske offentlighed, for det andet fordi et opgør med faderen ville være ensbetydende med fejhed" (Liet 1989: 327-328).

Stangerups reaktion – at han gør sin faders historie til sin egen – kan betegnes som 'postmemory' (jf. Hertel 2014),[17] som er et begreb hos erindringsforskeren Marianne Hirsch (Hirsch 2012), og som ofte bruges om forfattere, der er børn af Holocaust-ofre, og som viderefører Holocausttraumet til den næste generation. Begrebet anvendes om en tilstand, hvor en person eller romanfigur er plaget af en fortid, som oprindelig ikke er dens egen, og som bliver 'overflyttet' til dem ofte ubevidst af familiemedlemmer eller blot som en del af den kollektive arv. Stangerups roman *Fjenden i forkøbet* (1978) er et tydeligt stykke 'postmemory', styret af en selvbiografisk fortæller, der hverken kan eller vil glemme sin fars fjender, men som derimod vil komme fjenden i forkøbet.

Men det var også gennem sit danske konfliktlandskab, at Stangerup fik nogle perspektiver på sted- og eksilproblematikken ved at bruge kendte eksildanskere og *founding fathers* i det danske som kosmopolitiske figurer i sit forfatterskab. Den internationale orientering kommer til udtryk både i hans romaner, essays og film, som efterhånden udvidede Stangerups kritik af modernismens manglende blik for tradition og stedbundne kontekster. Stangerup havde ifølge Hans Hertel et libertært frihedsbegreb uden at være elitær (Hertel 2003: 21), var globalt orienteret, men samtidig optaget af sin personlige, stedlige og regionale baggrund.

Erindringen gælder således også kulturel erindring, som ligeledes kan kobles til 'postmemory', der rækker ud over det personlige niveau, idet den ifølge Hirsch vedrører traumets eftervirkninger på et kulturelt og kollektivt niveau. Stangerup ser nemlig sig selv på samme linje som de historiske hovedpersoner i hans senere romaner, P.W. Lund, P.L. Møller, men også Georg Brandes. Dette fremgår tydeligt af essayet "Forført af P.L. Møller", hvori Stangerup fortæller om tilblivelse af den roman, hvori P.L. Møller er hovedperson, *Det er svært at dø i Dieppe* (1985):

> Jeg er her ikke kommet med nogen fortolkning, det er ikke min opgave. Jeg håber blot, atter hjemme i Danmark, i havelandet Danmark, hvor alt er på sin plads, at det er lykkedes mig at fortælle *min* historie om Peder Ludvig Møller, der døde med sin tid, tro mod sin idé, ganske få måneder inden Georg Brandes ung og stærk kom til Paris første gang og kunne begynde forfra. Jeg kan se tilbage på den værste paniktur jeg har haft under det direkte arbejde med at skrive en roman. Møller beltalte sin pris.
> Og forlangte den (Stangerup 1985: 17).

I forhold til sin utilpashed i Danmark betalte Stangerup også sin pris, men han forlangte den også. Det blev hans skæbne, fordi Danmark både var erindringsstedet han tænkte og rejste ud fra uden at han ville blive emigrantforfatter og en kampzone, hvis samtidsslagsmål kan ses som indgangen til mere omfattende brudflader og dybereliggende konflikter i europæsk åndshistorie. Men i samtidens danske kritik blev Stangerup udgrænset med hårde angreb fra den kulturelle danske venstrefløj. Hans Hertel sammenfatter Henrik Stangerups konflikter, som især gjaldt venstrefløjen:

> Men snart blev han venstrefløjens prügelknabe nr. 1. I 1973 kaldte en stud.mag. ham "den sorte reaktions førende skjald". Hans-Jørgen Nielsen mente samtidig at hans "indsats for at sænke niveauet i den såkaldte kulturdebat efterhånden turde være legendarisk". Poul Borum

afskrev ham som en causeur: "Han vil skrive romaner, og det kan han ikke. Han vil tænke, og det kan han ikke. ... hans meninger er ofte klatøjet uoverlagte og grundet på et stort forråd af uvidenhed" (Hertel 2003: 14 - "Erasmus Modsat mellem 'højre' og 'venstre'. Indledning".).

Stangerup kunne sagtens selv bidrage til polariseringen med "standardreaktioner" og "kortslutninger" (ibid.), der fungerede på samme frontforkortende måde som angrebene imod ham. Men han anså med rette sig selv som en midterfigur i en samtid polariseret mellem den kulturradikale forfatter Klaus Rifbjerg og den tidehvervske præst Søren Krarup.[18] De var "to alen ud af ét stykke" (Stangerup 1987: 471), som Stangerup skrev i et modangreb på Rifbjerg-pseudonymet Robinson, der optrådte i tidsskriftet *Fredag* i 1980'erne. Derudover gik Stangerup "ind i debatten om nyrealismen [...] og grundlagde et livslangt modsætningsforhold til sin fars fætter Klaus Rifbjerg" (Hertel 2003: 11).

Stangerup havde et veludviklet vokabular til at spidde sin samtids danske modernisme og aktuelle humanisme: "Totalitarisme", "Systemdanmark", "fangelejr", "terror", "ortodoksi", "fantasiløshed", "åndløshed", "bogholdere", "modulsamfund", "skolemesteragtig", "nyskolastik", "den rette lære", "senmarxistisk højskolastik", "kulturstalinisme", "aseptisk laboratorium", "umyndiggørelse", "bevidsthedsproduktion" osv. Brasilien kalder tværtimod på "udfordring, fantasi, modtagelighed, evnen til at se og høre og lugte og forstå" (Stangerup 1973: 228), men det er en idealisering, der intensiveres af opgøret med især Danmark og Norden: "Brasilien fungerer fra begyndelsen som en potent medspiller i Stangerups mangeårige opgør med både den danske venstrefløj og den nordiske puritanisme" (Hastrup 2006).

Niels Egebaks version af modernismen er et godt eksempel på den endimensionalitet i den herskende modernismeopfattelse, som romanforfatteren Stangerup opponerer imod:

Romanen har været en slags rodeskuffe, hvori man har kunnet putte snart sagt alt, hvad der ikke lod sig indpasse i de andre litterære genrer, samt en hel del andet gods, som må forekomme at være litteraturen ganske uvedkommende. Det er bl.a. imod denne lovløshed, så mange romaneksperimenter har vendt sig i den hensigt at rense romankunsten for det, der ikke specifikt hører hjemme i den (Egebak 1963: 45).

Egebak har utvivlsomt en pointe i, at der var brug for en opstramning af formen, men vokabularet – rensning, lovløshed – er samtidig symptomatisk for modernismens langvarige hygiejniske formstrenghed og brudfokusering. Stangerup, som også selv forbandt modernismen med en "renhedsdyrkende" (Stangerup 1974: 50)[19] holdning, indgår således i en front mod det, der er blevet betegnet som Vindrosemodernisme, knyttet til tidsskriftet *Vindrosen*. Renselsesaspektet hænger sammen med dyrkelsen af formalistiske aspekter, der prioriterede en smal opfattelse af tekst og tegn[20] og som underkendte stof- og associationsrigdommen i Stangerups værker og generelt medvirkede til at udgrænse kontekst. Det var også en aktualitetspræget stillingtagen til modernisme og kulturradikalisme, og den blev ifølge Anne Borup lanceret som et "for eller imod modernisme" (Borup 2005: 111). Det var modernisme med bruddet som æstetisk norm eller slet ingen modernisme. Men Mads Rosendahl Thomsens udsagn om modernismen som "still the standard to which we return" (Rosendahl Thomsen 2008: 51) gælder også Stangerup, som blot ikke køber hele pakken: hverken modernismen ene og alene som en voldsom formel udvikling eller modernisme udelukkende formuleret under minustegnet i form af negative kategorier som kaos, tab og fragmentering: Når modernismen er "bedst besjæler den gennem det grænseløse jeg et afsjælet, afbrændt landskab [...] når den er værst [...] er den en plaidoyer for det ubesmittede jeg, altings begyndelse, i en besmittet verden. Den er renhedsdyrkende, platonisk, idealistisk. Modernismen er bodslitteratur" (Stangerup 1967: 448).

Bergur Rønne Moberg

I Stangerups optik var tidsånden styret af falske modsætninger mellem realisme og modernisme, konservatisme og progressivitet, religion (kristendom) og sekularisering. Stangerup var en kategoriknuser, der ville i dialog med mange idéer samtidig, om end han, som Rifbjerg karakteriserede sig selv, også var en skallesmækkende mimose. Men drømmen om den store samtale på tværs af hjemlig grøftegravning, nationale og kontinentale grænser var fortsat nærværende som en drivkraft for ham: "Jeg tror at den bedste verdenskunst er skabt i de perioder hvor forfattere, malere, komponister, teaterfolk (og senere filminstruktører) kom og gik hos hinanden uden den indadvendte, aggressive kunstfærdighed der præger det hjemlige litterære miljø" (Stangerup 1985: 7).

Med sin utilpassethed i det danske kunst- og kulturmiljø, blev Stangerup presset til at tænke modernismen ud af den danske kontekst og ud af modernismens formalistiske og sprogfilosofisk påvirket kontekst generelt. Det var også en kritik af dem, der svingede pisken fra det parisiske parnas og som havde været drivkraften i modernismens voldsomme formelle udvikling herunder i promoveringen af den nye franske roman. Stangerups kritik af den modernistiske avantgarde er i de senere år blevet 'household' inden for verdenslitteratur og international modernismediskussion. Verdenslitterære teoretikere som Franco Moretti, David Damrosch og Pascale Casanova placerer – om end på forskellig vis – deres forskning mellem den formelle og den tematiske akse, og de taler samstemmende om modernismens og avantgardens overdrevne teknisk-formelle orientering i form af en ensidig opmærksomhed rettet mod det tekstuelle og tegnværdier (Moretti 1996: 234; Damrosch 2003: 292 og Casanova 2004: 200).

Men samtidig med den nye franske roman blev Paris verdenslitteraturens topos par excellence med udsyn til andre verdensdele. I sine essays tænker Stangerup modernismen på samme tid ud af en europæisk kontekst og ind i en ikke-vestlig:

Perspektiver på Henrik Stangerup

I slutningen af 1960'erne og op gennem 70'erne slog latinamerikansk litteratur for alvor igennem i Frankrig. Mens fransk litteratur stivnede mere og mere i "ny roman" og semiologisk-marxistisk modernisme, kom disse latinamerikanere – omtrent som Rousseaus "gode vilde" – og genoplivede den store, episke roman. Alain Robbe-Grillet og andre franske forfattere der ønskede at blive ved at diktere verden hvordan "man" skulle skrive, var med ét blevet overhalet af forfattere fra afsides steder i Peru, Bolivia og Colombia. Sådan er Paris heldigvis også: i stand til at modtage alt udefra når det rette øjeblik er der, det vil sige når Paris selv er gået i stå. I de år tænkte jeg ofte på William Heinesen, vor egen "latinamerikaner" [...] Nu ser det endelig ud til at Thorshavn kan komme til at interessere franske læsere lige så meget som Gabriel García Márquez' Macondo i Colombia. I begge tilfælde: Hundred års ensomhed. Den der skaber fortællekunsten – fjernt fra den semiologiske terror (Stangerup 1989: 466-467).

Den latinamerikanske og den nordatlantiske roman knyttede an til ældre episke fortælleformer og til centrums åbning ud til periferien i form af Latinamerika, Caribien, Afrika, Nordatlanten, Rusland og Østeuropa. Det var ifølge Stangerups beskrivelse af denne transatlantiske romanrenæssance et kulturtræt og ideologisk falleret Paris, der åbnede sig for "romanens modoffensiv" (Stangerup 1991: 485) i et miljø, hvor "tonen blev givet an af strukturalister og semiologer af marxistisk-leninistisk observans" (ibid.: 484).[21] Stangerup er selv et eksempel på, at de æstetiske udviklinger i periferien – f.eks. i den dansk-nordiske semiperiferi – har formået at bevæge sig ud af skyggen af vestlig avantgardistisk tænkning i kraft af anderledes kodninger af modernitet og modernisme i form af en alternativ udviklings- og originalitetsforståelse. Det var med glæde, erklærede Stangerup, at han påtog sig at være dansk i en kosmopolitisk kodet kontekst som denne, hvor lokal erfaring og lokalt stof blandes med globalt udsyn. Han henviser til "vore *founding fathers* – Holberg, Kierkegaard, Brandes", som han brugte som ""gode" europæere i ryggen, eller til at gå forrest om man vil" (Stangerup 1991: 488). Disse symbolfigurer for dansk-europæisk kultur er både ballast og spydspidser i Stangerups udvidende vertikalisering og spatialisering af modernismeperspektivet i sin samtid. I forhold til Stangerups samtid betyder denne romanbiografering, at han ikke ville slippe individet i en tid, hvor samfundet var blevet det store subjekt. Før det blev til en gængs oplevelse at være "hverdagsglobalister" og "banale kosmopolitter" (Larsen 2007: 54-55) erobrede Stangerup tidligt globaliseringstanken, som fortsat er den nyeste form for modernitet.

Stangerup vidste at udnytte Paris til at kanonisere sig selv. I Niels Martinovs *Henrik Stangerup – en biografi* hedder det:

> Når de franske anmeldere i modsætning til de danske sætter fokus på ligheden mellem Henrik Stangerups og P.W. Lunds liv, er det ud fra en viden, som de kun kan have fået fra ... Henrik Stangerup. Det handler altså om at iscenesætte sig over for den franske offentlighed og her slå på nogle strenge, der sikrer opmærksomhed. Som vi allerede så det i forbindelse med den franske modtagelse af *Manden der ville være skyldig*, forstår Stangerup at holde liv i billedet af sig selv som den rebelske oprører, der trodser det livsangste, puritansk, statskontrollerede og protestantiske Danmark ... og får derved bekræftet franskmændenes værste fordomme om os! (Martinov 2003: 271).

Stangerup kendte sit syd og sit nord og havde en veludviklet sans for, hvordan han kunne 'brande' sig henholdsvis i Danmark og i Frankrig. Hans selvbevidste ageren i Paris handler også om at overleve i dybere forstand som skrivende forfatter ved at suge inspiration til sig, hvad der viser sig ved hans identifikation med den latinamerikanske roman som modoffensiv til den nye franske roman.

Som det er fremgået er København, Paris og Rio som triangulerende greb i forfatterskabet mere end en eksistentiel trekant i forfatterskabet. Det er en litterær ekspedition tilbage i tiden og ud i geografien, der mere end noget andet har fokus på at kortlægge omfattende og overlappende mønstre litterært, kulturelt og eksistentielt. De tre byer og deres respektive kulturer kan hver især byde på noget særligt. København er erindringsstedet, det lokale materiale og det traumatiske fikspunkt, som Stangerup konstant vender tilbage til. Paris udgør arbejdet frem mod en æstetisk modtagelse på verdenslitterært plan, foretaget gennem Stangerups gode kontakter inden for forlags- og forfattermiljøet i byen. Hermed fik han omsat sin ballast fra København og Danmark til kulturel og symbolsk kapital. Stangerups eksistentielle trekant er en igangværende kamp inden for et litterært felt, hvor det gælder om at erobre Paris som kanoniserende centrum, og som Pascale Casanova kalder "Greenwich-meridianen" og det "universelle kunstneriske ur" (Casanova 2004: 88 og 90). Paris udgør dette centrum på grund af byens langvarige akkumulation af prestige og tradition for politisk uafhængighed. Meridianen og uret er således markører for Paris som centrum for litterær kapital. Det parisiske centrum skaber ifølge Casanova en nutid, som alle positioner i det litterære landskab måles ud fra og må forholde sig til. Hun hævder i denne forbindelse, at der gælder det, hun kalder en "relative aesthetic distance from the center of the world of letters" (ibid.: 88) for alle forfattere, som tilhører republikken.

For Stangerup blev Paris' litterære kapital katalysatoren for hans globale bevægelighed i sin eksistentielle trekant. Hermed overskred han både det nationallitterære kredsløb og undgik det, han med henvisning til den kolde krig kalder "fortabelsen i den københavnske ideologi" (Stangerup 1986: 119). Den anerkendelse han opnåede kan imidlertid ikke adskilles fra indholdet eller det kunstneriske *drive*, der fik de dansk-europæiske aspekter i hans værker i global cirkulation. Anerkendelsen er tilmed forbundet med selve romanformen. Paris bragte Stangerup i grunden det samme sted hen, som romanen er: "Romanen kan kun være *et andet sted* [...] Romanen ligger ved siden af og åbner sindet hvor det meste af døgndebatten lukker det til" (ibid.). Med Paris som tiltrækningssted fik Stangerup sparket sig selv ud af det københavnske, men det blev andledningen til en langt mere omfattende bevægelighed af historisk og geografisk art. Den bevægelighed, Paris sætter i gang for Stangerup og for intellektuelle og forfattere verden over betyder en emancipering af den kosmopolitiske dimension, hvor forfatterne kommer forbi centrum og i de fleste tilfælde vender tilbage til deres oprindelsesland for derefter at koble formel inspiration fra avantgarde- og modernismemiljøet sammen med lokale erfaringer.

København-Paris-Rio er en globaliseret kraftlinje mellem tre steder, der er velegnet til at spore omfattende verdenslitterære mønstre. De kan lokaliseres som tre ligeværdige fremskudte positioner i en verdenslitterær kamp for anerkendelse og udvikling af forfatterskabet. Men de har, som nævnt, hver deres funktion som henholdsvis det danske afsæt, det franske verdensgennembrud og det brasilianske alternativ. Stangerup tog første gang livtag med Rio de Janeiro og Brasilien i 1973 med en håndfuld rejsereportager og hermed var forfatterskabet på vej til at fuldende den triangulære relationsstruktur. Brasilien forblev en ny, uopdaget verden for ham, et nyt vildt Vesten: "Brasilien, Brasilien, Brasilien – kilometer efter kilometer, underbefolket, jomfrueligt. Alt er endnu muligt for det rette pionersind. Brasilien i dag: som USA for hundrede år siden" (Stangerup 1979: 232). Det er denne 'magiske' fuldendelse af den triangulære (om)verdensforbindelse, som vi skal se nærmere på.

Trianguleringer i *Vejen til Lagoa Santa*
Med *Vejen til Lagoa Santa* indleder Henrik Stangerup en trilogi om historiske eksil-danskere. Det er en afgørende ændring i forfatterskabet, hvor de eksistentielle aspekter sættes i scene i historiske gevandter og afspejler epoker og idéer fra reformationen til romantikken. Geografisk spænder romanen fra guldalderens København, over revolutionernes Europa til den 'nye' verden på den anden side af Atlanten. I dette spænd tørner Europa og 'det nye kontinent' sammen i en simultaniseret verdensgeografisk kontekst: viden vs. overtro, intellekt vs. krop og følelse, 'civilisation' vs. natur. Romanen handler ikke om Europa vs. resten af

verden, idet den også fremstiller interne europæiske modsætninger mellem nord og syd, romantik vs. modernisme, spekulation vs. handling. Det hele gennemlyses af det flerfarvede, naturstærke, kollektivt danseglade, livsglade, sensuelle, kødelige, karnevalistiske Brasilien med spraglet gadeliv over for nordeuropæisk puritanisme, sterilitet, tomme, kolde gader.

Vejen til Lagoa Santa er en historisk roman om den danske naturforsker P.W. Lund (1801-80), der tilbragte det meste af sit liv i Brasilien fra 1831-80. Som ovennævnte modsætninger gør klart, er der også en god del af Stangerup selv i figuren. Han siger om overlapningerne mellem roman og liv: "Ind i denne historie blandede jeg mit danske liv, en Kierkegaard'sk angst og hele mit brasilianske univers" (Stangerup 1999: 99).

Vejen til Lagoa Santa er første bind i en romantrilogi, der efterfølges af *Det er svært at dø i Dieppe* (1985) og *Broder Jacob* (1991). Det er tre romanbiografier, konciperet over Søren Kierkegaards tre livsstadier – det æstetiske, det etiske og det religiøse – som har gjort, at den er blevet omtalt som en ""teologisk"" trilogi" (Martinov 2003: 271).[22] Peter Wilhelm Lund i *Vejen til Lagoa Santa* er etikeren og videnskabsmanden Peter Ludvig Møller i *Det er svært at dø i Dieppe* er æstetikeren og eroten og franciskanermunken Jacob i *Broder Jacob* er repræsentant for det religiøse stadie. Stangerup sætter selv de to førstnævnte i forbindelse med guldalderen: P.W. Lund var "guldalder længe efter Darwin" og P.L. Møller "guldalderens sammenbrud" (Stangerup 1985: 8). Trilogien udtrykker i sig selv en form for triangulering i form af en åndshistorisk spejling af modsætninger, som er det æstetiske vs. det etiske, og som munder ud i en tredjeposition, der er det religiøse. Forsoningen ligger i ordet religion, som stammer fra det latinske religare, der betyder at binde sammen. Religion vedrører en sammenhængende livsforklaring eller en livsanskuelse, og uanset om denne er religiøs i traditionel forstand eller ikke, så indeholder den nogle almene forsoningstræk og en stræben efter enhed.

Bergur Rønne Moberg

Handlingsreferat

Vejen til Lagoa Santa er tilmed delt op i tre dele med den tredje del som et triangulerende forsoningspunkt. Det er en roman om en videnskabsmand, der ender med at vende den europæiske civilisation ryggen. Den første del er koncentreret om Dr. Lunds — som han omtales i romanen — sammenbrud i Indianerklippen i Brasilien umiddelbart før den planlagte endelige rejse tilbage til Europa. Læseren møder Lund første gang i hans tilbyggede udhus i Lagoa Santa, hvor han er i færd at pakke alle sine katalogiserede knogler ned i kasser, der via muldyrstoget til Rio skal sendes til Europa, når korvetten Galathea "til sin tid anløber Brasilien" (10). I Europa skal han forske i resultaterne fra sin hulerejse.

I anden del følger vi Lund fra hans barndom i det københavnske borgerskab omgivet af pæne guldalderfacader; vi hører siden om studierne først i medicin og senere naturhistorie og om en talentfuld forsker med appetit på verden. Han rejser til Brasilien som en klassisk opdagelsesrejsende, hvor han udfører feltarbejde for siden at vende tilbage til København, hvor han konsoliderer sin karriere som naturforsker med flere velrenommerede afhandlinger. Den næste rejse ud i verden er den klassiske europæiske dannelsesrejse til Italien, hvor han forelsker sig i en jødisk pige, som ikke gengælder hans kærlighed. Det bliver et vendepunkt for Lund, som markeres med en signifikant fortællerkommentar: "Dr. Lund vil ikke være en romanfigur" (66). Dette omslag giver anledning til fordybelse i diskussioner med Peter Christian Kierkegaard, som var Søren Kierkegaards storebror og digteren Carsten Hauch om naturhistoriske, filosofiske og teologiske emner. Han tager for anden gang af sted til Brasilien med en stor interesse for jordens udviklingshistorie, *Skaberplanen*, i bagagen. Det er en grandios teori om menneskets særstilling, der udspringer af en idealistisk kortslutning, hvor fænomener og hændelser er organiseret ud fra en højere idé. Men hans opdagelser i de brasilianske kalkhuler stiller spørgsmål ved hans religiøse verdensanskuelse. Opdagelserne peger i retning af evolutionære sammenhænge i stil med Darwins evolutionsteori. Vi er nu tilbage ved begyndelsen, og Lund er på vej hen til indianerklippen, hvor

Perspektiver på Henrik Stangerup

han får sit livs sammenbrud. Efter 10 års knoglejagt – det sker i del 3 – afbryder Lund sine videnskabelige studier og vender aldrig tilbage til Europa, men tilbringer resten af sit liv i den lille landsby Lagoa Santa. Efter en langvarig krise med depression og paranoide forestillinger får han det gradvis bedre og bliver en del af landsbyens dagligdag, en "lille, tilfældig brasiliansk flække, hvis selskabelighed" (13) tidligere "ikke interesserede ham" (13). Da han dør arrangeres en tredagesfest for ham, som han selv har planlagt, hvor hans bibliotek går op i røg som fyrværkeri.

Trianguleringer i *Vejen til Lagoa Santa*
Hvordan ser de triangulerende koblinger mellem Danmark, Frankrig og Sydamerika så ud i en stangerupsk romankontekst? Da Lund endelig kommer til Lagoa Santa ankommer han med hele sin geografiske erfaring, der spejler Stangerups eksistentielle trekant:

> Der ligger byen, badet i den sene eftermiddags sol, med de rødbrune tegltage der minder ham om Sydfrankrig, med udsigt til søen der minder ham om Furesøen (225).

De tre geografier fungerer som en samtidighed, der samler sig i Lagoa Santa, som hermed heideggersk fremstår som stedet, der samler. Geografitemaet slås også an allerede på romanens første side (9), hvor læseren orienteres om Lunds videnskabelige indsats som huleforsker i Sydamerika og om hans forbindelser i Frankrig og København. Hans hjerte og hjerne tilhører begge fortsat Europa:

> Paris hvor han kan være sammen med franske kolleger og være med til at gøre det videnskabelige bo op efter Cuvier. Men Sydfrankrig har hans hjerte. Provence. Der vil han bo det meste af året, i en duft af lavendel og timian med jævnlige afstikkere til Rom, Paris og Wien. Et halvt år til og Dr. Lund er påny europæer, sådan som han føler sig i skind og ben (9-10).

Her er det den rejsende, der tænker, dvs. den der — i henhold til Appadurais tidligere omtalte distinktion mellem rejse og migration — planlægger hjemrejsen, som den naturlige afslutning på rejsen. Lund fremstilles som en af de sidste i rækken af store videnskabsmænd og opdagelsesrejsende: "Hulerejsernes tid er ved at være forbi" (9). Men det er stadig væk en frontierpræget opdagerlyst med store idealer, der driver Lund: "en vild og uopdaget natur, der tålmodigt venter på, at han, student Peter-*Wil*helm og prisvinderen PW fra staden København og nu Senhor Lund skal blive for portugisisk Sydamerika hvad Alexander von Humboldt blev for spansk" (44). Det kursiverede "*Wil*" understreger parallellen til den preussiske geograf og opdagelsesrejsende Friedrich Wilhelm Alexander von Humboldt yderligere. Endelig er Lund først og sidst ærkeeuropæeren med et klassisk kolonialt blik på det amerikanske kontinent og dets beboere som overtroiske naturbørn "af en anden verden uden behov for at udvide deres horisont [...] Selvom de fik en uddannelse ville det knapt nok hjælpe — de ville aldrig finde på at læse ordentlige bøger" (11). Han bryder sig kun om at være sammen med englændere, der ikke bryder sig om "Brasiliens tilfældigt sammenkogte ret af en kultur" (11). To verdener stilles skarpt over for hinanden: Sydamerikas campos cerrados over for Europas byer med brostene, fortove, restauranter, biblioteker og 'dannede' verden, "tanker" over for "naturen" (12). I starten ser Lund Brasilien med snobbede nordeuropæiske øjne spækket med fordomme om ugidelige slaver og en ryggesløs kultur. Det er fremstillet som en europæisk arrogance over for et underudviklet Sydamerika, men Lund overgiver sig langsomt til magien og myterne, hvorved hans idealistiske, eurocentriske forestillingsapparat udfordres. Lund inkarnerer således antropologiens historie, der lidt forenklet sagt har bevæget sig fra fokus på viden om de andre til fokus på de andres viden.

Romanen er formet dels som en beretning om en antropologisk kortlægning i sporet på en opdager og faktafinder og dels som en fortælling om en videnskabsmands udvikling henimod modenhed og opvågnen som menneske. Den har med andre ord antropoetisk karakter, "hvor genstanden har samme status som antropologens ukendte, bevægelige og endnu ikke klassificerede kultur" (Andersen 2010: 75). Lund er med andre ord henvist til at opdage sig selv. Den videnskabelige faktafindende mission udstiller sin hovedpersons halve verden og stækkede verdensforståelse ved at gengive Lunds opfattelse af sig selv som en, der er i stand til at se i en "vinkel på næsten hundredogfirs grader" (12) og som senere i romanen ser bjergene omkring Lagoa Santa tegne sig skarpt mod himlen "som sete i en vinkel på næsten hundredeogfirs grader" (226). De resterende 180 grader og dermed den eurocentriske verdensanskuelse er til diskussion i hele romanen med særligt henblik på blikket udefra, der efterhånden udvikler sig til et blik indefra med sensitivitet over for de andres viden. Den geografiske trianguleringsrundsyn, som romanen stræber henimod, er tilstede som en dynamisk konflikt mellem Lunds Brasilien set udefra og siden inde fra uden at blikket udefra og fremmedheden på stedet forsvinder.

Før han kommer så langt som til at se Brasilien indefra er Brasilien som et foster, der fødes i smerte: "Det er Wilhelm inde i ham der pludselig gør ondt, Wilhelm inde i Dr. phil. Peter Wilhelm Lund" (16). Brasilien er lig med fornavnet, som er lig med vækkelse af den personlige identitet. Bruddet går lige ned gennem hans navn og identitet, for når han begynder at føle en smerte, der ikke er forbundet med opdagelsesrejsens barske fysiske udfordringer, så er det en bevidsthed, der vedrører utilstrækkeligheden ved et verdenssyn på kun 180 grader, der sættes lig med et fladt videnskabeligt verdenssyn. Denne mangeltilstand kulminerer med sammenbruddet i indianerklippen, hvor Lunds halvhed antager karakter af en H.C. Andersensk 'skygge':

> Dr. Lund ser lige ind i sin egen fugtige ånde, og på den ene væg står hans kæmpeskygge ubevægelig, som vil den med al magt forhindre ham i at tage det mindste skridt (19).

Bergur Rønne Moberg

Da Lund træder ud i det fri, har han også overskud til at mærke, at hans velordnede verdenssyn er kommet i skred: "dog er det som om alting i ham er løsnet, som smuldrer det i hans krop [...] Alt er et tilfælde, og mørket er universets herre" (19-21). Det er hans reaktion på fundet af nogle skeletrester kort forinden i samme hule, som truer hans forestilling om en guddommelig udviklingshistorie. Det uforklarlige bulder, han hører i Indianerklippen før han når at komme ud er de første sprækker i hans grundvold. Han har ikke blot kastet sig ud i det fremmede, men også ud intetheden og orienteringsløsheden. Han har indtil nu sat sin lid til "Diluvions-teorien", der plæderer for at en syndflod har udslettet livet på Jorden, hvorefter mennesket fik gode vækstbetingelser til at udvikle sig. Teorien og dermed Skaberens "plan og harmoni" (247) undermineres imidlertid af Darwins evolutionsteori, som ikke blot indebærer, at mennesket lever i en verden uden gud, men også at det er udleveret til jungleloven og "et globalt blodbad, et kosmisk slagtehus" (179). Mødet med Brasilien fremstår som en idealistisk kortslutning for den fireogfyrreårige Lund. Hans gamle verdensbillede er ved at smuldre bort og slukkes ligesom den fakkel, børnene taber i flugten ud af hulen. Verden er blevet mere spørgsmålstegn end svar. Lund sendes senere tilbage i tiden, til sin spørgelystne barndom og sit spørgelystne indre barn, og dermed til tiden før etableringen af hans kristne livssyn. Verden er et 360 graders spørgsmål, som videnskaben ikke kan svare på, og – antydes det i nedenstående citat – som fortrænges i skolens verden:

> Men nogle gange kan faderen blive vred eller se ud som om han er det. Det er når Wilhelm spørger om ting han ikke kan svare på. Det kan hvirvle med spørgsmål i Wilhelms hjerne, det ene griber det andet, og jo mere han spørger, desto mere bliver alting omkring ham levende [...] Hvorfor er drømme inde i hovedet? Hvorfor er de ikke *udenfor*? Alt det kan faderen ikke svare på [...] Der er ikke svar på *alt*!" siger faderen og går ind i stuerne mens han mumlende gentager for sig selv: "Hvorfor drømmer man inde i hovedet og ikke *udenfor*!

Hvorfor spørger man! Hvem fandt på spørgsmålstegnet! Den dreng kan da også spørge om mere end ... Det skal gøre godt når han kommer i skole" (28).

En cirkel sluttes, da Lund bliver en integreret del af landsbysamfundet i Lagoa Santa ved bl.a at undervise børnene et par gange om ugen. Det er myten om igen med barnets sponante tilgang til tilværelsen som afsæt. Den Europatrætte[23] Stangerup forbandt Brasilien med treenigheden "kærlighed, karneval og kødelighed" (Stangerup 2006: 315) og med "eventyr og poesi" (Stangerup 1986: 108). Landet vokser til en metafor for en ny begyndelse og i denne kontekst som det "tredje standpunkts medium" og dermed dybest set som myten (jf. Fjord Jensen 1981: 94).

Skolen afbryder barnes vidensbegær, og skolen og videnskaben afbrydes selv af ønsket om at komme tilbage til en eller anden form for almindeligt liv. Videnskabsmandens projekt afbrydes mere præcist til fordel for et personligt modenhedsprojekt. Lunds personlige erfaringer med en forbandelse i slægten – "familiens frygtelige hemmeligheder" (34) i skikkelse af øksemorderen Markvor Lund, der kaster tunge skygger over familien – reaktiveres af en pietistisk skyldfølelse og anføres som grunden til den anden afbrydelse: Han savner ikke blot familien, men plages af anklagende stemmer: det "lyder [...] hele tiden i ham: synd, skyld, *straf*, synd, skyld, *straf* (56). Videnskaben og vidensbegæret, der har ført ham rundt i verden fremstilles som en omvej til ham selv. Lund har under karrieren identificeret sig med Alexander von Humboldt og distanceret fra dansk romantik, der i stedet for håndfast viden dyrker anelse, higen og den slumrende nordiske ånd (58). Brasilien rykker imidlertid ind på Danmarks og Nordens gamle plads som det romantiske og oprindelige sted, men det er vel at mærke som et romantisk begær efter stadig nye identiteter. Det er en identitetssøgen, som på det idéhistoriske plan repræsenterer en udvidende forbindelse mellem kunst og videnskab. Forestillingen om Brasilien er den triangulære enhed, der i kraft af forbindelsen mellem tanke og følelse, ikke absoluterer skellene mellem de autonome værdisfærer. Denne kobling manifesterer sig i tilsynekomsten af den omtalte personlige dimension, der allersidst i romanen udvikler sig til en fest for sanserne på Lunds sidste nat.

Romanens begyndelse og slutning forholder sig til personen under videnskabsmanden. Mørket, som Lund stirrer ind i i indianerklippen vender tilbage sidst i romanen i form af en nytårsnat med fyrværkeri på himlen. Lund er ikke længere et offer for angst og mørke, men bruger tværtimod mørket – nattehimlen – til en livsbekræftende operation. I modsætning til de forrige romaners hovedpersoner opnår Lund således at blive forsonet med sine omgivelser. Sammenbruddet spiller med i forsoningen, for i det bryder det konventionelle sammen, som er hjemkomst og fuldendelsen af udviklingsromanens mønster. Vejen er allerede i begyndelsen af romanen banet for Lagoa Santa og omfattende kontakt til det 'oprindelige', det førvidenskabelige, det der ligger før erfaringen, og som er aflejret i personligheden. Den splittelse som Lund befinder sig i som videnskabsmand, hvor hans teori om syndfloden bliver overtrumfet af Darwins evolutionsteori, repræsenterer et afsløringsniveau. Set i forhold til kravet til personligheden er afsløringen blot det andet stadie i udviklingen. Først var der videnskabsmanden Lund, som forsøgte at få alt til at gå op i en højere enhed, så droppede han videnskaben efter afsløringen. I tredje instans træder han i karakter som person og lader landsbybeboerne lave sine bøger om til fyrværkeri.

Raketterne lavet af papir fra bøger inden for de forskellige videnskabsgrene eksploderer på den sydamerikanske himmels fælles baggrund som et vidnesbyrd om, at virkeligheden forbliver større end de videnskabelige enkelttilgange. Kravet til personligheden udmønter sig her i et ultimativt krav om sammenhæng, som videnskaben ikke kan levere. Derfor helligede Lund sig "nu al den litteratur, der ikke har med naturvidenskab at gøre" (271). Fyrværkeriet er Lunds sidste vilje i en dybt splittet tid med et videnskabeligt verdenssyn på vej og en Lund, der vil sende en sidste besked før videnskaben – som Villy Sørensen siger i *Digtere og dæmoner* – træder ind i "de løsrevne værdiers maskineri" (Sørensen

1962: 137) og "fortæres af den værdis radikale logik" (ibid.) svarende til de autonome værdisfærer. Sørensens forslag til udvej er ikke ulig Stangerups: "Jo mere splittet tiden er, jo større dens krav om sammenhæng – og jo dybere må sammenhængen søges" (ibid.: 144). Raketterne søger derfor højt op mod himlen, ikke som raketvidenskab, men som en metafysisk længsel efter sammenhæng midt i guldalderkonstruktionens undergang og overgangen til et nyt verdensbillede. På samme måde som Lund fik sig et lysthus som arbejdsværelse (270), er hele det raketoplyste Lagoa Santa nu et lysthus. Lagoa Santa betyder helbredende sø, og lysten er der som væren. Afslutningen på Stangerups roman *Fjenden i forkøbet* lyder: "Væren er det, der står imod" (Stangerup 2006: 323). Fyrværkeriet er et modstandsnarrativ mod værdisystemernes mangel på centralværdi, der gør det moderne menneske til "funktionær" (Sørensen 1962: 138). På sin sidste nytårsaften falder Lunds værensbekræftende protest mod udspaltningen af værdisfærerne. Væren er ikke et alternativ til opsplitningen, men en påmindelse om anfægtelsens betydning. I det lange perspektiv er det en kritik af den cartesianske europæiske civilisation og i et kortere af samtidens bevidsthedsfilosofi.

Romanen er et dokudrama fra guldalderen, som ikke ser den nye udvikling som et fald, men som en ny mulighed for at "litteraturen kan genfinde sin autoritet som vidnesbyrd om verden" (Andersen 2010: 74), som Frits Andersen siger om det "nye felt "prosaen"" (ibid.), der udvider den ophøjede romantiske idé om litteraturen som det skønne og afgrænsede for i stedet at udfordre litteraturen, hvor "traditionelle skillelinjer mellem fiktion og fakta, selvbiografi og roman, høj- og lavlitteratur udviskes" (ibid.). Guldalderen peger i en anden henseende væk fra nutiden, idet den repræsenterer en bro mellem videnskabsgrenene, som, hvor naiv den end var, fungerer som platform for en kritik af specialiseringen forstået som en absolutering af det partielle. De begrænsede værdisystemer undergraver forestillingen om den personlige sandhed som en indre kompas, men på fyrværkeriaftenen svarer denne igen på udviklingens torsoprægede forgreninger. Fyrværkeriet er på samme tid et symbol på det personlige blik på verden – at verden begynder på ny hver gang et menneske dør og bliver født – og på oplysning, der som raketterne oplyser mørket og vil erobre verden med nye opdagelser. Verden åbner sig og er for en stund kommet fri af værdisystemernes jernbur. Romanens brede idéhistoriske vingefang udnytter muligheden for mangfoldige og dynamiske positioner i den verdensvendte prosa ved 1) som romantikken at tage højde for det, der unddrager sig rationel håndtering og falder mellem kategorierne i specialiseringens tidsalder, 2) ved som klassisk antropologi at kaste sig ud i en kortlægning af en i europæisk forstand endnu ikke klassificeret kultur og 3) ved som moderne antropologi ikke at fokusere på sin egen viden om de andre, men på de andres viden, hvad romanen pointerer ved sin inddragelse af magi og myte, der som begyndelseserfaring repræsenterer den verden, der blev sanset og erfaret, før den blev tænkt ind i moderne strukturer.

Myte og arkiv

Vejen til Lagoa Santa lægger sig op ad det, Roberto Ecchevarría Gonzáles i bogen *Myth and Archive. A Theory of Latin American Narrative* kalder "archival fictions" (Gonzáles 1990: 174). Det er en teori om arkivet og myten svarende til oprindelsen og udviklingen af latinamerikansk litteratur og den moderne roman. Gonzáles beskriver romanens gæld til antropologiske og videnskabelige diskurser, der var forbillede for latinamerikansk litteratur i de forudgående århundreder.[24] Disse fiktioner beskæftiger sig med oprindelse såvel tematisk som sprogligt: "By origin I mean the beginning of history, or a commonly accepted source of culture" (ibid.). Derfor er gamle, døende eller allerede døde figurer særdeles hyppigt forekommende i latinamerikansk litteratur, og derfor er døden en af de grundlæggende troper i arkivalsk litteratur (ibid.: 183). Deres liv er knyttet til fortiden og deres viden en kilde til kulturen. Men i sin moderne version er arkivet ikke noget, der går op i en højere enhed, men tværtimod en rest – og i sidste instans et apokalyptisk billede af endetiden (ibid.: 181).

Den døende Lund og hans bibliotek er et af romanens aspekter, der kan relateres til arkivet i Gonazáles' betydning. Biblioteket giver anledning til en apokalyptisk begivenhed, som er sammenfaldet af den døende Lund og nytårsaften. Med et bibliotek, hvis bøger ofres til fordel for fyrværkeri, forsøges det uforenelige – liv og skrift – forenet. Men der er ingen naividentifikatoriske kortslutninger i denne roman, som har afsløring og sammenbrud som forudsætning for genfortryllelsen. Der er, som Gonzáles siger om arkivet, ingen kontinuitet, men blot berøringer (ibid.: 181-82). Hvordan skulle der være nogen form for kontinuitet mellem bibliotekets naturvidenskabelige klassikere og idéen om at brænde dem? Det ligner mere et brud, der understreger afslutningen på et liv: "Death stands for the gap of gaps, the mastergap of the Archive, both its opening and closing cipher" (ibid.: 183). Arkivet er rummeligt og ufuldstændigt på samme tid, og sammen med mellemrummet udgør dets rummelighed og ønsket om totalisation arkivets konstituerende træk (ibid.: 181). Er der ingen kontinuitet, er der til gengæld fuld berøring mellem papir og ild på nattehimlen over Lagoa Santa Lunds sidste aften. Hans værk krones ude i naturen. Arkivet rummer, ligesom skriften, døden i sin midte og er derfor uudsigeligt, hemmelighedsfuldt, arbitrært og inkommensurabelt (ibid.: 183) og derfor umuligt at gøre fuldt ud diskursivt:

> This is why archival fictions incorporate death as a trope for the limits, for with death a sacralized nondiscursive language becomes prevalent. This sacralized language cannot be sustained, however, for there is no hegemonic discourse to back it up, no authority to give it the proper intonation [...] Mythifcation is a version of the masterstory of escape from the strictures of the dominant discourse through fusion with one of the main objects of that discourse: myth (ibid.: 175).

Mytens stumhed lader sig ikke forstå fuldt ud diskursivt. Den kan kun performeres, opleves gennem et sakralt ikke-diskursivt sprog som fyrværkeriet. Arkivalsk litteratur er ifølge Gonzáles mytisk (ibid.). Myten er nærmere bestemt arkivets "founding negativity" (ibid.) svarende til det ikke-diskursive. Stående over for arkivet og myten er man henvist til at fortolke mysteriet. Arkivet forbindes derfor med pluralisme og heterogenitet: "that is a subversion or sub-version of the masterstory" (ibid.). Adgangen til myten går gennem arkivet som dødens stumper (ibid.: 177). Ved at fyre hovedværker i europæisk naturvidenskab af udfordrer arkivet autoritet: "The Archive questions authority by holding warring discourses in promiscuous and mutually contaminating contiguity, a contiguity that often erases the difference separating them" (ibid.: 153). Denne berøring viser sig i romanen som et krydsfelt af forskellige diskurser: litteratur, antropologi, dokudrama.

Gennembruddet for en litterær antropologi i latinamerikansk litteratur legitimerer ikke en mimetisk læsning, men derimod en tilbagevenden til arkivet (ibid.: 153) karakteriseret ved en lagdelt og aldrig fikseret betydning, som Gonzáles kalder en "tekstuel arkæologi" (ibid.: 145). Også i denne henseende følger Stangerup i sporet på sine latinamerikanske forbilleder. Romanens litterære arkæologi fremstilles f.eks. som en samtidighed af forskellige epoker. Da Lund er i Rom og endnu kun så småt på vej ud i verden tematiseres ligeledes et helt felt af diskurser, erfaringsdomæner og traditioner: "Dette er Europas hjerte. Patos og klarhed. Dette er liv og kultur når de bliver til et, kristendom og antik, spiritualisme og kropslighed, sang, lethed, imødekommenhed" (62). Set i forhold til sammenbruddet i Sydamerika fremstår denne verden som en beskyttet europæisk uskyld, som blot venter på at blive taget af en ikke-europæisk verden. Det er lige så naivt som når han med Bakkehusets og guldalderens kulturelle kapital trygt i ryggen drømmer om "det store ordnende greb" (37). Den episk anlagte romanfortælling forudsiger hermed, hvad det må ende med: en idealistisk kortslutning. De episke forudsigelser løsriver sig som en selvstændig metabevidsthed, der som et disharmonisk interrogativ stærkt antyder brudfyldte horisonter:

Perspektiver på Henrik Stangerup

Men hvor vil romanen hen? Hvad er dens kommende kapitler? Slutter den med at han slår sig ned i Italien med pigen Sarah og stik imod beregnet får børn, mange børn, der skal vokse op i en verden hvor videnskaben og kunsten tilsammen vil skabe forståelse for Guds plan og evig fred mellem menneskene – eller sker det ... modsatte? (64).

Den narrative motor driver Lund i retning af illusionsbrud i form af darwinisme og den deraf følgende revision af egne forskningsresultater. Det episke *drive* gennemspiller en triangulering bestående af 1) fortryllelse, som er barndommen i København med udblik til hele verden og grænseløs spørgelyst, 2) affortryllelse, som er opgivelsen af den videnskabelige karriere og som således er relateret til europæisk kultur og 3) genfortryllelse, som er selve vejen til helbredelsen, Lagoa Santa, og tilbage til begyndelsen, hvor den personlige tilgang til tilværelsen var den dominerende. De tre trin tilhører hver deres geografiske del af Stangerups eksistentielle trekant, og samtidig "overholder [romanen] alle de gamle regler for en begyndelse, en midte og en slutning" (Stangerup 1983: 333), der er en grundlæggende kompositionsform, som Stangerup understreger gentagne gange. Således griber romanen tilbage til en af de ældste triangulære relationsstrukturer og indfælder dem i globaliseringserfaringen. Denne vinkel på trianguleringen udgør et stykke mentalitetshistorie, der både er "videnskabelig forsvarlig, metafysisk tænkelig og poetisk attraktiv" (jf. Jones 1994: 75).[25]

Den eurocentriske verdensanskuelse ophæves i mødet med Brasilien som alternativ. Latinamerika er blevet beskrevet som et anti-cartesiansk kontinent (Harder 1985: 81). Descartes, som der henvises til her, er til gengæld – sammen med Kant, Newton og Sartre – en arketypisk europæisk tænker repræsenterende en spaltning mellem intellekt og følelse, der svarer til det, Stangerup i et af sine essays kalder "den nordiske splittelse mellem krop og sjæl" (Stangerup 1973: 229).

Romanens associationsrigdom og forestillinger om omfattende sammenhænge udgør en relationspoetik, der sætter sig mangfoldige

Bergur Rønne Moberg

fortælletekniske spor. Romanens fortælleteknik med *stream of consciousness*, indre monologer, lange sætninger samt de formelle-typografiske virkemidler som kursivering, tankestreger, udråbstegn, versaler fremsuggererer en fornemmelse for storhed og en fortælling, der syr med epikkens lange tråde. Det er virkemidler, der understreger Lunds forsoning med sin skæbne. Det er samtidig et gennemført opgør med den nye franske roman, der sendte alle former for storheds- og overbliksforestillinger ind i en reduktionshvirvel. Steen Bille Jørgensen beskriver selve romanformen som en dialektik mellem tomhed og fylde, som han siger spiller en "afgørende rolle for hele idéen om den moderne roman" (Jørgensen 2009: 537). Romanerfaringen lægger sig tæt op ad kernen i modernitetserfaringen, som en erfaring mellem sikkerhed og frihed, dvs. som en grundlæggende ambivalent erfaring. Birgitte R. Hornbek uddyber modernitetserfaringen ved at nævne en række "paradigmatiske konnotationer såsom stagnation-dynamik, stilstand-bevægelse, nærhed-fjernhed, afhængighed-autonomi, moderation-exces, tilbagevenden-forsvinden, gentagelse-progression" (Hornbek 2009: 555). Det er komplementære modsætninger, der går massivt igen i den ikke-vestlige roman – og ligeledes hos en forfatter som Stangerup. Romanen er således ikke i sig selv indholdsfremmed, men lægger sig op ad modernitetserfaringens kampzoner og modsætningsrigdomme, som er særlig tydelige i Vestens marginer, hvor litteraturen er henvist til at udvikle sted og nation. Romanforfatternes tilbøjelighed til at aktivere mange forskellige og ofte modstridende kontekster og erfaringsdomæner udspringer af et associationsrigt forhold til stedets brede erfaring, der udfordrer en opsplitning forårsaget af strukturelle overprioriteringer i den nyere vesterlandske histories modernitet og modernisme.

Romanens idé repræsenterer en forestilling om andre aspekter af moderniteten end den arketypisk vesterlandske. Den samme kosmopolitisk prægede erkendelse går – på det litteraturvidenskabelige niveau i min argumentation – igen hos Erich Auerbach, der i artiklen "Philologie der Weltliteratur" betoner verdenslitteratur som et "visionært begreb, der overskrider nationale litteraturer uden samtidig at ødelægge deres individualitet" (Auerbach 1952: 48). Begge begreber – modernitet og nationale/litterære kulturer – åbner begrebsdiskussionen og gør den kosmopolitisk frugtbar. Verdenslitteratur lægger sig således direkte op ad opfattelsen af romanen som en kobling mellem fylde og tomhed og erkendelsen af, at kosmopolitisme uden provinsialisme er tom og provinsialisme uden kosmopolitisme er blind (Ulrich Beck).

Stangerup orienterede sig derimod mod det episke, det mytiske, det poetiske, sansning, erfaring, subjektet, individualitet, livet som forbillede hinsides ironi, men med humoren i front. Det er et opgør med en kontaktløs skrift, der med en Villy Sørensen-karakteristik af modernismen strømmer af misforholdet.

Stangerup finder derimod sin stemme ved at orienterer sig mod store kontekster og omfattende relationer til historien og geografien. Han gennemlyser guldalderen på ny og bruger den bl.a. til at udforske nyt terræn i det transatlantiske. *Vejen til Lagoa Santa* er styret af en tilgang, der stammer fra det 19. århundredes antropologi. Antropologien forsyner romanforfatteren med metodologiske instrumenter, som er synlige både før og efter Lunds videnskabelige huleekspeditioner, idet han først har det antropologiske blik udefra og siden det antropologiske blik indefra. Stangerup kobler sig her på et antropologisk narrativ både inden for kulturvidenskaberne og litteraturen herunder latinamerikansk litteratur. Gonzáles kobler antropologiens totaliseringer til surrealismen:[26]

> Anthropological knowledge could correct the errors of the conquest, atone for the crimes of the past, and make for a new history. Ironically this healing promise was a reflection of the role of anthropology played in the West. Anthropology offered the West a mirror in which to look at its own battered culture to plot a new beginning [...] It is this prestige of anthropology as a source of scientific knowledge about culture, as well as its complicity with modern art (particularly with the Surrealists), that made it a dominant form of discourse in Latin America. (Gonzáles 1990: 150-51)

Bergur Rønne Moberg

I modsætning til forfattere som Jules Verne og Daniel Defoe, der befandt sig i et rum af en eurocentrisk universalisme med geopolitiske ambitioner om at reproducere europæisk modernitet, befinder Henrik Stangerup sig i en senmoderne verdenslitterær kontekst, hvor Vesten udsættes for og beriges med et massivt korrektiv — ofte kaldet *writing back* — fra tidligere kolonier, som påvirker europæiske litteraturtendenser som surrealismen.

Stangerups antropologiske tilgang er et originalt bidrag til den massive brug af antropologiske teknikker i latinamerikansk litteratur, idet romanen i Brasilien blev modtaget som en "ægte brasiliansk roman" (Haastrup 2006).²⁷ Romanen starter med blikket udefra set gennem Lunds mere eller mindre fordømmende og distancerede blik på Brasilien. Blikket indefra kommer i stand ved, at hans naturvidenskabelige opdagelsesfryd afløses af en opdagelse af sin egen eksistens: "Wilhelm beslutter sig for sin egen ekspedition, og uden tanke på at blive rig" (54). Lund insisterer på det personlige, som er blikket indefra, som på det kulturelle niveau er en kritisk kommentar til Vestens objektivering af kolonierne. Forskellen er at blikket udefra — ligesom naturvidenskaben og den tidlige antropologi gjorde — fokuserer på (europæisk) viden om de andre, mens blikket indefra — ligesom hos Stangerup, surrealismen og senere antropologi — fokuserer på viden om 'de andres viden' om livet og verden, som hos Lund udmønter sig i en kærlighed til brasiliansk livsglæde. Men på samme tid er og bliver det anvendelsen af antropologiske teknikker eller det, González kalder "mock anthropology that unmasks the conventionality of ethnography, its being a willful imposition on the material studied as an act of appropriation" (Gonzáles 1990: 159). Der er i *Vejen til Lagoa Santa* hele tiden en krydsning mellem fortælling og kortlægning, kunstneriske fortolkninger og det antropologiske blik.

Vestens ideologiske overbevisning om sin forrang var uudfordret i Lunds samtid, men ikke i Stangerups samtid og i det 20. århundrede, hvor antropologer blev mere opmærksomme på hegemonien og den kolonialistiske legitimation i videnskabsperspektivet. Det var et skift, der historisk set skete med Osvald Spenglers bog *Untergang des Abendlandes* (1918-23), der banede vejen for en antropologisk diskurs. Den var ikke naturvidenskabeligt, men kulturelt funderet, dvs. at den europæiske kultur ikke længere blev anset for at være det logiske og ønskelige mål for udviklingen.

Efter at Stangerup var kommet over sin maniske begejstring for Brasilien som det heterogene alternativ til det systemiske Danmark, fandt han en vis ro, som reflekteres i *Vejen til Lagoa Santa*. Romanens store vingefang formår at formidle en bred geografisk og idéhistorisk kontekst: dansk guldalder, europæisk romantik, Amerika, videnskabshistorie, kristendom, brasiliansk woodoo og livsdyrkelse. Krydsfelterne mellem de forskellige diskurser og erfaringsdomæner er et forsøg på at vise vejen til andre mulige verdener end den gennemsplittede europæiske verden. Lagoa Santa som den "helbredende sø" for enden af Lunds søgen er et geografisk motiv, der udtrykker et metaforisk overblik svarende til en 360 graders heling af hans halve verden. Overblikket som fænomen er ifølge Moritz Reiffers – der har skrevet om overblikkets kulturhistorie – en kulturel form, der er nyttiggjort af metaforen og overordnet forbundet med subjektivitet (Reiffers 2013: 353). Midlerne til at fremstille overblik skrives ind som en blivende mangel (ibid.: 347) på grund af den objektive bevidsthed, men samtidig kan overblikket implementeres som en orienteringsfunktion i det moderne: "Diese freie schweifende Überblickbarkeit und "Aufsuchbarkeit" der Welt stellt insofern eine neue Raffinesse in der metaphorischen Erfüllung der im Laufe der Moderne aufgetretenen Mängel dar" (ibid.: 346). Raffinementet består i et ""beherrschten" Ganzen zu verorten" (ibid.: 345), en stedliggørelse af et kontrolleret overblik, som er uløseligt forbundet med det litterære. Brasilien er Stangerups litterære vision, der kalder på barnet, kroppen og eventyret som et alternativ til en kontaktløs udspaltningskultur og en relationsløs modernistisk poetik. Hermed transcenderer han også det, Villy Sørensen kalder avantgardens "æstetiske selvtilfredsstillelse" (Sørensen 1962: 131), som kan sættes i "etisk bevægelse" (ibid.), hvis forfattere søger ""det hele"" (ibid.) i stedet for ""det skønne"" (ibid.). Det var det helhedslige og mere end det skønne skin, Stangerup videreførte fra guldalderen.

Bergur Rønne Moberg

Afslutning
Den i udgangspunktet aktuelle politiske tredjepositionstænkning udvides med verdenslitteraturgeografiske og idéhistoriske forestillinger om midten. Stangerups tredje- og midterstandpunkt er en sammensat størrelse: persontænkning herunder en Camus-inspireret midtertænkning med forestillingen om subjektet som historicitetens midte og kerne, åndshistoriske og verdenslitterære reaktioner på modernismens negationer, kosmologisk strategi, den svenske debat om mellempositioner mellem Øst og Vest under den kolde krig.

Stangerups reformulering af tredjestandpunktet og idéen om midten fører ham vidt omkring i historien og i geografien. Han udvider terrænet for denne position ved sine kreative flugtforsøg til Brasilien. Hvor Villy Sørensen viderefører den europæiske intellektuelle tradition i selvsamme europæiske kontekst, løfter Henrik Stangerup samme tradition ud i en global kontekst og udsætter den for en udfordring fra et ikke-europæisk punkt. Hermed skabes rum for en videreførelse af inspiration fra Vesten eksempelvis dansk guldalder og europæisk kanon generelt, men også for en radikal kritik af Vestens omgang med andre kulturer og af Europas intellektuelle, usanselige tilgang til tilværelsen. Artiklen har behandlet dette emne dels set ud fra den danske tredjestandpunktstradition og Stangerups videreførelse af denne i sin verdenslitterære geografi og dels ud fra en antropologisk tilgang til trekantsdannelser i form af en trianguleret relationsstruktur, der har imaginær investering (Brasilien som fantasiens og livsglædens sted) i trekantens top og domsafsigelse (Europakritik og Europatræthed) over et i flere henseender polariseret Europa i trekantens bund.

Den danske tredjestandpunktsdiskussion og den antropologiske triangulering åbner nye beskrivelsespositioner i forhold til Stangerup og sender – i en større kontekst – stærke signaler om, at centrale kategorier som indflydelse, tradition, arv, modernitet værdi bør tænkes forfra.[28]

Undervejs har der været mange sideværts blikke til Villy Sørensen som den mest markante standpunktstænker i dansk litteratur i anden halvdel af det 20. århundrede. Formålet har været at brede perspektivet ud ved at placere Stangerup i tidens kontekst og integrere ham i standpunktsdebatten, hvor han ellers har været stort set fraværende. Ligesom Sørensen erkender Stangerup den nihilistiske og negativitetsæstetiske inspiration, men ingen af dem affinder sig med den. Der er tydelige overlapninger i deres standpunkt med hensyn til deres reaktioner på spaltningen mellem følelser og intellekt, idet disse må i det mindste *forsøges* tænkt sammen på trods af de begrænsede værdisystemers forgreninger og strukturer i det moderne samfund.

Der er alligevel en verden til forskel mellem dem, og det skyldes Stangerups brasilianske erfaringer, som både betyder en opvågnen til antropologiens fundament af magi og myte og en radikal kritik af og distance til Vestens omgang med 'andre verdner' og andre kulturer. I sammenligning med Sørensen er Stangerup mere umiddelbart søgende efter verden uden for refleksionens 'jernbur'. Han er på samme tid mere realist og mere romantiker end modernisten Villy Sørensen. Stangerups forsoning former sig især som målrettede koblinger mellem horisontale og vertikale orienteringer. Det manifesterer sig ved, at Stangerup for det første rækker ud efter andre kontinenter og verdenslitterære og imperiale erfaringer, men uden at benytte lejligheden til at prioritere antivestlig postkolonial magttematik. For det andet insisterer han på at gøre individet og det personlige til kernen i historiciteten, men uden at den frigjorte individuelle identitet hypostaserer i postmodernisme. I Stangerups verdensborgerånd er der plads til både europæisk metafysik og naturstærke erfaringer fra det 'nye' kontinent.

Denne historisering og spatialisering af tredjestandpunktet udmøntes i en globaliseret triangulær relationsstruktur, der er orienteret mod geografi og antropologi. Den betyder, at Stangerups tredjestandpunkt udgør et tydeligere – mindre kontrolleret og mere fabulerende – alternativ til modernismens opmarch af dissonans end Villy Sørensens forfatterskab. Det hænger sammen med, at Stangerups forfatterskab i så høj grad nærer sig ved det lokale/nationale, det regionale og globale, som på den ene side indeholder så mange koldkrigsprægede konflikter og på den anden et væld af medieringer mellem idéer, logikker og traditioner. Hvor Sørensen som forfatter og intellektuel arbejder refleksivt videre først og fremmest i den modernistiske tradition, griber Stangerup fat i den episke dimension og modernismens geografi. Den vesterlandske indflydelse i form af modernismens globale geografiske spredning kalder Franco Moretti det første egentlige litterære verdenssystem (Moretti 1996: 233). I denne verdenslitterære optik er modernisme noget, der finder sted geografisk, historisk og kulturelt. I en udvidet global tilgang til modernismen er det derfor ikke længere tilstrækkeligt kun at spørge "Hvornår var modernismen?" (Brooker og Thacker 2005: 3); man må også spørge "*hvor* var modernismen?" (ibid.).[29] Sidstenævnte er højst relevant i den verdenslitterære tilgang til Stangerup.

Verdenslitteratur har profileret sig med et omfattende bindestregsvokabular orienteret mod en transcenderen af både historiske perioder og spatiale termer som nation og globalitet, region og verden, Vesten (Europa) og resten. Det omfattende iagttagelsesapparat indebærer en alternativ kodning både af modernitet og modernisme, som placerer Stangerups genfortolkning af tredjestandpunktets syntesetænkning i forlængelse af den stadig tydeligere forekomst af et globalt rum for litteratur og kultur. Stangerups episke *drive* lægger sig i forlængelse verdensgennembruddet for ikke-vestlige romaner med udvikling af nation og sted på programmet. Det latinamerikanske romanboom, der startede i 1960'erne, er ifølge Franco Moretti det første gennembrud for modernismens geografi, dvs. et gennembrud for at "the centre of gravity of formal creation leaves Europe, and a truly worldwide literary system [...] replaces the narrower European circuit" (Moretti 1996: 233). Stangerup trækker på de samme erfaringsstrenge som de latinamerikanske forfattere, om hvilke Martin Zerlang siger: "Som latinamerikanere mente de at have umiddelbar adgang til fortiden som del af nutiden, magien som del af virkeligheden og drømmen som del af fornuften" (Zerlang 2001: 24).

Anvendt litteratur

Andersen, Frits 2010. *Det mørke kontinent. Afrikabilleder i europæiske fortællinger om Congo*. Aarhus Universitetsforlag.

Auerbach, Erich 2008: 'Verdenslitteraturens filologi' i *Verdenslitterær kritik og teori 1*. Mads Rosendahl Thomsen (red.). Aarhus Universitetsforlag, 37-51.

Bodelsen, Anders, Henning Fonsmark og Jørgen Scheimann 1953-69: *Perspektiv. Litteratur, kunst, videnskab*. Hans Reitzel.

Bonnevie, Lars 2000: 'Samtaler på Augustinerkajen' i: *Angsten, lykken og ekstasen. Beretninger om Henrik Stangerup*. Henrik Nebelong og Jacob Stangerup (red.). Lindhardt & Ringhof, 160-164.

Borup, Anne, 2005: 'Den danske modernismekonstruktion. Ud af modernismen – ind i litteraturen' i: *Modernismen til debat*. Anne Borup, Morten Lassen og Jon Helt Harder (red.). Syddansk Universitetsforlag, 93-127.

Brooker, Peter og Andrew Thacker 2005: *Geographies of Modernism. Literatures, Cultures, Spaces*. Routledge.

Casanova, Pascale 2004: *The World Republic of Letters*. Oversat af M.B. Debevoise. Harvard University Press.

Casey, Edward S. 1998: *The Fate of Place. A Philosophical History*. University of California Press.

Chambers, Ian 2005: *Migrancy, Culture, Identity*. Routledge.

Damrosch, David 2003. *What is World Literature?* Princeton University Press. Princeton og Oxford.

DeLoughrey, Elizabeth og George B. Handley 2010: 'Toward an Aesthetics of the Earth' i: *Postcolonial Ecologies. Literatures of Environment* af de samme forf. (red.). Oxford University Press, 3-43.

Douin, Jean-Luc 1998 'DISPARITION: Henrik Stangerup - Romancier et réalisateur danois, fils spirituel de Soren Kierkegaard', i: *Le Monde* 7.7. 1998 side 10, 5 spalter.

Egebak, Niels 1963: *Den skabende bevidsthed. Studier i den moderne roman*. Arena.

Ette, Ottmar 2005 *Zwischenweltenschreiben*. Kulturverlag Kadmos.

Gaudemar, Antoine de 1998: 'Henrik Stangerup quitte la terre plate', i: *Libération* 7.7.-1998. 2 spalter.

Gonzáles, Roberto Ecchevarria 1990: *Myth and Archive. A Theory of Latin American Narrative*. Cambridge University Press.

Grum, Niels og Niels Houkjær: *Biografien i utopiens tjeneste – et forsøg på at betragte det tredje standpunkt somt ramme om alternative tankesæt fra Arne Sørensen til K.E. Løgstrup.* Speciale ved Københavns Universitet. Upubliceret.

Gyldendals Encyclopædi https://www.google.dk.

Hanneken, Jaime 2010: 'What it Really Means to Desire Paris' i: *Modern Language Quarterly* 71/2.

Hansen, Søren Peter 2004: 'Kampen om Henrik Stangerup' i: *Kampen om litteraturhistorien. Festskrift til Pil Dahlerup.* Marianne Alenius, Thomas Bredsdorff og Søren Peter Hansen (red.). Dansklærerforeningen, 345-361.

Harbsmeier, Michael 1984: 'Imaginære investeringer: Om nogle trekanter i verdenssystemets mentalitetshistorie' i: *Antropologiska Studier* 35-36. Stockholms Universitet.

Harbsmeier, Michael 1985: 'On Travel Accounts and Cosmological Strategies: Some Models in Comparative Xenology' i: *Ethnos. Journal of Anthropology*, vol.50, nr. 3-4. Taylor and Francis, 273-312.

Harder, Uffe 1985: *Litteratur i Latinamerika.* Gad.

Hardis, Arne 2010: 'Den store negeraffære' i: *Weekendavisen* 5.11.

Hardis, Arne 2010: 'Det man siger er man selv' i: *Weekendavisen* 12.11.

Harsløf, Olav 2004: 'Bermudatrekanten', i: *Kampen om litteraturhistorien. Festskrift til Pil Dahlerup.* Marianne Alenius, Thomas Bredsdorff og Søren Peter Hansen (red.). Dansklærerforeningen, 361-373.

Haastrup, Celine 2006: 'Stangerups indre Brasilien'. Kronik i *Politiken* 26. januar.

Haastrup, Celine 2008: 'Vejen til forløsning. Brasiliens rolle i Henrik Stangerups forfatterskab'. Speciale ved Institut for Nordiske Studier og Sprogvidenskab. Københavns Universitet. Upubliceret.

Hegel, Georg Wilhelm Friederich 1986: *Vorlesungen über die Philosophie der Religion I-II*, Werke 16-17. Frankfurt am Main. Suhrkamp.

Hertel, Hans 1969: 'Sider af et ophør', leder i: *Perspektiv* nr. 8. Hans Reitzel, pp.2-4. Lederen er optrykt under Hans Hertel i: *Holdninger, miljøer, temaer i 25 års litterær debat. En antologi.* Erling Nielsen (red.). Gyldendals Bibliotek,1975.

Hertel, Hans 2003: 'Erasmus Modsat mellem 'højre' og 'venstre'' i: *Tværtimod! Levned og meninger 1956-1998.* Hans Hertel (red.). Lindhardt & Ringhof, 2003, 9-27.

Hertel, Hans 2012: *PH – en biografi.* Gyldendal.

Hertel, Hans 2014: 'Modstandskampens børn'. *Politikens Bøger* 16.2.

Hirsch, Marianne 2012: *Family Frames. Photography, Narrative, and Postmemory.* Harvard University Press.

Holten, Birgitte og Michael Sterll 2010: *P.W. Lund og knokkelhulerne i Lagoa Santa.* Statens Naturhistoriske Museum.

Hornbek, Birgitte R. 2009: 'Frihed og nostalgi' i: *Modernitetens verden. Tiden, videnskab, historien og kunst.* Ole Høiris og Thomas Ledet (red.). Aarhus Universitetsforlag, 551-568.

Huyssen, Andreas 2005: 'Geographies of modernism in a globalizing world' i: *Geographies of Modernism. Literatures, Cultures, Spaces.* Peter Brooker (ed.). Routledge, 6-19.

Højbjerg, Christian Kordt 1992: 'Den etnografiske poet. Om forholdet mellem litteratur og etnografi hos Michel Leiris' i: *Tidsskriftet Antropologi* nr. 26 1992, 145-165.

Jensen, Johan Fjord 1981: *Efter guldalderkonstruktionen,* bd. III. Forlaget Modtryk.

Jensen, Carsten 2001: *Af en astmatisk kritikers bekendelser.* Rosinante.

Jones, W. Glyn 1994: 'Kosmisk syn og skæbnetro i Heinesens forfatterskab' i: *Tårnet midt i verden – en bog om William Heinesen.* William Heinesen symposion redigeret af Vár í Ólavsstovu og Jan Kløvstad. Nord, 75-107.

Jørgensen, Dorthe 2002: *Viden og visdom. Spørgsmålet om de intellektuelle.* Det lille forlag.

Jørgensen, Steen Bille: 'Tomhed og fylde. Romanens idé', i: *Modernitetens verden. Tiden, videnskab, historien og kunst.* Ole Høiris og Thomas Ledet (red.). Aarhus Universitetsforlag, 537-551.

Kondrup, Johnny 1994: *Erindringens udveje. Studier i moderne dansk selvbiografi.* Amadeus.

Kundera, Milan 2005: *Tæppet. Essay i syv dele.* Gyldendal.

Land, Ray og Meyer, Jan H.F. 2003: 'Threshold Concepts and Troublesome Knowledge 1 – Linkages to Ways of Thinking and Practising' i: *Improving Student Learning – Ten Years On.* C.Rust (Ed), OCSLD, Oxford.

Larsen, Svend Erik 2007: *Tekster uden grænser. Litteratur og globalisering.* Aarhus Universitetsforlag.

Lawall, Sarah 2009: 'The West and the Rest: Frames for World Literature' i: *Teaching World Literature.* David Damrosch (red.). Modern Language Association of America, 17-33.

Lepenies, Wolf 2008: *Kultur und Politik. Deutsche Geschichten.* Fischer Taschenbuch Verlag.

Liet, Henk van der 1989: 'Fjenden i teksten. Om Henrik Stangerups selvbiografiske roman 'Fjenden i forkøbet" i: *Deutsch-Nordische Begegnungen. 9. Arbeitstagung der Skandinavisten des deutschen Sprachgebiet 1989 in Svendborg*. Kurt Braunmüller og Mogens Brøndsted (red.). Odense University Press, 318-333.

Liet, Henk van der 2013: 'Producing Utopian Space: Brazil in Henrik Stangerup's *Vejen til Lagoa Santa* (The Road to Lagoa Santa)', i: J. Heirman & J. Klooster, *The Ideologies of Lived Space in Literature, Ancient and Modern*. Ghent: Academia Press 2013, 95-107.

Lykkeberg Rune 2008: *Kampen om sandhederne*. Gyldendal.

Martinov, Niels 2003: *Henrik Stangerup - en biografi*. Cicero.

Moberg, Bergur Rønne 2010: 'Udfordring fra udkanten. Æstetiske udviklinger i periferien med særligt henblik på modernismegeografi og oversættelseszoner hos William Heinesen og Jørgen-Frantz Jacobsen i: *Spring* 29. Marianne Barlyng (red.). Spring, 163-201.

Moberg, Bergur Rønne 2014. *Resten i Vesten. Verdenslitteratur i modernismens margin*. Spring.

Moretti, Franco 1996: *Modern Epic. The World-System from Goethe to García Márquez*. Oversat af Quintin Hoare. Verso.

Pedersen, Carl Steen 2000: *Midtens vovestykke. Om Villy Sørensens essayistiske forfatterskab*. Gyldendal.

Platon 1992: *Timaios*, i: *Platons skrifter*, bd.8. Carsten Høeg (red.) o.a. Hans Reitzels Forlag.

Reiffers, Moritz 2013: *Das Ganze im Blick. Eine Kulturgeschichte des Überblicks vom Mittelalter bis zur Moderne*. Transcript.

Ringgaard, Dan 2010: *Stedssans*. Aarhus Universitetsforlag.

Sedlmayr, Hans 1951: *Verlust der Mitte*. Otto Müller Verlag.

Sjón 2011: 'Toget – ondskab, misundelse, begær'. 18. marts. *Weekendavisen*.

Rosendahl Thomsen, Mads 2008: *Mapping World Literature. International Canonization and Transnational Literatures*. Continuum.

Spengler, Oswald 1918-23: *Der Untergang des Abendlandes. Umrisse einer Morphologie der Weltgeschichte*. Udgivet af Thomas Zwenger.

Stangerup, Henrik 1967: 'Den danske syge. Modernisme og nyrealisme', i: *Tværtimod! Levned og meninger 1956-1998*. Hans Hertel (red.). Lindhardt & Ringhof, 2003, 445-452.

Stangerup, Henrik, Poul Henningsen og Ole Michelsen 1963: *Vi er selv historie.* Thaning & Appel.

Stangerup, Henrik 1973: 'Brasilien i blodet, Danmark i hjertet', i: *Tværtimod! Levned og meninger 1956-1998.* Hans Hertel og Jacob Stangerup (red.). Lindhardt & Ringhof, 2003, 226-232.

Stangerup, Henrik 1978. 'Midteroprør eller 'demokratisk' fangelejr? Åbent brev til Villy Sørensen', i: *Tværtimod! Levned og meninger 1956-1998.* Hans Hertel og Jacob Stangerup (red.). Lindhardt & Ringhof, 2003, 569-576.

Stangerup, Henrik 1978: *Mens tid var. Kronik og journalistik.* Gyldendal.

Stangerup, Henrik 1979: 'Farvel til Amazonas', i: *Tværtimod! Levned og meninger 1956-1998.* Hans Hertel (red.). Lindhardt & Ringhof, 2003, 231-235.

Stangerup, Henrik 1983: 'Nyslået Balzac fra det indiske subkontinent', i: *Tværtimod! Levned og meninger 1956-1998.* Hans Hertel og Jacob Stangerup (red.). Lindhardt & Ringhof, 2003, 333-339.

Stangerup, Henrik 1985: 'Forført af P.L. Møller' i: *Kritik* 73. Gyldendal, 7-17.

Stangerup, Henrik 1985: 'Forført af P.L. Møller', i: *Kritik* 72. Poul Behrendt (red.). Gyldendal.

Stangerup, Henrik 1986: *Tag din seng og gå. En personlig beretning.* Gyldendal.

Stangerup, Henrik 1987: 'Robinson og det akustiske bedrag', i: *Tværtimod! Levned og meninger 1956-1998.* Hans Hertel og Jacob Stangerup (red.). Lindhardt & Ringhof, 2003, 469-473.

Stangerup, Henrik 1989: 'Op af det sorte hul' i: *Tværtimod. Levned og Meninger 1956-98.* Udvalg ved Hans Hertel og Jacob Stangerup. Gyldendal, 465-468.

Stangerup, Henrik 1991: 'Vive la Weltliteratur', i: *Tværtimod! Levned og meninger 1956-1998.* Hans Hertel og Jacob Stangerup (red.). Lindhardt & Ringhof, 2003, 484-493.

Stangerup, Henrik 1999: *At skrive eller dø. En essayrejse København-Paris-Rio-Langebæk.* Lindhardt & Ringhof.

Stangerup, Henrik 2006: *Fjenden i forkøbet.* Lindhardt & Ringhof.

Stjernfelt, Frederik 2014: 'Mellem Krarup og Rifbjerg'. *Politiken* 23.2.

Støvring, Kasper 2006: *Det etiske kunstværk. Villy Sørensens poetik og litterære kritik.* Gyldendal og Odense Universitetsforlag.

Støvring, Kaspar 2011: *Villy Sørensen og kulturkonservatismen.* Information.

Sørensen, Arne 1936: *Det moderne Menneske.* Europa-bøgerne.

Sørensen, Villy 1962: *Digtere og dæmoner. Fortolkninger og vurderinger.* Gyldendal.
Sørensen, Villy og og Niels I. Meyer og K. Helveg Pedersen: 1978: *Oprør fra midten.* Gyldendal.
Sørensen, Villy 1988: *Demokratiet og kunsten.* Gyldendal.
Weltsch, Felix 1936: *Das Wagnis der Mitte. Ein Beitrag zur Ethik und Politik der Zeit.* Verlag Julius Kittls Nachfolger.
Wivel, Peter 1986: 'Karakter, ikke metode' i: *Henrik Stangerup.* Iben holk (red.). Odense Universitetsforlag. 123-136.
Zerlang, Martin 2001: *Fem magiske fortællere og et rids af romanens historie i Latinamerika.* Spring.
Øhrgaard, Per 1982: 'Konstruktion af det tredje standpunkt – i anledning af Johan Fjord Jensens udvalgte skrifter', i: *Kritik* 59. Gyldendal, 115-126.
Ørum, Tanya 1990: 'Vejen til Lagoa Santa', i: *Kritik* nr. 93. Gyldendal, 107-115.

Verdenslitterære geografier i resten og Vesten

Perspektiver på færøske og kontinentaleuropæiske romaner i modernismens margin

Følgende er en præsentation af verdenslitterære læsninger af færøske og kontinentaleuropæiske romaner, som jeg har udfoldet i et større format i bogen *Resten i Vesten. Verdenslitteratur i modernismens margin* (Forlaget Spring, 2014). Nærværende tekst er en omfattende opsummering af en omfattende bog og således resultat af analyser snarere end udfoldede analyser.

Resten i Vesten undersøger, hvad der sker, når vi spørger 'hvor var modernismen?' i stedet for kun at spørge 'hvornår var modernismen?'. Færøsk litteratur har i løbet af især anden halvdel af det 20. århundrede skabt en række værker af internationalt format, som kan bidrage til en litteraturhistorisk revision af modernismen og derigennem sætte gængse litteraturhistoriske modeller, dikotomiske strukturer og snævre distinktioner under pres. Undersøgelsen demonstrerer, at færøsk digtning overordnet fungerer på linje med ikke-vestlige litteraturer og knytter komparativt an til en undervurderet stofrigdom i både europæisk modernisme og i modernismen i global forstand. Afhandlingen spidser sine pointer i beskrivelser af en anden udviklings- og originalitetsforståelse end i klassisk modernistisk litteratur, idet færøsk modernisme bidrager til at udvikle sted og nation ved at trække på en ballast af geografi, kultur, historie og politik. Perspektivet 'resten i Vesten' former sig som et svar fra en lille europæisk kultur som den færøske til hovedstrømninger i vestlig tænkning.

Færøerne er en af Europas mindste kulturer og senest erobrede territorier i modernitets- og modernismesammenhæng. Den 'forsinkede' modernitet bereder grundlaget for en æstetisk ekstraordinær situation,

Bergur Rønne Moberg

hvor dikotomier mellem det moderne og det præmoderne, det koloniale og det postkoloniale, æstetik og politik på sin vis ophæves. Med medierende begreber i front etablerer afhandlingen en beskrivelsesposition, der ikke strammer alt for meget i kortlægningen af de kodeskift, kontakt- og oversættelseszoner, som konstant er på spil i de færøske romaner.

★★★

Resten i Vesten indeholder analyser af fire færøske romaner og to kontinentaleuropæiske:

Barbara (1939) af Jørgen-Frantz Jacobsen
Det gode Håb (1964) af William Heinesen
Undir Suðurstjørnum (1991) af Gunnar Hoydal
Á ferð inn í eina óendaliga søgu I-VII (1980-92) af Jens Pauli Heinesen
Doktor Faustus (1947) af Thomas Mann
La peste (1947) af Albert Camus

Baggrunden for undersøgelsen af disse romaner er udbredelsen af den oprindelige europæiske modernisme til resten af verden. Den unge færøske litteratur er undersøgt som en del af denne ekspanderende europæiske indflydelsessfære. Det primære undersøgelsesmateriale har været fire færøske/ dansk-færøske romaner og to romanklassikere inden for europæisk modernisme. Romanerne er udvalgt på grund af deres udfordrings- potentiale i forhold til hegemoniske vestlige modernismekonstruktioner, der har haft en tendens til dels at reducere modernismens videre blomstring i Vestens marginer i og uden for Vesten til derivater og imitationer af europæisk modernisme og dels at eksotisere dem til forskellige former for magisk og mytisk realisme. Forestillingen om modernismens udvidede geografi, hvor modernismestudiet forventes at dække et stadig større område både geografisk og historisk (Huyssen 2005: 6ff), er derimod at betragte som en ny modernisme, der udfordrer den gamle modernismes rene form og lukkede diskurs for i stedet at udvide modernismen ud mod kulturen på en måde, der gør det lettere at forstå vor tids kulturelle globalisering. Det er afhandlingens udgangspunkt, at sted og nation som en tematisk enhedsfigur har en konstituerende betydning for færøsk litteratur (Moberg, 2008). De kulturelle og geografiske elementer i de fire færøske romaner er tænkt og undersøgt ud fra verdenslitteratur, der er et teoretisk felt og en metode, som reflekterer den nye rumlige vending inden for kunst og humaniora, og som giver sig udslag i et særligt fokus på geografiske aspekter i den fortsatte modernismediskussion. Det er nærmere bestemt en modernisme orienteret mod stedet og nationen som en bred erfaringshorisont og som kulturelle narrativer. Værkerne repræsenterer ikke en litteratur, der ensidigt er styret af en fiktionel diskurs, men tilmed af en stedbunden og antropologisk eller antropologilignende referentialitet.

Undersøgelsen har desuden inddraget to kontinentale romaner, *Doktor Faustus* af Thomas Mann og *La Peste* af Albert Camus. Afhandlingen fralokker disse to modernismeklassikere inden for romanprosaen nye perspektiver ved hjælp af analyserne af de associationsrige kulturelle erfaringer i de færøske romaner og deres udbredte omverdensrelaterede brydninger mellem lokalitet og universalitet, individ og sted/nation, modernitet og oprindelse. Modernismens globale udbredelse anvendes ikke blot som en kontrast til 'ren' modernisme, men også som en fremhævelse af undervurderede træk i centraleuropæisk modernisme, hvor der er flere kontekster på spil end de formelt orienterede modernismekonstruktioner giver udtryk for.

Afhandlingen består af analyser af ovennævnte værker flankeret af en udvidet indledning og en udvidet konklusion, der danner en kontekstuel – verdenslitterær – ramme om analyserne. På den måde understreges bogens dobbelte fokus på konteksten i teksten og teksten i konteksten. Derfor konsulteres overordnet set såvel narratologiske som ikke-narratologiske begreber. Mere specifikt er der tale om flerfacetterede læsninger inden for verdenslitterære rammer, der trækker på episk-metafysisk orienteret litteraturhistorie, postkolonialisme, idéhistorie, *life-writing*, modernitetsteori. Det skal forstås som et broget inspirationsgrundlag, der udgør et skabelsesvilkår for ikke-metropole forfattere, hvis perspektiver er forbundet med stedet som en bred erfaring og med en hel åndshistorie. Set i forhold til steds(teoretiske) aspekter trækker afhandlingens læsninger både på fænomenologisk stedsteori med fokus på subjektivitet og transhistoriske kvaliteter samt - om end i mindre grad - på analyser af sted som en kampzone mellem forskellige interesser. De færøske romaner fremstiller den ikke-metropole kultur som et rum, der danner rammen om en rummelig forståelse af modernitetens urene kulturprocesser, hvor det moderne og det ikke-moderne er henvist til at forholde sig til hinanden.

Resten i Vesten er en kortlægning af denne irregularitet i det moderne litterære færøske felt på en komparativ baggrund, dvs. i tilknytning til modernismens overlappende geografier. Bogens mange bindestregsbegreber har til formål at kunne beskrive de omfattende operationer og det krydsfelt af erfaringsdomæner, som hos romanforfatterne hele tiden kæder sted og universalitet, kult og kultur sammen. Den følgende værkgennemgang, indlejret af en præsentation af indledning og konklusion, udgør sammenlagt et minimalrids over bogens hovedbegreber.

Hovedbegreber

Afhandlingen argumenterer for en læsning, der på den ene side retter blikket mod metropoliske kodninger af modernitet, modernisme og den dermed forbundne udviklingslogik og originalitetsideal og på den anden mod *writing back* fra de ikke-metropole traditioner mod hegemonisk, vestligt kodet modernisme og modernitet.

Færøerne undersøges som et paradigmatisk bud på en af modernismens geografier i Vestens marginer, som i dette tilfælde er en af Vestens marginer inden for Vesten svarende til Europa som nær oprindelseskultur. De særlige ikke-metropole vilkår sammen med modernitetens sene påvirkninger tænkes i stigende grad ind i en æstetisk og stedligt/nationalt selvbevidst kontekst, som har gjort at færøsk litteratur indgår i modernismens verdensdækkende indflydelse som endnu en geografi og litterær kultur. Afhandlingens hovedbegreb 'resten i Vesten' er dannet efter inspiration fra forestillingen om Vesten over for Vestens marginer i og uden for Vesten. De færøske værker udgør et ikke-metropolt svar i form af en flerdobbelt kulturelt kodet kontekst til kosmopolitiske europæiske påvirkninger fra makkerparret modernitet og modernisme. Fokus har været på stederfaringen og stedfiguren som et konstituerende træk ved færøsk litteratur (Moberg 2008).

Den særlige forbindelse, som de fire færøske romanværker åbner mellem tekst og territorialitet udfolder sig først og fremmest i en differentieret kosmopolitisk kontekst. Det undersøges gennem medierende begreber, der nuancerer dikotomiske distinktioner i klassisk postkolonialisme som Vesten vs. resten, centrum vs. periferi, det lokale vs. det globale, det koloniale vs. det postkoloniale. Begreberne er udfoldet ved hjælp af en bred vifte af litterater, stedteoretikere, kosmopolitiske og postkoloniale tænkere som Dan Ringgaard, Frits Andersen, Mads Rosendahl Thomsen, Svend Erik Larsen, Ottmar Ette, David Damrosch, Franco Moretti, Yi-Fu Tuan, Ulrich Beck, Seyla Benhabib, Kwame Anthony Appiah, Seth M. Low, Denise Lawrence-Zúniga, Dipesh Chakrabarty og mange flere. De kosmopolitiske perspektiver samler sig i undersøgelsens revision af modernismen. Den kosmopolitiske betoning er velegnet som beskrivelse af åbninger i færøsk modernisme ud mod nye territorier i (sen)modernitetens komplekse kulturprocesser. Kosmopolitismens koblinger mellem det lokale og et globale forklares inden for rammerne af verdenslitteraturens inklusive forhold til vestlig form og lokalt stof. Hermed afdækkes, hvordan færøsk verdenslitteratur genererer nye perspektiver ved at give nye modernismegeografiske bud på svar på gamle spørgsmål som, hvad er litteratur? hvad er originalitet? hvad er bred fortolkningspraktik i forhold til de urene – spatiale, historiske og æstetiske udviklingsprocesser – i litteraturen?

Perspektivet 'Resten i Vesten' er nært tilknyttet et andet begreb, som svarer til Salman Rushdies beskrivelse af litteraturen fra de tidligere kolonier, der 'skriver tilbage' til det imperiale centrum, og som Bill Aschcroft og Garren Griffith har lavet om til et begreb inden for litterær postkolonialisme. Writing-back-forestillingen er formodentlig den væsentligste eller mest indflydelserige sætning i litteraturvidenskaben siden 2. verdenskrig. Den er blevet overført til færøsk litteratur af Malan Marnersdóttir ved at hævde, at hele den færøske litteratur kan opfattes som et "sammensat imperialt svar" (Marnersdóttir 2004: 341). Mit eget perspektiv på færøsk litteratur i den senere år – og i *Resten i Vesten* – rækker ud over 'svaret' til Danmark og rigserfaringen. Der er tale om analyser af færøsk litteratur som et ikke-metropolt 'svar' – primært i form af en geografisk, historisk kodet kontekst – til kosmopolitiske europæiske påvirkninger fra makkerparret modernitet og modernisme (Moberg 2010). Mit fokus har især været stederfaringer som et konstituerende træk ved færøsk litteratur (Moberg 2008). I værk efter værk danner stedet og nationens erfaringer forgrund og baggrund i færøsk litteratur som naturrum, som kulturel, geografisk, historisk, politisk reference og som poetisk pejlepunkt.

Ligesom konstellationen af relativt ukendte forfattere og hyperkanoniserede forfattere er denne afhandlings optik på en kultur med en nær oprindelse til Vesten verdenslitterær og ikke postkolonial. Fokus på Færøerne som en rest eller margin i Vesten indikerer landets nære europæiske oprindelse, og det modificerer *writing*-back-tilgangen, og gør den mindre dikotomisk end i klassiske postkoloniale litteraturanalyser. I stedet er *writing back*-tesen knyttet til modernitetstanken, der først og fremmest tager højde for det færøske *writing back* som en kosmopolitisk linje til Europa mere end en entydig postkolonial konfliktlinje. Moderne færøsk litteratur skriver først og fremmest tilbage til moderniteten som en udjævnende bølge. Svaret falder som en lokalitetsproducerende bevidsthed med globaliserede fodspor i sig. Færøsk litteratur skriver tilbage til hele den europæiske kultur fra antikken til nutiden, som den trækker på som en gigantisk motivbank og inspirationsrum. Som en ny litterær geografi er færøsk litteratur stærkt optaget af, ikke blot *nationbuilding*, men også "locality building" (Appadurai 2005:

183), der i mine læsninger rækker ud over en bastant magttematiserende kortlægning i klassisk postkolonialisme og ind i mere komplekst reflekterende lokaliseringsstrategier i en kosmopolitisk kontekst. Undersøgelsens udgangspunkt er således, at man får mest ud af at læse færøske romaner i en udvidet opmærksomhed på de forskellige kontekster, som den kosmopolitiske lokalbevidsthed inddrager. Det betyder i denne sammenhæng en læsning af færøsk litteratur som et omfattende svar til modernitet og modernisme. Den brudfokuserede modernistiske metabevidsthed udvides gennem stedets brede erfaring. Det verdenslitterære perspektiv fungerer således på samme tid som et korrektiv til postkolonialismens *writing back* og som en modfortælling eller modkortlægning i forhold til dikotomiske vestlige tankemønstre inden for modernitet og modernisme. Værkerne er blevet læst som et udtryk for de æstetiske udviklinger i periferien herunder især som en manifestation af kulturelle/kulturgeografiske narrativer, der formidler og fortolker Færøernes urene vej ind i modernisme og modernitet. Værkerne repræsenterer ikke en litteratur, der ensidigt er styret af en fiktionel diskurs, men i lige så høj grad af en stedlig og antropologisk eller antropologilignende referentialitet. Færøerne er en af Europas mindste kulturer og senest erobrede territorier i modernitets- og modernismesammenhæng. Den 'forsinkede' modernitet bereder grundlaget for en æstetisk ekstraordinær situation, hvor dikotomier mellem det moderne og præmoderne, det koloniale og det postkoloniale, æstetik og politik på sin vis er ophævet. Med medierende begreber i front etablerer afhandlingen en beskrivelsesposition, der ikke strammer alt for meget i undersøgelsen af de kodeskift, kontakt- og oversættelseszoner, som konstant er på spil i de færøske romaner.

Tilsammen er tesen om Færøerne som resten i Vesten og den verdenslitterære version af *writing back* et udslag af en litterær geografi, der efterhånden omfattes af den europæiske indflydelsessfære i kraft af, at den skriver sig ind i den. Bogens metode er placeret et sted mellem en æstetisk brudfokuseret modernistisk læsning og en kulturelt brudfokuseret postkolonial læsning, og mellem postkolonialismens antivestlige tendenser og eurocentrisme.

Bergur Rønne Moberg

Indledning

Mellem havborg og højborg
Foruden den nævnte tese beskriver indledningen den regionale, litteraturhistoriske og teoretiske baggrund for bogens modernismegeografiske orienterede tilgang til modernismen.

De fire færøske romaner repræsenterer en poetik for en ny begyndelse. Mens kulturtræthed i midten af det 20. århundrede begynder at gøre sig gældende på det europæiske kontinent, genindstalleres udviklingstanken ude i havet som energisk optimisme forsynet med en ny historisk bevidsthed. Sammen med store romanfortællere fra ikke-vestlige lande – Ben Okri fra Nigeria, Gabriel García Márques fra Columbia, Salman Rushdie fra Indien, Haruki Murakami fra Japan osv. – har nordatlantisk (især islandsk og færøsk) litteratur været med til at etablere en ny balance mellem det historiske stof og romanens form i det 20. århundrede. Som ikke-metropol litteratur har færøsk litteratur en anden tilblivelses- og udviklingshistorie end de store europæiske national-litteraturer. I sin nyere udviklingshistorie har den regionalt set en hel del til fælles med islandsk litteratur, der ligesom den færøske er stærkt bundet til udviklingen af sted og nation. Fællestrækkene viser sig især i modtagelsen af litterære tendenser som modernismen og realismen, der i begge lande er mundet ud i en markant modernismegeografisk litteraturtendens med et stærkere kulturelt præg i forhold til modernismen i de centraleuropæiske metropolkulturer. Min pointe i denne sammenhæng er, at trods store indbyrdes forskelle danner forfattere fra de nye nationer et fælles litterært reaktionsmønster, der i kraft af en lignende kulturel erfaringskontekst knytter komparativt an til nærtbeslægtede æstetiske udviklinger.

De ikke-metropoliske forestillinger placerer individet i kernen af historiciteten ved at forankre det i en relationel, historisk kontekst gennem tilknytning til sted og nation. Men den omfattende natur i den nordatlantiske region understreger samtidig mennesket som en del af en større kontekst, hvor det ikke er altings målestok. Netop dette træk er stærkt markeret i nordatlantiske romaner. Det har sat sig spor i kritik af eksistentialisme og "streng" (William Heinesen) humanisme som en kulturelt opslidt position. Denne kritik lever i dag videre i en ny form for humanisme i form af begrebet posthumanisme:

> Posthumanism does not presume that man is the measure of all things. It is not held captive to the distance scale of the human but rather is attentive to the practices by which scale is produced (Bjørst 2014: 127, opr. et citat af K. Barad).

I analyserne udfordres historicismen gennem naturforestillinger, livshistorie, en broget oplysningstanke, det humanistisk-kristne forestillingsunivers, dannelsestanken, Faustmotivet, pestmotivet etc. repræsenterer en måde at begrebsliggøre historisk tid hinsides radikal historicisme herunder især den historicistisk anlagte angelsaksiske postkolonialisme. På grund af menneskets eller individets transcenderende rolle inden for historien, så lukkes denne brede og dybe stedlige og nationale tanke ikke inde i en allegori af ideologiserende kulturaliserende læsninger om end romanerne åbner for allegoriske læsninger af kulturgeografisk art. Alle de seks romaners mangfoldige glidninger og paradokser er forbundet med idémæssige brydninger som en form for modgift imod magtforestillinger. Samtlige seks romaner – i kraft af en idéhistorisk udvidet æstetisk forestilling – skriver ligeledes tilbage til forestillingen om at alt væsentligt i menneskelivet er historisk og således kan ændres (Schanz 2008: 16).

Det at afhandlingens svar rækker ud over svaret til imperiet indebærer, at det ikke primært en snæver kamp om interesser, men kampen om idéer, der er omdrejningspunktet. Hvordan tackler færøske åndspersoner som de fire romanforfattere mødet med – primært – europæiske idéer? Samtidig er det en af bogens ikke-metropole pointer, at disse to kampe også kan anskues som én sammenhængende kvalifikationsproces af færøsk litteratur i en overlappende modernismegeografisk kontekst. Færøsk litteratur fremstår som et åbent felt, hvor æstetik og idéer spiller fint sammen med andre — geografiske, kulturelle, historiske, metafysiske, politiske — diskurser. Der er alligevel en veludviklet bevidsthed om forskellen mellem de to kampe, og i afhandlingens optik former idéperspektiverne sig overordnet som et opgør med et snævert interessebetonet beredskab. Alle seks analyserede romaner forholder sig med forskellige betoninger og på hver deres kulturelle baggrund (også indbyrdes forskellige færøske baggrunde) til kampene i idéernes rige.

Den alternative tilgang til modernitet og modernisme i Vestens marginer og i marginer inden for Vesten kobler sig på modernitet og oplysning, men med atlantiske præferencer. Der er ikke tale om nogen entydig nordatlantisk centricitet. I stedet for et etnisk fokus, som udarter i lokale casestudier, der dels opgiver æstetikken dels modernismestudiets metodiske konsistens (Huyssen 2005: 1), består min tilgang af en beskrivelse af færøsk litteratur som overlappende modernismegeografier. Dette indebærer en transnational tilgang til af færøsk-nordatlantisk identitet, der forhandler med europæisk identitet og udgør en alternativ kodning af modernitet i en verdenslitterær kontekst snarere end en pluralistisk tilgang, der fører til "caricatural logic of divided world-systems and cultural Othering" (Apter 2013: 60). Hvor klassisk postkolonial teori modsætter sig kolonial hegemoni ved at udfordre magtmæssige ubalancer i tematiske læsninger, blander den verdenslitterære læsning i *Resten i Vesten* æstetiske kriterier med tematisk læsning.

Den litterære vilje til at omfatte meget hænger sammen med, at litteraturen har en mere central status i disse kulturer end i kulturer, der gennem længere tid har haft oplysning og modernitet på programmet. De tildeler sig selv opgaven at udvikle stedet og nationen og er derfor ikke litteraturer, der kun er styret af en fiktionel diskurs, men samtidig af kulturgeografiske narrativer og af en antropologisk informativ diskurs, der former sig som et svar til mere rene udgaver af modernismen og til utopiske forestillinger om det moderne.

Perspektiver på Henrik Stangerup

Det særlige ved Færøernes Nordatlantiske modernismegeografi kommer til udtryk i litteraturens massive henvisninger til havet som kortlægningsmetafor, vidstrakte erkendelsesveje, kaotisk, brydsomt vilkår uden for civilisatorisk og kolonial kontrol, frugtbarhedssymbol og generelt som den nordatlantiske vej ind i moderniteten. Det udtrykker det ikke-metropole samfunds helhedsblik på tingene, der viser sig helt konkret som helhedslige udsigter over små bygder og byer med en dertil hørende kulturel fortrolighed og genkendelsesproblematik. I begge tilfælde præsenterer færøsk litteratur sig som et fænomen, der overvejende består af udendørsscener, hvorved modernismens geografi manifesterer sig som en nærhed til sted og natur. Den nære tilknytning til naturen gør færøsk litteratur repræsentativ for væsenstræk i den æstetiske udvikling i modernismens periferi.

Denne periferi har sin geografiske pendant i forestillingen om Vestens marginer, som er kommet i spil på globalt plan både litterært og litteraturvidenskabeligt. Afhandlingen har anvendt feltet verdenslitteratur som en metode til at tænke Vesten og Vestens marginer i og uden for Vesten på en ny og mindre dikotomiserende måde, end i den klassiske postkolonialisme. I min optik fremstår verdenslitteratur endvidere som et nyt modernismestudie med mindre fokus på formel udvikling og med et mere bredt – herunder mindre metropolfikseret – fokus på geografien end i den 'gamle' modernisme. I kraft af verdenslitteraturens hastigt voksende indflydelse er tekst og kontekst, og forestillinger om koloniseret og kolonisator ved at nærme sig hinanden i en tidstypisk ikke-dikotomisk bevægelse. Det bliver i denne bog fremstillet henholdsvis som en revision af den klassiske modernismes æstetiske brudfokuseringer og den klassiske postkolonialismes kulturelle brudfokuseringer. Hvor den klassiske postkolonialisme indeholder antivestlige tendenser, repræsenterer den klassiske modernismes dyrkelse af det suveræne subjekt og autonomi Vestens kerne med en vis blindhed over for andre kontekster herunder Vestens marginer, hvor modernitetens mantraer som 'individ', 'frihed', 'udvikling' defineres knapt så radikalt. Verdenslitteratur overtager hverken hegemoniske tendenser inden for modernismen eller postkolonialismen. Både de antivestlige tendenser i postkolonialismen og den ortodokse autonomiæstetik blandt vestlige litterater har på hver deres måde skygget for de anselige verdenslitterære forbindelser mellem europæisk litteratur og litteraturen i de nye nationer verden over.

Færøsk litteratur er tit blevet sammenlignet med latinamerikansk litteraturs magiske og mytiske realisme. Det latinamerikanske, som startede i 1960'erne er ifølge Franco Moretti det første gennembrud for modernismens geografi og det første eksempel på et verdensomspændende litterært system (Moretti 1996: 233). Systemet består af en oprindelig transatlantisk kanon, der spreder sig fra centrum til periferi, hvor den bliver til et strukturelt kompromis i forskellige verdensdele mellem vesterlandsk form og lokalt materiale (Moretti 2004: 156). Afhandlingen demonstrerer færøsk litteratur som et af disse steder og som et udtryk for den voksende heterogenitet, der præger systemets spredningsbevægelser ud fra den homogene kerne.

I forlængelse af afhandlingens fokus på kosmopolitiske stedskildringer overtages Morettis beskrivelse af systemets periferi som interferens og samtidighed. Men så strækker enigheden sig ikke så meget længere. Morettis system implicerer en modernistisk præget antagelse om, at provinsen (systemets udkant) er præget af stabilitet, cykliske tidsopfattelser og myten, hvorimod centrum er præget af forandring og progressiv tidsopfattelse, individualitet og videnskab (jf. Andersen 2010: 637). Mine modernismegeografiske romanlæsninger udgør imidlertid et alternativ til Morettis privilegering af centrum som europæisk modernisme og avantgarde og dermed til hans eurocentrisk prægede syn på verdenslitteratur. Hans verdenssystem begrundes med antagelsen om en særlig påvirkningsstruktur, hvor påvirkningen fra centrum (kildelitteraturerne) til periferi (mållitteraturerne) er den suverænt mest dominerende, hvorimod påvirkninger fra periferi til centrum er ret sjælden og endelig hvor påvirkningen fra periferi til periferi er næsten ikke-eksisterende (Moretti 2003: 75-77). Den mangel på symmetri i denne opfattelse af det globale litterære påvirkningsmønster bereder grundlaget for en opfattelse af, at kunst fra provinsen er imitationer og derivater af modernistisk kunst (Huyssen 2005: 6f).

Bogens analyser af et differentieret færøsk *writing back* demonstrerer derimod et svar, der repræsenterer en særlig dynamik i den æstetiske-kulturelle periferi. Set gennem afhandlingens analyser fremstår de æstetiske udviklinger i periferien som markant anderledes end europæisk hovedstadsmodernisme (Beckett, Sartre osv.). De færøske forfattere udnytter de kosmopolitiske kraftlinjer til Europa og resten af verden til at etablere egne forestillinger om først og fremmest sted og nation og derigennem stedspecifikke forestillinger om udvikling, modernitet, tradition, påvirkning, metabevidsthed, stil, forfatteren, den intellektuelle. Med afsæt i disse aspekter er udvalgte værker i færøsk romanlitteratur blevet undersøgt som et *writing back* fra en af Vestens marginer i Vesten. Fokus har været på disse forfatteres urene erfaringsrum, der åbner op for et væld af idéer og traditioner samtidig: den færøske folketradition, humanisme, kristendom, metafysik, mytologier, antik filosofi, nyere europæisk filosofi. Forfatterskabernes brogede inspirationsgrundlag giver anledning til betydningsglidninger, hybriditet, kontaktzoner, interferens etc., hvorved forskellige logikker, tider og traditioner fremstår som samtidige. Det brogede element i denne æstetik er skrevet ind i den fortsatte modernismediskussion som en polemisk kontekst, der læses som en problematisering af eller som et korrektiv til modernismens isolationistiske diskurs, modernitetens planlæggende fornuft, kultur-rationalisme, der i det ikke-metropole i særlig grad opfattes som usanselige procedurer og som strukturelle overprioriteringer. Læsningen har sit fokus på en karakteristisk ikke-tvingende, kredsende tænkning, hvor bevidstheden om, at værdisfærerne kunst, religion, politik og videnskab allerede er udspaltet, ikke betyder at skellene mellem dem absoluteres. Der er samlet set tale om en alternativ kodificering af den oprindelig metropolske modernitet og modernisme i form af en revalorisering af modernitet og modernisme på atlantiske præmisser. En lignende revalorisering sker hos Mann og Camus. Læsningen af alle seks romaner udgør en kontekstuel og refleksiv udfordring til isolationistisk modernistisk skrift og i dem alle er forestillinger om viden, sandhed, visdom forbundet til historisk handling, environmental kontekst og etiske problemer.

Analyserne
De fire færøske romaner er udvalgt med særligt henblik på en differentieret undersøgelse af modernismens geografi i færøsk litteratur. De indtager forskellige modernismegeografiske positioner, der er påvirket af forfatternes sproglige, kulturelle, politisk-ideologiske baggrund. Det har en grundlæggende betydning i denne sammenhæng, at to af romanerne – *Barbara* og *Det gode Håb* – er skrevet på dansk og de to andre – *Undir suðurstjørnum* og *Á ferð inn í eina óendaliga søgu* – på færøsk. Det er utænkeligt at beskrive modernismens geografi i en færøsk kontekst uden at inddrage hovedværkerne i den dansk-færøske litteratur, fordi de også er hovedværker i færøsk litteratur generelt og desuden de mest kendte værker uden for Færøerne.

De litteratur- og kulturhistoriske implikationer, der ligger i at skrive på et andet sprog end færøsk, er i sig selv en begrundelse for at vælge dansksprogede færøske værker. I kraft af den familiemæssige forbundethed med det danske, der fik betydning for deres valg af dansk som kunstnersprog, befinder William Heinesen og Jørgen-Frantz Jacobsen sig tættere på den danske tradition og kultur generelt end deres færøskskrivende kolleger. Romanernes vidtforskellige migratoriske bevægelser i kraft af rejseaktiviteter, perspektivudvekslinger og forskellige former for medieringer og hybridiseringer fremhæver værkernes forskellige modernismegeografiske positioner. Analyserne af disse bevægelser står centralt i undersøgelsen af det enkelte værks modernismegeografiske profil. Tilgangen fungerer derfor som en begrundelse for værkudvælgelsen.

Hovedfigurerne i *Barbara* og *Det gode Håb* kommer udefra og er danske med de dansk-færøske brudflader, det medfører. For at undgå overlapninger i analyserne af disse to værker lægges – som det fremgår af gennemgangen af de enkelte værkanalyser – vægten forskelligt i forhold til undersøgelsen af den dansk-færøske forbindelse. Forskellen i tilgangen til de to romaner – og det gælder også tilgangen til alle fire færøske romaner – er, som det vil fremgå, desuden begrundet i andre forhold, end det dansk-færøske. *Undir suðurstjørnum* indtager i denne sammenhæng en særlig modernismegeografisk position, idet den er orienteret mod en transatlantisk perspektivudveksling mellem Sydamerika og Færøerne, hvor forholdet til Danmark – i modsætning til *Barbara* og *Det gode Håb* – er fremstillet som en klassisk konflikt mellem koloni og koloniseret. I *Á ferð inn í eina óendaliga søgu* figurerer forholdet til Danmark/København først og fremmest som en udvidelse af geografien og hovedpersonens erfaringer. Her går hovedpersonens rejse i den modsatte retning af hovedpersonerne i *Barbara* og *Det gode Håb* – fra Færøerne til Danmark – men i forhold til *Undir suðurstjørnum* opholder romanens hovedperson sig trods alt næsten udelukkende på Færøerne. Rejsens bevægelser i *Á ferð inn í eina óendaliga søgu* er i undersøgelsen – såvel som i romanens titel – overvejende relateret til det eksistentielle i form af rejsen ind i menneskets uendelige historie.

Værkernes forskellige modernismegeografiske positioner fremhæves i de enkelte analysers underoverskrifter, hvoraf det fremgår, hvilke modernismegeografiske aspekter, den enkelte analyse lægger vægt på. Overordnet set er de fire færøske romaner undersøgt som et samlet udtryk for modernismens massive geografi i en færøsk erfaringsverden. Værkkonstellationen giver dermed mulighed for at undersøge modernismens geografi som et prisme, der er holdt sammen primært af kosmopolitiske erfaringer med den færøske kultur og geografi. Den modernismegeografiske læsning har samlet set til formål at spore omfattende fællesmønstre og variationer i værkernes fremstillinger af Færøernes placering i verden.

Bergur Rønne Moberg

I accentens vold

En analyse af oplysnings- og kortlægningsperspektiver i *Barbara* af Jørgen-Frantz Jacobsen

Kortlægningstemaet handler dels om, hvordan Færøerne indlemmes i historiens europæiske køreplan og dels om, hvordan den moderne verden (historien) indlemmes i Vestens nordeuropæiske margin. Begge kortlægninger – der fremtræder som en samlet operation – har omfattende kendskab til den europæiske verden som deres ideal og er desuden baseret på opdagelser af nye nordatlantiske egne, som både vedrører geografi og oplysning. I analysens oplysningsterminologi repræsenterer præsten Hr. Poul og studenten Andreas Heyde imperial kortlægning og oplysning, hvor disse er mest indlysende. Det kalder på et *writing back*. Fortælleren er interesseret i idéernes brydning, som målrettes mod en broget idé om det moderne og et opgør med rene positioner: Barbara (natur), Hr. Poul (religion) og Andreas Heyde (rationel oplysning). Natur, religion og rationel fornuft spilles ud imod og krydsbefrugter hinanden.

Romanens modernismegeografi udfolder sig således som et idédrama, hvis figurer repræsenterer idéhistoriske manifestationer, men uden at blive til skematiske allegorier. Romanens brogede idégrundlag udgør en bred og gennemreflekteret modernismegeografisk tilgang til oplysning og modernitet. Europæisk idéhistorie har afgørende betydning for det drama, der udspiller sig omkring Barbara.

Barbaras idéudvekslinger er et udslag af den klassiske europæiske romantradition med fravær af absolutte visheder. Men den er samtidig at betragte som en traditionel episk roman med en markeret livsanskuelse, der på kompleks vis forhandles gennem de forskellige idéhistoriske positioner. De forskellige idéer fungerer som en passage af historisk erfaring, der forankrer Færøernes udvikling i moderniteten via fremstillinger af historiske scenerier også fra tiden før oplysningstiden. De idéhistoriske positioner fungerer som en udvidet forståelse af oplysningstraditionen, som i romanen først og fremmest er repræsenteret af oplysningstiden. Men det er også til det moderne verdensbillede, at romanen leverer sine skarpeste korrektiver.

Romanens brogede idéunivers – videnskab, religion, livsfilosofi, visdom, lokal common sense-erfaring – fungerer nærmere bestemt som en bredspektret episk-metafysisk tilgang til det moderne. Idéerne bliver med andre ord testet i forhold til eksistensen og naturen (Barbara), som på samme tid omfatter aspekter af alle idéerne og som får dem til at forholde sig til hinanden eller udleverer dem til hinanden især i diskussionerne mellem Hr. Poul og Sorenskriveren. I kraft af eksistensens omfattende blik overskrides alle enkeltpositionerne og fremstår som et ekstraordinært, ukortlæggeligt menneskeligt vilkår. Som Karen-Margrethe Simonsen skriver handler det episk-metafysiske om at se, hvilken betydning idéerne har, "når væsensbestemmelsen, idéen og teorien slår fejl" (Simonsen 2001. 14). Hver især er idéerne og deres erfaringsgrund utilstrækkelige, men udvekslingen mellem dem fungerer som en ny begyndelse og en midte. Hovedspørgsmålet i undersøgelsen er derfor, hvordan de modsætningsfyldte idéer spilles ud imod og transformerer hinanden. Undersøgelsens modernismegeografiske synspunkt demonstrerer, at den modsætningsfyldte dynamik har til formål at etablere en nuanceret tilgang til oplysning og frigørelse. Romanen celebrerer et heterogent erfaringsgrundlag, der ekkoer af Jacobsens verdener med Rådhuspladsen som arbejdsplads, med en stor del af sine intellektuelle forbilleder i Frankrig og med hjertet på Færøerne.

Den bredt funderede tilgang til det moderne har tilsyneladende forvirret litteraterne og gjort, at romanen ikke er blevet vurderet efter fortjeneste. Således undrer W. Glyn Jones sig med rette over, at *Barbara*, som er oversat til så mange sprog, skaber problemer for kritikerne. Heroverfor hævder jeg, at det er kombinationen af en traditionel episk form og en mangesidig tilgang til oplysning, der har forvirret anmelderne og deres underforståede idealer om en originalitets- og udviklingsopfattelse, der udgår fra avantgardens privilegering af formel udvikling og af det radikalt nye. Det er netop kombinationen af traditionsbunden form og original brug af det idéhistoriske materiale, der er i fokus i undersøgelsens modernismegeografiske perspektiv på romanen.

Romanens modernismegeografi beskrives ved hjælp af Thomas Bredsdorffs begreb "den brogede oplysning", som ikke belyser fornuften, hvor den er mest indlysende, men er et eksempel på oplysning i oplysningens yderkant. Det er en stærkt kulturelt kodet oplysning, ladet med filosofisk, poetisk og politisk betydning. Det er en form for oplysning i almindelighed overensstemmende med forestillinger om modernitet i almindelighed (Appadurai, 2005). Den brogede tilgang til kontinentaleuropæisk oplysning uden for oplysningens hovedstrøm er kongenial med oplysningens ankomst til Færøerne og indoptagelse i færøsk litteratur, der er præget af en klasepræget modtagelse af idéer i fortid og nutid. Det er oplysning som en ny begyndelse på et nyt sted og i en ny nation. Romanen gør med andre ord en dyd ud af det, man kan kalde Færøernes kulturelle 'efterslæb'. Det er afhandlingens synspunkt, at denne betegnelse – om end den ikke er tilstrækkelig – er legitim, idet Færøernes alternative tilgang til det moderne ikke afskriver europæisk udviklingstemporalitet som irrelevant, men omfatter den snarere med et korrektiv, der indebærer forhandling. 'Efterslæbet', som kun i en bestemt optik er et efterslæb, sættes i spil ved at det kunstneriske potentiale i brogetheden udnyttes som en associationsrig fortællestil. Bredsdorffs pointe om, at det, der ikke tager sig påfaldende oplyst ud i den tidlige kontinentaleuropæiske oplysning, overføres i analysen til en oplysning i en af det 20. århundredes ikke-metropole marginer. Gennem romanens eksistentielle overblik opdages nye facetter og forhandlingsmuligheder af oplysningen, samtidig med at defekter i den afsløres. *Barbara*-analysen fremstår som et tidligt eksempel på oplysningens dialektik (Adorno, Horkheimer), hvorfor analysen kobler Bredsdorffs brogede oplysningsbegreb til *writing back*-begrebet. I kraft af den stærke forbindelse til aspekter af europæisk oplysning bliver *writing back* til et sammensat svar på europæisk indflydelse og således et svar, der overskrider det færøske svar til imperiet. Romanens situerede svar celebrerer europæisk indflydelse.

Perspektiver på Henrik Stangerup

Analysens hovedargument er, at den oplysning, der ikke er den mest indlysende – i stedet for blot at være et defineret som mangelfuld eller som et overraskende krydderi i den store oplysning – fremstilles som et selvstændigt bud på oplysning ovenikøbet med et indbefattet korrektiv til hegemoniske forestillinger om oplysning og modernitet. Den metaforik af lys, der omgærder romanens oplysningsforestilling trækker ganske vist på den vestlige idé om viden og fremskridt, men tænkes samtidig dels ind i en almen lysmetaforik og ind i den lokale færøske kulturs brogede erfaringsgrundlag. Den repræsenterer derfor en alternativ form oplysning uden at være et pluralistisk og relativistisk, antivestligt opgør med oplysning. Det bliver særligt tydeligt i denne roman – og i *Det gode Håb* – at *Barbara* i forhold til postkoloniale læsninger af romanen, der fokuserer på dansk-færøske forhold, rækker ud over rigserfaringerne. Den er bundet op på en mere omfattende modernitetskontekst, der omfatter en bred historisk oplysningskontekst.

Analysen brede tematisering af idéhistorien er også nuanceret. Den rummer derfor en refleksiv udfordring til moderne idéer som magttematiserende postkolonialismen. Denne analyse går mere direkte i clinch med postkoloniale aspekter end de fleste af de andre analyser. Kritikken gælder postkolonialismens tilgang til afkolonisering, religion og forholdet mellem hybriditet og autenticitet. I alle tre tilfælde træder en antidikotomisk verdenslitterær læsning i stedet for klassiske dikotomiske klicheer inden for postkolonialismen som kolonisator vs. koloniseret, religion vs. sekularitet og hybriditet vs. autenticitet. Romanens opmarch af hybride aspekter og idéhistorisk dynamik udtrykker en litterær-kulturel dagsorden der let kan udfordre rent kulturelle løsninger. Fortælleren slår et slag for dansk-færøsk kultur og det færøsk-europæiske og legitimerer dermed urenhed som en normaltilstand i færøsk kultur. Her er han på linje med dagens kulturforskning, hvor kultur opfattes som et relationelt fænomen og som et produkt af møder med andre kulturer og med idéhistorien, hvor kraftlinjerne idéerne imellem tænkes med.

Bergur Rønne Moberg

Romanens veludviklede idéhistoriske bevidsthed er blevet undersøgt som en stadig forhandling mellem forskellige positioner, hvoraf ingen enkeltidé fremstår selvindlysende endsige som en fuldgyldig sandhed. Europæiske bevægelser som barok, pietisme, oplysningsbevægelse brydes i *Barbaras* færøske univers. Romanen er en refleksion over udspaltningen af det fælles værdigrundlag i en række autonome systemer herunder især oplysning og religion. Det skal ikke forstås som en entydig kritik af udspaltningen af værdisfærerne og en dermed forbunden længsel efter en enkel livsstil med klare værdier og et stabilt moralkodeks, men snarere som en erkendelse af en samtidighed af bruddets uafvendelighed og en moddiskurs mod modernitetens hegemoniske strukturer, der ikke kan kolonisere hele livsforståelsen. Barbara og Sorenskriveren udgør romanens hovedkorrektiver til oplysning og indflydelse udefra. Fra hver deres hold demonstrerer disse karakterer, at eksistensen og verdens egenværdi ikke kan reduceres til hverken religion, videnskab, kunst eller politik. Denne værdi er forankret i naturen som en uudgrundelig tråd i menneskets verden. Historisk udtrykker korrektiverne en prioritering af en forestilling om historien som en operation, der ikke kun består af brud, men også af stedbundne fornemmelser for kontinuitet og langsomt udviklende strukturer.

At skrive i Jonas' tegn

En analyse af afbrydelsesæstetik og metafysiske overgange mellem kristendom og humanisme i *Det gode Håb*

Romanen har en bred kontaktflade til traditionen i form af myte, kristendom, oplysning. Dette omfattende inspirationskatalog undersøges som en idéhistorisk kontinuitet svarende til medieringer mellem forskellige idéer. Over for de postkolonialt betingede kulturelle brudfokuseringer placerer min analyse sig på et bredspektret oplysningsspor, der åbner det grundlæggende modernistiske fokus i læsningen over for metafysik, kristendom og traditionen generelt. Det indebærer en anden læsning end det klassisk postkoloniale fokus på kolonialistisk hegemoni og de dermed forbundne ideologisk belastede modsætningsforhold. I stedet for det dikotomiske fokus i klassisk poskolonialisme træder et åndshistorisk fokus, hvor idéernes indbyrdes udvidende samspil fremhæves.

Undersøgelsens første del afdækker to hovedeksempler på modernistisk afbrydelsesæstetik. Begge vedrører romanens komposition, men den sidste vedrører mere eksplicit skriftproduktionen og romanens brevform som en førmodernistisk form. Begge brud fremstilles som en alternativ – modernismegeografisk – tilgang til en modernistisk afbrydelsesæstetik. Heinesens forfatterskab kan ikke kaldes formeksperimenterende og radikalt brudfokuseret, men til gengæld kan man vanskeligt forstå denne roman og forfatterskabet generelt uden om dets brud med den modernismeæstetiske norm, som i afhandlingen er fremstillet som et modernismegeografisk brud. Det eksplicitte opgør med en modernisme, der har bruddet som ensidig norm og romanens komplekse udnyttelse af brevformen som *writing back* til formel modernisme adskiller *Det gode Håb* fra *Barbara*. I denne henseende er *Det gode Håb* en mere moderne – ikke nødvendigvis bedre! – version af *Barbara*.

Det gode Håb er desuden den roman i undersøgelsen, der tydeligst relateres til dansk litteraturhistorie i form af den danske modernismediskussion. Undersøgelsen af William Heinesens modernismegeografiske position tager afsæt i hans kritik af dansk modernisme og dansk modernismes kritik af *Det gode Håb*. I den overordnede modernismegeografiske sammenhæng figurerer inddragelsen af dansk modernisme som en regional modernismekontekst. *Det gode Håb* kaster lige så meget grus i maskineriet hos danske litterater som *Barbara* gjorde. Den falder uden for et klassifikationssystem der er blevet til i en uudfordret og derfor ikke gennemreflekteret kontekst langs de nationale linjer. I kraft af sine mange kommentarer til *Det gode Håb* i forskellige sammenhænge viser Heinesen sig at være særdeles bevidst om, at han med denne roman ramte midt ind i en modernistisk kampzone i sin nordiske samtid.

Bergur Rønne Moberg

Afsættet er Heinesens *writing back* til samtidens danske parnasæstetik, som han opfattede som elitær og hegemonisk og som kommer på tværs af hans brug af stedet som en bred erfaring med plads til både Kong Salomon og Jørgen Hattemager, som han selv udtrykte det i et interview. Modtagelsen afviste delvist romanen som en episk børnebog, og denne dom bekræfter tilstedeværelsen af en konflikt mellem den nordatlantiske og den herskende danske modernismeopfattelse i kølvandet af 1960'ernes modernistiske gennembrud i dansk litteratur, som var et udslag af 1960'ernes opgør med 'the story'.

Analysen bidrager i denne henseende til en mere fyldestgørende opfattelse af modstanden imod den hegemoniske modernismeopfattelse på det københavnske parnas. København som metropolisk hovedkvarter bidrog mere specifikt til dynamiske modernismepositioneringer inden for store dele af riget ved at fremprovokere decentrale råderum vest for (Forlaget Arena i Jylland), syd for (Elsa Gress' Decenter' på Møn) og nord for (i Tórshavn på Færøerne). *Det gode Håb* er en del af det massive writing back til den modernistiske hovedstrøm i Danmark med Rifbjerg som en af frontfigurerne. *Det gode Håb* minder om *Barbaras* modtagelse i dansk litteraturhistorie, men den er skrevet og udkom meget senere og er derfor selv mere eksplicit orienteret imod modernistisk afbrydelsesæstetik. Det færøske korrektiv er i begge tilfælde læst som et atlantisk korrektiv til et metropolisk centrum. Det betyder for *Det gode Håbs* vedkommende et episk-metafysisk svar til et radikalt miljø, som Heinesen havde sine aktier i, men som han samtidig befandt sig i udkanten af. På trods af brede kontaktflader til kulturradikalismen har Heinesen reageret både med og imod denne strømnings koryfæer fra Brandes til Rifbjerg.

Analysens anden del er koncentreret om romanens idémæssige brydninger mellem kristendom og humanisme. Forskellen mellem Heinesens to verdener – den færøske baggrund (natur, slægt, nation, sted) og den intellektuelle og kunstneriske miljø i København – skærpes med inddragelsen af kristendommen i *Det gode Håb*. Ved for alvor at inddrage kristendommen i forfatterskabets markante livsanskuelsestematikker bevæger

Perspektiver på Henrik Stangerup

Heinesen sig i denne roman i forhold til tidligere endnu længere væk fra en stakåndet dyrkelse af det aktuelt moderne, som han mente manglende sans for den vertikale dimension. Skønt Heinesen på mange måder har et kulturradikalt reaktionsmønster i interviews er der hos ham ikke noget selvfølgeligt sammenfald mellem modernisme og aktuel humanisme. Heinesens åbenhed i *Det gode Håb* over det kristne tankekompleks er endnu et udtryk for forfatterskabets utilpassethed med reduktionsprocessen i et opspeedet progressivt kunstsyn, som radikalismen var eksponent for. Han vender tilbage til kristendommen som det fraspaltede i frigørelsesprocessen. Kristendommen får en plads som en af mange idéer, hvormed Heinesen besinder sig på det moderne ved at uddybe det idéhistorisk.

Det gode Håb er i dansk kontekst et tidligt eksempel på en kritisk position over for ensidig kritik forstået som en kulturelt opslidt position. Heinesens henslængte kommentar fra 1960'erne "Alt er et problem i dag" reflekterer denne position og fremstår som en signaturformulering for Heinesens generelle indstilling til det, han opfattede som en endimensional tendens i modernismen herunder især i dansk modernisme. Ordene stammer fra et brev dateret d. 3. marts 1966, dvs. omkring samme tidspunkt som ovennævnte anmeldelser af romanen. Man kan læse citatet som en ultrakort opsummering af et omfattende korrektiv til radikalismens og modernismens syrebadskritik af især fortællingen og dermed af hele den brudfokuserede modernistiske filosofi og kultur, der for ensidigt har ladet sig styre af den antimetafysiske, antiepiske og antikontekstuelle tankegang, som bl.a. fulgte med i kølvandet af modernitetsberedskabet og sprogrevolutionen i 1960'erne.

Det betyder et opgør med modernismens stivnede antimetafysiske opgør med religion og vertikaler. Det kritiske paradigme og de ideologisk belastede modsætningsforhold, som Heinesen langer ud efter her er funderet på dikotomien sandt-falsk. I stedet for den radikale version af modernitet og modernisme opererer Heinesen – karakteristisk for de æstetiske udviklinger i periferien – i et skæringsfelt mellem værdisfærerne og konteksterne religion, politik, kultur og videnskab. I romanens mediering mellem kristendom og humanisme bliver opgøret med dikotomien mellem religion og sekularitet særlig tydelig. Bevidstheden om at disse værdisfærer allerede er udspaltede betyder ikke, at skellene mellem dem absoluteres.

Den mest afvisende og hardcore modernistiske del af receptionen af romanen er et udtryk for, at den historiske kontekst i modernistisk regi udgør en hæmsko i kanoniseringsprocessen. Bogens værkkonstellation er i denne henseende tænkt som en modvægt imod denne tendens. Den historiske kontekst spiller særlig stor rolle i ikke-metropole og ikke-vestlige kulturer og altså også i de fire færøske romaner, der samtidig er tænkt som en fremhævelse af den historiske dimension i modernismen generelt. Romanens veludfoldede skrift- og metatematik udgør en udfordring fra en associationsrig modernisme til en mere formelt orienteret modernisme i litteraturen som i kritikken. Udfordringen kommer fra Heinesens omfattende modernistiske skriftbevidsthed, der etablerer rum for perspektiver og idealer, der er hentet såvel i en moderne som i en førmoderne kultur.

Det gode Håb er undersøgt som en tekst, der placerer sig på flere oplysningsspor – kristendom, humanisme, modernisme – der griber ind i hinanden. Korrektivet til modernismen i denne roman omfatter en kontekstualisering af isoleret skrift med fokus på brevformen som dialogisk skrift samt med tematisk fokus på kristendom og humanisme. Anvendelsen af kristendommen er skrevet ind i forfatterskabets flerkontekstuelle urenhed og intense udveksling mellem forskellige idéer, der formidler mellem det åndelige og det naturlige, meningsværdi og sandhedsværdi, der konstant overlapper hinanden i hovedpersonens åbne kristne livssyn.

Undersøgelsen ser *Det gode Håbs* positive stemthed over for kristendommen som et led i forfatterskabets ekspanderende idéhistoriske brydninger og ikke blot som et brud med kristendomsopfattelsen i det forudgående forfatterskab. Anskuet som enkeltidé er kristendommen romanens grundidé. Jeg læser imidlertid romanen ind i en metafysisk kontekst, hvor kristendommen indgår i en idémæssig dynamik. Det metafysiske perspektiv går ganske vist gennem kristendommen, som også i sig selv — i tvivlen — indeholder metafysiske elementer. Men det var ikke enkeltidéer, Heinesen ville promovere, men idémæssige passager gennem historien med særligt henblik på at udvide det menneskelige felt. Historievidenskaben har haft en "antimetafysisk allergi over for præfixet "idé"" (Jørgensen 2006: 36), og som autoritativ videnskab på det humanistiske felt har den påvirket humaniora generelt herunder også modernistisk kunst og filosofi i antimetafysisk retning. Heinesens tilgang til historien peger modsat over i en metafysisk præference for idéernes indbyrdes samspil. Metafysik byder sig til som en forståelsesramme, der hverken er "blot og bar religion" (Simonsen 2001: 62) eller et stringent videnskabeligt baseret menneskesyn og sandhedssøgen. Romanen viser tydeligere end Heinesens øvrige værker og har tydeligvis også overbevist ham om, at han efter at have skrevet sig igennem dette stof i over 40 år, tryggere kunne forlade sig på, at kristendommen var endnu en idémæssig søjle i forfatterskabets stærkt markerede og brogede livsanskuelsesunivers. Min analyse hævder, at denne søjle tages til nåde i en metafysisk kontekst, der som en omfattende operation bekræfter modernismegeografiens kontekst. Heinesens vilje til at omfatte meget udgør en utilpashed ved fastlåste dikotomier i hans samtid mellem det høje og det lave, sekulært og religiøst. Den metafysiske læsning fremhæver, at Heinesen tidligt var en repræsentant for et opgør med fastlåste dikotomier, som i senmodernitetens urene kulturprocesser er tydeliggjort som en kulturelt opslidt position.

Analysens to dele — den formelle i form af romanens alternative afbrydelsesæstetik og den idémæssige i form af det kommunikative metafysiske forhold mellem kristendom og humanisme — griber ind i hinanden i kraft af det metafysiske aspekt. Den metafysiske dimension er analyseret dels som et korrektiv til den formelle modernismes genstandsmæssiggørelse af skriften og dels som en idéhistorisk dynamik.

Bergur Rønne Moberg

Ruter og rødder

En analyse af sted-polygami i *Undir suðurstjørnum* **af Gunnar Hoydal**
Hos Gunnar Hoydal er sted fremstillet som et knudepunkt i en global netværkssammenhæng med Europa blot som en del af verden. Hos William Heinesen, Jørgen-Frantz Jacobsen og Jens Pauli Heinesen åbnes sted- og hjemlighedsproblematikken derimod frem for alt ud mod en kosmopolitisk europæisk kontekst. I forhold til modernismens dekontekstualiseringer er de imidlertid alle repræsentanter for hjemlighedens come back på litteraturscenen. *Stjernerne over Andes* (romanens danske titel) er i denne værksammenhæng desuden et særligt markant udtryk for, at hjemligheds- og eksilspørgsmålet har fået fornyet aktualitet i migrationens tidsalder, som kommer til udtryk i romanens stedpolygame bevægelser mellem Sydamerika og Færøerne. Ligesom i de andre romaner er det geografiske tilhørsforhold omfattet af topofili, men baggrunden er global. *Stjernerne over Andes* har rejsen som motiv og grundlæggende metafor og er derfor er et godt eksempel på migration. Den bekræfter hermed romanen som den genre, der har flest migratoriske elementer i sig og som mest ubesværet krydser nationale grænser (Frank 2008: 10).

Stjernerne over Andes er blevet undersøgt som et stykke moderne lokallitteratur, der knytter an til to steder og peger således ud over den traditionelle hjemstavnsforestilling om kun én hjemstavn. Den dobbelte hjemstavn – Færøerne og Sydamerika – inkluderer to forskellige verdener, to verdensdele, og i sidste ende fremstiller romanen sine figurers bevægelighed som et udtryk for en global bevægelighed. Bevægeligheden foregår i ét stort kosmopolitisk rum, men er determineret af forbindelsen mellem det lokale og det globale og adskiller sig således fra en rhizomatisk multipel tilgang til sted i den "globale roman". Jeg har læst romanens særlige rumlige dimension ud fra Jan Kjærstads litterære feltteori (Kjærstad 2007), der også er en form for kortlægning. Gevinsten ved Kjærstads litterære feltteori i forhold til Hoydals roman er, at den åbner en erobring af rummet som et komplekst netværk af historier, associationer, tankespring.

Det kommer teknisk set til udtryk som krydsklipning mellem Nordatlanten og Sydamerika, som igen er udtryk for en kompleks kausalitet.

Den krydsklippende tilgang til romanen fortolkes som en måde at erobre det globale rum gennem to steder på hver sin side af Atlanten. Spatialitet kan løse det, Kjærstad kalder modernismens problem, der er en vanskeliggørelse af formen, og i stedet komme hinsides den temporalt fokuserede modernisme gennem en rumbaseret tænkning. Feltromanen undgår modernismens rigide systemer ved at skelne mellem fiktionsværkets komposition og historier, hvor historierne i sig selv forbliver traditionelle, mens feltet, det vil sige kompositionen, står for det eksperimentelle. Hoydals roman består et felt af historier indfældet i en fragmenteret komposition uden nogen direkte episk forbindelse eller tydelig lineær succession mellem kapitlerne.

Der skelnes mellem tre slags kortlægninger eller felt (Melberg 2005: 24-25). Feltteorien lægger med andre ord op til en omfattende kortlægning. Selve begrebet *mapping* anvendes i flere forskellige betydninger, der er relevante for romanens mangfoldige rejseunivers. Analysen benytter sig i denne henseende af tre sammenhængende betydninger af mapping: 1) postkolonial kritik af den kortlæggende imperialisme i rejseskildringer, der navngiver og kortlægger 'ukendte' territorier og lande, som siden baner vejen for fysisk erobring og udnyttelse af koloniale territorier. Denne betydning er relevant for forståelsen af denne romans krasse postkoloniale kritik, som undersøges sidst i analysen. 2) I en bredere betydning er det en kortlægning, romanens hovedperson foretager for at indtage og ordne den virkelighed, som han møder, hvorved det fremmede – først og fremmest Sydamerika – gøres mere begribeligt og overskueligt. Denne betydning vedrører jeg'ets forhold til verden og viser sig i romanen som krydsklippende associationer og paralleller, hvormed det nye kontinent gøres mere forståeligt. 3) I en endnu videre betydning bliver kortlægning ensbetydende med fortolkning, hvor virkeligheden i højere grad betinges af den subjektivitet, som anlægger et perspektiv. Denne betydning manifesterer sig i krydsklipningens dybdedimension, hvor romanrejsen bliver ensbetydende med en forestilling om livet som en rejse, om tilværelsen som et spændingsfelt mellem en mangfoldighed af poler, der kan læses metafysisk som en fortættet fremstilling af mening og meningens fravær. De to sidstnævnte former for kortlægning er dem, der kommer tættest på Kjærstads litterære feltteori. Alle tre betydninger indgår i analysens modernismegeografiske fokus på sted og rum.

Analysen indledes med en beskrivelse af den krydsklippende kortlægning, der er orienteret mod at skabe anskuelighed i mødet med det fremmede ved hjælp af krydsklipning. Siden følger beskrivelser af kortlægning som fortolkning og sidst i analysen beskrives kortlægning som postkolonial modstand.

Romanens målrettede krydsklipning mellem to verdensdele er formelt set forbundet med en streng informationsøkonomi og tematisk med en vilje til at spore omfattende mønstre og paralleller mellem Færøerne og Sydamerika. Det gælder overalt i romanen, at den enkelte scene og det enkelte kapitel kun giver sparsomme oplysninger om personer og begivenheder. Der er ligesom i Kjærstads feltteori komplekse forbindelser mellem kapitlerne, samtidig med at de enkelte kapitler fremstår som små relativt enkle historier. Denne teknik tjener dels til at fremhæve stedet som en verden, figurerne befinder sig i, flytter til osv., og dels til at fremhæve fortællerens globaliserede biografi. Romanen krydser og krydsklipper uafladeligt mellem to verdener og tegner med alle sine krydsninger på sin vis sit eget komplekse stjernebillede oven på det oprindelige og kosmiske i romanens titel. Med et begreb hos Ulrich Beck gør krydsklipningen fortællerens selvbiografi "sted-polygam" (Beck 1997: 130), idet han hører hjemme to steder og føler sig derfor henvist til at stykke sin todelte hjemlighed og fremmedgørelse sammen. Sted-polygamien er et gennemført greb i romanen, og det knytter konsekvent bevægelse til bindinger, ruter til rødder. I forhold til den modernistiske tankegangs veludviklede vokabular om kaos, tab og fragmentering er sted-polygami et eksempel på et modernismegeografisk fokusskift, hvor splittelse – i kraft af krydsningerne mellem to geografier – anskues som fordobling, og hvor splittelse og fordobling er indlejret i hinanden. Det er geografiske og kulturelle forhold, der har forårsaget denne væsentlige nyorientering i modernismen, der yder forfattere, der skriver på tærsklen mellem sproglige, geografiske, kulturelle og historiske grænser mere retfærdighed end den formalistiske modernismeforståelse, der har haft lyrikken som model.

Krydsklipningen udfolder sig omkring fem forskellige slags rejser. Foruden at kortlægge en ydre rejse i det geografiske rum hovedsagelig fra Færøerne til Sydamerika, kortlægger romanens krydsklipning fire andre slags rejser i mental-historisk og metafysisk forstand. 1) Der er erindringens rejse tilbage i tiden til barndommens Manta, 2) der er faderens erindringer, 3) der gribes tilbage til Inkarigets historie og 4) og endelig er der rejsen som livets rejse. Romanen foregår med andre ord på flere tidsplaner samtidig, der strækker sig fra fortællerens og de tre søskendes nutid til flere lag af fortid. Hermed fortættes forbindelsen mellem nært og fjernt, fortid og nutid.

Det andet aspekt i kortlægningen – fortolkningen – kommer især til udtryk i tematiseringen af faderens og Pablo Nerudas digtning. Som både bønder og digtere fremstår faderen og Neruda som symbolfigurer for henholdsvis færøsk-europæisk og sydamerikansk kultur. Kunsttemaet fungerer som en symmetri- og parallellstruktur og dermed som sted-polygamiens overbygning, fordi dets paralleller endnu tydeligere end de øvrige paralleller udtrykker formålet med fortællerens projekt, som ikke blot er at kæde to kulturer og verdensdele sammen, men at beskrive de idémæssige og eksistentielle virkninger af sted-polygamien som knudepunkt i den globale proces. Sted-polygamien valoriseres således yderligere med de mange referencer til digtning. De to digtere aktualiserer skellet mellem etisk, politisk handling og digtningen som et fortolkningsunivers. Det svarer til skellet mellem det, som i afhandlingens indledning kaldes interessetænkning på den ene side og æstetik og idétænkning på den anden. Hoydals roman er i sig selv et udtryk for et livtag med forskellige idéer. Den indeholder en diskussion af forholdet – og dermed en bevidsthed om forskellen – mellem idéernes og

Bergur Rønne Moberg

skønlitteraturens mere idealistiske aspekter af tilværelsen og den rå politiske kamp i en verden, der er styret af den stærkestes ret. Digtningen og dens tilværelsestolkninger tildeles en særlig status, som ikke kan slås i hartkorn med de andre – interessetænkende, politiske – kortlægningsmanøvrer, om end den ikke afviger fuldstændig og heller ikke skal stå alene. De talrige specifikke digteriske paralleller understøtter romanens forestilling om digtningen som en særlig form for kortlægning, men også at romanens skrift er en åben diskurs, der hele tiden fraterniserer med andre diskurser som f.eks. den samfundskritiske, der fordrer kamp og handling.

Det tredje aspekt af romanens kortlægningprocedure er bundet op på et overvejende postkolonialt *writing back*. Sammenlignet med William Heinesen og Jørgen-Frantz Jacobsens og – for slet ikke at tale om – Jens Pauli Heinesens skønlitterære forfatterskaber er der i Gunnar Hoydals digtning en mere direkte konfrontation med det, der opfattes som negative sider af rigserfaringen. Der er hos Hoydal en lignende kobling mellem litteratur og afkoloniserende 'nationalisme' som der er f.eks. i afrikansk romanlitteratur. Hoydal skriver ligesom sine to færøske forgængere – William Heinesen og Jørgen-Frantz Jacobsen – indfølende om sin danskfærøske baggrund, men han har alligevel en anden tilgang til rigserfaringen end sine forgængere, som begge – i endnu højere grad end Hoydal – lægger vægt på, at en gennemgribende kulturel afkolonisering hverken er mulig eller ønskelig, fordi færøsk kultur har udviklet hybride træk. Forskellen er mere præcist, at Gunnar Hoydal har en markant postkolonial magtkritik på programmet både i sine fiktive værker og som kulturskribent.

Hoydals *writing back* former sig således delvis som en kritik af Danmark som kolonimagt. Samtidig indgår Danmark som ét lag i modernitetens forestillede geografier, hvor der foregår kosmopolitiske forhandlinger mellem sted og verden. Med andre ord er denne roman ligesom resten af Hoydals forfatterskab en konstant perspektivisk blanding af ruter og rødder: *rødder* forstået som oprindelse, lokalitet og sted og *ruter* forstået som rejse og eksil med medfølgende betydninger som át slå nye rødder og tilegne sig en ny forståelse af rummet. Tematiseringen af ruter og rødder i *Stjernerne over Andes* viser, at Hoydal langt fra kun lægger sig i slipstrømmen af postkolonialismens prioritering af den inverterende, oppositionelle idé. I stedet for klassiske postkoloniale dikotomier som autenticitet vs. hybriditet etablerer Hoydal – i overensstemmelse med verdenslitteraturens korrektiv til postkolonialismen – koblinger mellem det moderne og det førmoderne uden at dikotomisere autenticitet og hybriditet. Der er således hos Hoydal både lagt vægt på dikotomien kolonisator vs. koloniseret, men også på at nå ud over postkolonialismen som en antimetafysisk position med et normativt skel mellem det moderne og det præmoderne. Set gennem romanens heftige kosmopolitiske udvekslinger fremtræder postkolonialisme ligeså meget som en 'post'-postkolonial-position som en klassisk postkolonial magtkritik.

Hoydals roman har markante postkoloniale træk, men den er et godt eksempel på, at det i bestemte tilfælde kan være lettere på papiret end i praksis at skelne mellem postkolonialisme og verdenslitteratur. Postkolonial litteratur er som udgangspunkt litteratur, skrevet i opposition til noget. Det er modstandslitteratur. Postkolonial litteratur blev oprindelig defineret på baggrund af den ældre forståelse af komparativ litteratur svarende til Commonwealth-litteraturen. *Writing back* inden for det verdenslitterære felt er ikke på samme måde præget af at skrive imod og dermed ikke primært interessestyret og magtfokuseret som især klassisk postkolonialisme har været. Derfor er postkolonial litteratur primært blevet styret af en realistisk æstetik. Hoydals roman skriver imod rigserfaringen, men er samtidig modernistisk anlagt i sin minimalistiske stil, og poesien spiller desuden en betydelig rolle i romanen. Med en sted-polygam roman som *Stjernerne over Andes* opstår perspektiver, hvor det lokale (faderens have), det nationale (den politiske kontekst), det regionale (Atlanterhavet og sammenligninger med Island) fremstilles som et forsøg på at skabe en stratificeret helhed i modernitetens forestillede geografi. Gennem rummets flerdimensionalitet og forskellige lag af fortid og nutid fremstår romanen som et stykke udpræget kulturel globalisering. Det er en globalisering, som forbinder et vertikalt forankringspunkt inkluderende dels en personlig og kollektiv historie og dels stedet som et horisontalt knudepunkt for globale strømme (Ringgaard 2010: 276). Gunnar Hoydals roman fungerer som en opdatering af stedsperspektivet i forhold til globaliseringen, idet den omfatter globen som en kampzone mellem på den ene side en organisk og lokaliserende og på den anden en mekanisk og deterritorialiserede stedforestilling. Romanens modernismegeografi skiller sig også ud i forhold til de andre færøske romaner ved direkte kommentarer til Færøernes politiske situation. Anskuet som et postkolonialt offernarrativ – den er mere end det! – falder *Stjernerne over Andes* sammen med den gængse forestilling i færøsk historieskrivning om Færøernes nuværende position som en relaptisk situation, hvor landet – dels på grund af dansk kolonialisme og dels på grund af færøsk ubeslutsomhed – fremstilles som en land, der 'mangler' at blive en suveræn nation, og hvor Færøerne er faldet tilbage til en uprogressiv politik i forhold til Danmark. Forfatterens og fortællerens engagement udkrystalliserer sig her som en klassisk postkolonial historiebevidsthed, der stiller det skønlitterære univers til rådighed for en erindringspolitisk slagmark, som er kampen om Færøernes historie. Sammenlignet med de andre romaner udvides modernismegeografien i denne roman således udadtil i retning af globaliserede bevægelser og indadtil i retning af politiske narrativer i færøsk historie.

Historie står for menneske

En analyse af livshistoriske aspekter i *Á ferð inn í eina óendaliga søgu* af Jens Pauli Heinesen

Jens Pauli Heinesen *Á ferð inn í eina óendaliga søgu* skiller sig – modernismegeografisk set – ud fra de andre romaner ved sin kritik af den ideologiske dimension. Den insisterer derfor tydeligere end de andre romaner på et skarpere skel mellem interessetænkning og idétænkning, mellem æstetik og politik. Det hænger sammen med Heinesens Thomas Mann-inspiration og det tyske skel mellem kultur og politik, som er et markant kulturelt narrativ hos Thomas Mann og i tysk kultur generelt. Det hænger også sammen med, at Heinesens forhold til efterkrigstiden – i modsætning til Hoydal – ikke handler om afkolonisering og kapitalismekritik, men om europæisk kultur og litteratur som et forbillede. Det indebærer samtidig et skarpt opgør med tidens ideologiske udskejelser. I romanens optik fremstår ideologi – især i kommunistiske gevandter – som indbegrebet af en vildfaren partikularistisk diskurs i konflikt med og uden forbindelse med grundfortællingen om sted, individ og livshistorie. Konflikten former sig som giganternes kamp: poesi vs. ideologi. Det er en kamp Heinesen konstant kredser om både som forfatter og essayist. Denne kamp forstørres op på et verdenshistorisk lærred og fremstår som et billede på et af romanens hovedtemaer: bøddel og offer. Det er romanens opgave at forsvare mennesket mod ideologiernes demagogi og revolutionære brudfokus og i stedet fastholde vekselvirkningen mellem grundfortælling og enkeltfortælling.

Krumtappen i opgøret med ideologierne er deres fornægtelse af individet. Fortællerens erkendelse af, at mennesket er ensomt og henvist til at trøste sig selv rækker ud over kollektivisme og aktuel humanisme og viderefører bourgeousitraditionens individopfattelse. Det var en tradition, der ligesom Heinesens roman relaterede individet til sted og hjemlighed. Romanens lydhørhed over for litteraturens og livshistoriens erfaringsaspekter gør den til en romanfortælling, og dens markante bearbejdelse af sin egen skrift gør den til en modernistisk romantekst. *Á ferð inn í eina óendaliga søgu* er et færøsk svar på den centrale bestræbelse i det 20. århundredes litteratur at forsøge at etablere en ny balance mellem (livs)historisk stof og romanens form. Erindring og selvbiografisk prosa har bidraget til (roman)fortællingens genkomst i det 20. århundrede. *På rejse* skriver sig ind i den modernistiske erindringstradition, der for litteraturens vedkommende starter med denne romans forbillede, Prousts *À la recherche du temps perdu*.

Ligesom *Barbara* og *Det gode Håb* er Jens Pauli Heinesens *Á ferð inn í eina óendaliga søgu* blevet udsat for en snæver formelt orienteret kritik, der langt fra yder romanen retfærdighed. Flere litteraturforskere har beskrevet Heinesen som kunstnerisk udisciplineret i den måde han trækker forskellige kontekster ind i fiktionen på herunder idédebatter. Det samme er han blevet kritiseret for at gøre i *Á ferð inn í eina óendaliga søgu*. Det er imidlertid min opfattelse, at romanen er blevet ensidigt vurderet ud fra tekniske kriterier, der som oftest grundlæggende er styret af formalismer og anti-forfatterteorier som nykritik, strukturalisme, semiologi og dekonstruktion med fokus på fiktion og autonomi. Romanen har ganske vist en digressorisk, essayistisk skrivestil og hører snarere under kategorien romanprosa eller litteratur, der med sine mange diskurser af individ-biografisk, antropologisk, essayistisk, historisk og erindringsmæssig art overskrider traditionelle opfattelser af fiktion. Ud fra denne betragtning er det netop de kritiserede passager, der får værket til at folde sig ud og spille på hele udtrækket. Analysen hævder, at gentagelser og den stedvis langtrukne stil bør læses som et "løst reguleret arrangement" der bevidst og raffineret udtrykker "manglende selvfølgelighed i kontrollen" (Svanholm 2006: 48) over en tekst, der forstår sig selv mere som modernismegeografi – dvs. som bredt fortællende – romanprosa end som fiktion. Enkelte passager i *Á ferð inn í eina óendaliga søgu* kan minde om passager af folkekulturel karakter, og med disse har Heinesen udsat sig for kritik for at være traditionel. Men analysen demonstrerer, at det modsatte er tilfældet, for her danner han snarere fortrop for den bølge af æstetisk bevidst erindringslitteratur og selvbiografisk litteratur, som vi har set vokse frem i de senere år.

Heinesens 'brede' stil udtrykker den omfattende historicitet udfoldet omkring hovedpersonen Hugin, hvor digressioner og gentagelser er væsentlige virkemidler. Det, man kunne forledes til at tro er rene folkekulturelle passager og blotte gentagelser er imidlertid semantisk virkningsfulde elementer i en omfattende kontekst. Den formelle kritik af Heinesens hovedværk er i videre forstand et udtryk for den herskende kanoniske diskurs i modernismen, der lægger vægt på formel innovation, hvorimod "for meget historicitet [...] synes ikke at producere værker der bliver i kanon" (Rosendahl Thomsen 2003: 105).

En modernismegeografisk analyse som denne tilbyder et andet iagttagelsesapparat, hvor digressioner ikke begrænses til forstyrrelser og ureflekterede afbrydelser. Kritikken af romanen forekommer ekstra urimelig, idet den her rammer Heinesens hovedværk, hvor den flossede fortællestil rummer særdeles væsentlige pointer. Á ferð inn í eina óendaliga søgu er analyseret som en insisteren på en affirmativ forbindelse mellem liv og litteratur, der rækker ud over æstetiske indsnævringer af værket som fiktionstekst. Det indebærer en modernismegeografisk åbning af værkets flerinklusive historiedimension indeholdende centrale færøske kulturelle narrativer.

Romanen undersøges på samme tid som romanform og som livsfilosofisk fortælling. Undersøgelsen konsulterer derfor både narratologiske og ikke-narratologiske fortællingsteorier, men især de sidste. Analysens to hovedbegreber er hentet fra ikke-narratologiske fortællingsteorier: "enkeltfortælling" og "grundfortælling" (Svend Bjerg). Fortælling og livshistorie er forbundne kar: der er livshistorie i fortælling, idet fortælling udspringer af (livs)erfaring, og der er fortælling i livshistorie, idet livet er struktureret som en fortælling med "faser, årsagssammenhænge og retning" (Stounbjerg 1994: 46). Fortælling er desuden den måde vi evaluerer, forestiller, iscenesætter og erindrer vort liv på. Derudover er der sideværts blikke til beslægtede begreber hos andre fortællingsteoretikerne Paul Ricoeur og Wilhelm Schapp. Såvel Bjergs, Ricoeurs og Schapps idéer om fortælling er filosofisk-teologisk orienterede, ikke-narratologiske fortællingsteorier, dvs. at deres forståelse af 'fortælling' ikke er eksklusivt bundet til fiktion og fiktionsteori. Såvel grundfortælling som begrebet sted omfatter forestillinger, der holder sammen på ting. Forskellen er 'blot', at stedet samler ved at være regionaliserbart i form af Fagridalur som omdrejningspunkt, og at grundfortællingen samler ved at være tænkt livshistorisk. På samme måde som fortællingens form allerede er i livet (Stounbjerg 1994: 49) og fremstilles som sådan i romanen, således er stedet – sådan er det også i romanen – en realitet, der griber ind i den enkeltes liv allerede før sproget. Stedet fungerer også i sig selv som et udslag af en grundfortælling, der fremstilles som noget, der ikke kan afskrives, og som derfor skrives ind i kernen af romanprojektet ligesåvel som ind i kernen af Hugins eget romanprojekt. Indplaceringen af individet i en modernismegeografisk herunder en eksistentielt-metafysisk kontekst fungerer ikke blot som (foreløbigt) 'settling' og midtpunkt i realhistoriens centrifugale strøm, men står også i erklæret kontrast til det til enhver tid moderne, ideologisk medløberi, det borgerlige samfunds konformitet, videnskabelige objektiveringer og religiøs virkelighedsfornægtelse.

Således tester og udvider enkeltfortællingen grundfortællingen, og således udfordrer grundfortællingens inerti enkeltfortællingens bevægelighed. Det væsentlige er nemlig, hvordan romanen bringer grundfortælling og enkeltfortælling i spil som indbyrdes forstærkende litterære virkemidler. I praksis bliver mennesket fortalt, før det får sin egen enkeltfortælling, dvs. før det selv fortæller sin helt egen historie. Kernen i analysen er, hvordan enkeltfortællingen på samme tid udskiller sig og spiller sammen med grundfortællingen som en fortælling, der er ved at gå under. Romanens modernismegeografiske kontekst opstår i denne brydning, som kæder det præmoderne (den gamle kulturs kollektivitet og konsensus) og det moderne (nye idéer) sammen i en flerinklusiv kontekst.

Den modernismegeografiske læsning af romanen kommer i stand ved spændings- og udvekslingsforholdet mellem grundfortælling og enkeltfortælling, svarende til det ambivalente forhold mellem stedets brede erfaring og individets brudtfyldte erfaringer. Forholdet mellem disse to fortællinger ændres i takt med Hugins udvikling. Udviklingen indebærer et brud med grundfortællingen, som i bogen forklares eksistensfilosofisk, hvor individet på trods af bruddet stadig trækker på grundfortællingen som kulturens fællesskab, og hvor individualismen således ikke ender i abstrakt eksistentialisme. Den brudfyldte dynamik svarer til enkeltfortællingen, der forløser grundfortællingen, som siden gøres i stand til at svare igen ved at organisere enkeltfortællingen i en ny kontekst.

Romanens omfattende historicitet er konstrueret ud fra Hugin som midtpunkt for en mangfoldighed af historier, som alle reflekterer tilbage på selve figuren. Han udfolder efterhånden sin egen enkelfortælling, som ovenikøbet eksplicit tematiseres som romanform, men hans liv er fra starten indfældet i en grundfortælling. Det huginske centrum fremstilles som en åben struktur, der foruden individet Hugin også rummer hele hans livsverden, stedets historiske dimension etc. Hugin er den centrale synsvinkelbærer og kernen i historiciteten, men fokaliseringsposition relativeres undervejs. De perspektivvariationer eller 'udliciteringer' af synsvinklen, som samtidig finder sted befæster blot Hugins centrale position og understreger romanens modernismegeografiske kontekst. 'Udliciteringen' af synsvinklen til andre end Hugin har samme funktion som indfældelsen af ham i naturen, slægten, lokaliteten, kulturen, myten, kosmos og hele hans erfaringsgrundlag. Den er lokalitetsproducerende, dvs. at Hugin og hans hjembygd Fagridalur er et broget udgangspunkt for en ekspanderende stedbevidsthed.

Ekspansionen fremstår som det emblematiske udtryk for, at Hugin lykkes. Det fremhæves også ved henvisninger til færøsk litteratur. I modsætning til H.M. Ejdesgaards roman *Hitt ævinliga gonguverkið* (udgivet i 1952, men skrevet fortrinsvis i 1920'erne), som har en tragisk hovedperson, Birgir á Hamri, der ender med at blive sindssyg og vende knækket tilbage til moderfavnen og bygdekollektivet, udvikler Hugin sig fremgangsrigt ud af et kollektiv. Birgir laver noget, der fremstilles som en tam udgave af en faustisk pagt, men han betaler med sin forstand for sin længsel efter og realisering af evighedsmaskinen. I denne henseende kan *Á ferð inn í eina óendaliga søgu* læses som et korrektiv til denne skitse af en faustisk tragedie i færøsk litteratur og som et opgør med traditionssamfundets ufrihed. Begge romaner har har uendelighedstemaet i deres titel, men i Heinesens roman forankres uendeligheden i en menneskelig og meningsproducerende form, som er fortællingen.

Bergur Rønne Moberg

Allusionerne til Ejdesgaards roman kan næppe læses som andet end inspiration fra Thomas Mann (herunder især hans Faust-motiv), som var Jens Pauli Heinesens måske største forbillede.

Analysen demonstrerer, at ikke-narratologiske fortællingsteorier indeholder redskaber, der kan åbne tekstens figurer for en almen problematik, der vedrører livshistorien. Min aflæsning af romanens livshistorie ud fra denne almene forestilling om fortælling som en intetgrerende livsformende magt, betyder at jeg betragter karakteren som mere end blot et middel til historien på samme måde som bogen generelt betragter sted som forgrund og subjekt frem for underforstået baggrund og scene. Hugins måde at udfylde livshistorien på viser, at han ikke blot fremstilles som et middel til historien som tilfældet er i narratologien, der reducerer karakteren til funktioner af plottet.

Status over Europas midnatstime

En analyse af forestillinger om midten i *Doktor Faustus* af Thomas Mann

Resten i Vesten indeholder analyser af to af modernismens klassikere: Thomas Mann og Albert Camus. De beskriver begge det vesteuropæiske menneskes akutte sjælelige krise i en tid med geopolitiske katastrofer. For Manns vedkommende betyder det en spaltning mellem kultur og civilisation. Romanen er i denne henseende et udslag af det, tyskerne kalder V*ergangenheitsbewältigung*, dvs. forvaltningen af den tyske fortid herunder nazifortiden som en kollektiv skyld. Mann bruger myten om Faust til at se det djævelske i sin tid i øjnene.

Doktor Faustus er beskrevet som et modernismegeografisk værk med afsæt i Manns behandling af et tysk problem, som er de hyppige udsving mellem idealisme og dæmoni, kultur og civilisation i den borgerlige epoke og i opløsningen af samme. De æstetiske og psykologiske, sociale og politiske aspekter i romanens beskrivelse af dette problem i den spaltede tyske kultur forklares ind i en modernismegeografisk kontekst. Romanens modernismegeografi udgår fra en omfattende, nuanceret og ambitiøs diskussion med modernismen og avantgarden omtalt som "den formale utopi" svarende til det formelt innovative, som i modernismens geografier ikke får lov til at stå alene, men kobles til en stærk traditionsbevidsthed.

Erfaringen fra den tyske fortidsforvaltning kaster ikke blot tysk litteratur tilbage på sig selv, men også ud i andre kontekster og diskurser end den specifikt litterære, som i min afhandling går under betegnelsen modernismegeografi. Den kommunikative grundholdning i min læsning har netop forsøgt at belyse, hvordan Manns bearbejdning af sin nationale baggrund og i videre forstand af idéernes dialektik placerer ham i modernismens margin, hvor der er ikke er den samme konkurrence om at skabe ren litteratur, som der har været i modernistisk regi, men hvor litteraturen træder i karakter som et mere bredspektret æstetisk udtryk.

Doktor Faustus er dermed læst som en kultur- og epokeroman, hvis tema og problematik, har konstant udsyn til en storkontekst i form af et udvekslingsforhold mellem humanisme, metafysik og modernitet, med særligt henblik på modernismens problematik. I litteraturforskningen opfattes Thomas Mann både som en af de "mest fremtrædende modernister" (Mortensen 2007: 85) og som en modernist i modernismens margin (Vaget 1991: 180). Disse to etikettiseringer repræsenterer ikke nødvendigvis to vidtforskellige opfattelser af forfatterskabet, men de siger alligevel noget om dets tvetydige position inden for modernismeforskningen. På grund af sin optagethed af historisk stof og idéhistoriske/metafysiske forestillinger indtager Mann en særstilling i modernismen. I forhold til Mann-forskningen placerer min analyse sig et sted mellem teologiske analyser af romanens nådesproblematik og vidtgående modernistiske læsninger, der underkender romanens episk-metafysiske perspektiver. Anvendelsen af det modernismegeografiske perspektiv er bundet op på det temporale aspekt, dvs. udkant som afslutning af den borgerligt-humanistiske epoke og afslutningen af højmodernismen i mellemkrigstiden.

Bergur Rønne Moberg

Det modernismegeografiske kommer til udtryk ved, at romanen griber radikalt fat i musik-, modernisme- og nationstemaet. Denne operation læses som en æstetisk-kulturel kommentar til tysk kultur og til modernismen. Undersøgelsens kommunikative grundholdning har forsøgt belyse, hvordan Manns bearbejdning af sine erfaringer som tysker placerer ham i modernismens margin, hvor der er ikke er den samme konkurrence om at skabe ren litteratur, som der var været i modernismen, men hvor litteraturen træder i karakter som et mere bredspektret æstetisk udtryk. Udvides modernismebegrebet kan Mann kaldes modernist, men en modernist, der bidrager til modernismens historie med afgørende korrektiver til hegemoniske forestillinger om modernisme. Han udfordrer modernismens negative æstetik og temafelter som dæmonisk tavshed, uovervindelig distance, afvisning af omverdenskontakt, relationsløs skarpsindighed. Modernismens problem lokaliseres i den formale utopi, hvorigennem modernisten samtidig stræber efter oprindelig renhed og afviser relationer til fordel for en faustisk afsondrethed. Faust-temaet læses som et korrektiv til modernismen som en undergangsfortælling. Jeg fortolker således i sidste ende ikke *Doktor Faustus* som et endegyldigt brud med positiveringer og bekræftelser, men som en idéhistorisk brydning mellem tradition og modernitet, teologiske trosforestillinger og sekularitet.

Tradition var noget, der kunne og skulle raffineres yderligere ved at tænke bruddene ind i traditionen og traditionen ind i de brudte betydningshorisonter. Analysen fremstiller dette forhold både som en indlejring og som en dobbeltsidig kritik. Der er for det første tale om en gensidig indlejring af tradition og moderne brud, der griber ind i hinanden som samtidige størrelser. Dette greb rummer for det andet en dobbelt kritik: 1) et opgør med opgøret med den antimetafysiske allergi, som historievidenskaben og indflydelserige dele af den modernistiske tænkning i og uden for litteraturen har haft over for idéhistoriske sammenhænge, 2) et opgør med den borgerlige dannelsestradition, der havde lukket sig om sig selv og ikke længere var i stand til at rumme de horisontsprængninger, som det 20. århundrede medførte. Det er i begge tilfælde opgør, der er mere end opgør. Der er tale om et idéhistorisk dybdeperspektiv, hvormed romanen løfter sit blik ud over modernisme- og avantgardeproblematikken og gennemspiller en europæisk grundkonflikt mellem romantik og oplysning set fra modernismens margin. Mann forsøger at favne splittelsen mellem kultur og civilisation, hvor Tyskland repræsenterede 'kultur', dvs. ånd, dannelse, folkelighed, musik og inderlighed, mens Vesteuropa generelt stod for 'civilisation', hvilket betød teknik, modernitet, politik, journalistik og rodløs kosmopolitisme. Alternativet til kontinuitetstanken er uintegrerede modpoler mellem irrationelle arkaismer og det modernistiske intellekts golde tanke og smag.

Mann kaldes modernist, men en modernist, der bidrager til modernismens historie med afgørende korrektiver til hegemoniske forestillinger om modernisme. Det modernismegeografiske synspunkt afdækker nuancerne i Manns forhold til modernismens negative æstetik. Mann lokaliserer problemet i den formale utopi, hvorigennem modernistens splittelse tager sig ud som en stræben efter oprindelig renhed og progressiv fremdrift. I et videregående perspektiv indebærer beskrivelsen af denne spaltning en brod mod radikalismens optimistiske antropologi, der ikke inkluderede kultivering af de regressive drifter, og som derfor tænker det moderne og progressivitet for rent og naivt. Beskrivelsen af Adrian Leverkühn som avantgardistisk himmelstormer demonstrerer i al sin tydelighed konsekvensen, som er regressivitet og progressivitet som uintegrerede modpoler.

Det negativitetsæstetiske er således en problemstilling, der gennemsyrer *Doktor Faustus*, men uden at romanen er identisk med denne position. Mann beskriver dette som et faustisk spørgsmål dvs. gennem den moderne kunstners dæmoni, der såvel rummer modsætninger som mediering mellem modsætninger, og som involverer både æstetik og kultur. Omdrejningspunktet i romanens omfattende perspektiver er den idéhistoriske dialektik. Herigennem udfoldes romanens metafysiktema, der kobles til selve værket som en fortsat mulighed: som værkmetafysik og som mere end en udtjent bevidsthedsform. Gennem biografiformen fremstår værket også som mere end en moderne formopfattelse – mere end en formal utopi – og derfor som et værk, der gennem nationens og kulturens brede erfaring rækker ud over en teknisk, formel rammesætning. Konsultationen af romanens episk-metafysiske aspekt henter bl.a. sine argumenter i Dorthe Jørgensen doktordisputats (Jørgensen 2003 og 2006), der leverer en stort anlagt rehabilitering af værket, som formidler af mening, skin, som hun kalder "den store kunst" og hvis storhed består i, at den reflekterer guddommelighedserfaring (Jørgensen 2003: 369). Det er et forsvar for det, Jørgensen kalder værkenhedens metafysiske betydning (Jørgensen 2006: 36). Hermed placerer min undersøgelse af *Doktor Faustus* sig mellem den teologiske forskningstradition, der yder romanens værk-, skin- og nådesproblematik retfærdighed og læsninger i den modernistiske forskningstradition, der underkender romanens episk-metafysiske perspektiver.

Middelhavshumanisme

En analyse af eksistentialisme, humanisme og historie i *Pesten* af Albert Camus

Ligesom de færøske forfattere er Camus og Mann i besiddelse af et iagttagerapparat, der overskrider modernismens horisonter og som bryder mønstret op i samtidens modernisme. Det samme er tilfældet med *Pesten*, der på samme tid er skrevet i den franske romans analytiske tradition, men som også er stærkt påvirket af Camus' fransk-afrikanske baggrund. Camus' afrikanske forbindelse repræsenterer udkant i forhold til Europas kulturelle centrum generelt og Paris i særdeleshed. Moderniteten ankommer 'forsinket' til de nye nationer efter 2. verdenskrig, og med Camus' afrikanske rødder in mente kan man sige, at hans forfatterskab er et tidligt eksempel på modernismens geografiske udbredelse og gennembrud. Forfatterskabet rummer et *writing back* til Europa, hvor Camus tænker sit Afrika og regionen omkring Middelhavet ind i en litterær og filosofisk europæisk tænkning, men også ud igen som en anden

– mere natur- og traditionsbunden – verden end denne. Camus skriver delvis fra et ikke-metropol perspektiv, der placerer ham mellem højmodernismen og den bølge af litteratur fra nye nationer verden over, der opstod efter anden verdenskrig, og som er blevet etikettiseret som "magisk realisme" (Bowers 2004), men som i *Resten i Vesten* omtales som modernismegeografi. Skønt Camus mest er blevet opfattet som en parisisk intellektuel er hans forfatterskab i høj grad bestemt af erfaringer fra Middelhavet, der forbinder tre kontinenter: Europa, Afrika og Asien. Analysen understreger på den anden side forskellen mellem Camus som eksistentialist og de fabulerende magiske realister og modernismegeografer.

Fremstillingen af *Pesten* som en del af modernismens geografi er koncentreret om natur og periferi som kraftfuldt virkemiddel. Analysen trækker forbindelser mellem Camus' erfaringer fra en ikke-metropol og ikke-vestlig verden og færøsk litteratur i form af William Heinesens stærke optagethed af eksistentialistiske aspekter netop hos Camus i form af det absurde, nihilismen, det metafysiske oprør. Mere end i analysen af *Doktor Faustus* anvendes forestillingen om modernismens geografi i *La Peste* som et afsæt til et sammenligningsstudie mellem det færøske og det franske til slut i analysen. Det hænger sammen med, at William Heinesens interesse for Camus i sig selv udgør en markant modernismegeografisk reaktion på Camus' forfatterskab herunder især to af hans værker: *Sisyfos-myten* og *Oprøreren*. Min adgang til William Heinesens arkiver har gjort det muligt, at se nærmere på netop denne kraftlinje mellem færøsk litteratur og eksistentialismen som centraleuropæisk åndsmiljø inden for litteratur og filosofi i det 20. århundrede.

Forfatterskabets brogede baggrund og sammenkædninger af vidt forskellige erfaringsdomæner og traditioner giver anledning til at placere Camus et sted mellem den hårdkogte individualistiske eksistentialistiske tradition og den dialogbaserede eksistensfilosofi. Det svarer i bogens regi til en modernismegeografisk position, hvor radikale brudfokuseringer udfordres af en mediterran kontekst. Gennem eksistentialismen forankres Camus i en europæisk splittelsesbevidsthed, hvorimod eksistensfilosofien danner ramme om romanens forbindelser til kultur og kosmos for således at indskrive sig i modernismens geografi. Camus udforskede fremmedgørelsens moderne vilkår, samtidig med at middelhavstanken hindrede ham i at dekonstruere idéen om sammenhæng og i at overtage eksistentialismens idé om desillusionen som første og eneste sandhed. For Camus befandt eksistentialisternes søgen efter den autentiske virkeligheds grimhed, fragmentering, vanskeliggørelse af formen sig i en for lidt relaterende og i en for negativistisk position.

Contesting point i Camus' korrektiv til eksistentialismen er hans opfattelse af humanisme og historie. I erklæret modsætning til Sartre går Camus i rette med aktualitetspræget humanisme og radikal historietænkning. Camus bekender sig til en historie, der er større end den progressive og aktualitetsprægede historie, som han opfattede som erfaringsblind. Eksistentialismen var for ham for ensidig i sin hævdelse af individets lette frihed og marxismen for ensidig i sin opfattelse af menneskets blot som en del af den tunge, materielle historie. Camus fandt sig hverken tilrette med eksistentialismens eller marxismens progressive opfattelse af historien, hvor grunddogmet var, at alt som har betydning er historisk i den forstand, at det står til rådighed for det skabende menneske svarende til en kulturel konstruktion. Historie er hos Camus forbundet med tradition og idéhistorisk dynamik og dermed også specifikt til litteraturen som symbol og fortælling. Korrektivet til eksistentialismen var et korrektiv til datidens avantgardistiske opgør med fortællingen. Camus ville med sit korrektiv til de modernistiske strømninger i sin samtid distancere sig fra fremstillinger af fortællingen som en umulighed og livet som en elendighed.

I en bredere kontekst anfægter romanen den ypperste disciplin i den moderne vestlige idétradition, som er at adskille det menneskelige fra det ikke-menneskelige, det mytologiske fra det psykologiske. Kultur og natur er hos Camus viklet ind i hinanden, og derfor lever pesten i *Pesten* som en mulig evig tilbagekomst under overfladen. Analysen beskriver også romanens forestilling om mytens evige tilbagekomst som en positiv mulighed. Den viser sig som naturglimt i den pestramte by. I min undersøgelse beskrives glimtene som et modernismegeografisk *writing back*. Begrebet glimt er hentet fra fænomenologien, hvor Edward S. Caseys skelner mellem glimtet og blikket. Glimtet og blikket udgør kontrasterende visuelle modalitetsformer, som i sidste ende repræsenterer to vidt forskellige verdensopfattelser.

Casey arbejder med begreberne under to overskrifter: blikkets soberhed og glimtets undergravende karakter. Blikkets soberhed er en form for stivhed og tørhed svarende til det, Casey kalder en metafysisk rigiditet, der har sat sit præg på vestlig filosofi fra Platon frem til i dag. Fire af de mest arketypiske vestlige tænkere som Platon, Aristoteles, Descartes og Kant har privilegeret det vedvarende blik frem for hastige glimt (Casey 2007: 155). Casey nævner derudover Sartre. Hos Sartre er de menneskelige relationer ifølge Casey domineret af det objektiverende blik. Blikkets rigiditet består i, at tingene, for at kunne blive taget alvorligt, skal defineres entydigt, som svarer til den måde som Rieux bekæmper pesten på. Han søger – overensstemmende med Caseys beskrivelse af det undersøgende blik – vished i form af beviser, objektivitet og konsistens i proceduren. Glimtet derimod egner sig ikke til at formulere videnskabelige sandheder og befinder sig derfor langt væk fra usanselige procedurer som objektiverende bevisførelse. Glimtet defineres som spontanitet, displacement og som en ikke direkte udfordrende subversivitet svarende til en ucelebreret sejr. I bogens kontekst anvendes glimtet som et andet udtryk for Camus' metafysiske oprør, hvis formål er at antyde muligheden af andre verdener og perspektiver end de herskende ikke for at triumfere og få magt, men for at forsvare meningsspørgsmålets fortsatte aktualitet og kompleksitet. I *La peste* repræsenterer glimtet en alternativ metafysik i forhold til Caseys udsagn om metafysisk rigiditet. Det episk-metafysiske svarende til det, Camus kalder soltanken, der henviser til betydningsfulde erindringsfragmenter fra hans Nordafrika i hele forfatterskabet. Glimtet har også en betydning i forhold til formen, idet det fungerer som en modernistisk afbrydelsesæstetik fra en uventet, metafysisk, kant, der udgør en anden form for metaniveau end det dekontekstualiserende modernistiske meta*blik*.

Modernismegeografiens korrektiv til eksistentialismens insisteren på en individualistisk udgave af egentlighed og autenticitet er beskrevet som et eksempel på eksistentialismens tilbagetog i de senere årtier. Det skyldes ikke mindst, at moderne metafysik har skrevet tilbage til det omfattende antimetafysiske opgør i modernitet og modernisme (jf. Casey 2007 og Simonsen 2001). Det er dels ideologiske dels modernistiske forestillinger om grænseløs frihed, der er slidt op, og hvis alternativ er omfattende idéhistoriske forestillinger, som negerer interessetænkningen, men som bekræfter – åndelige og etiske – koblinger mellem væsensforskellige erfaringsdomæner, diskurser, logikker etc.

Udfordring fra udkanten

Konklusion og perspektiver

I bogen har jeg påvist, at færøsk romanlitteratur som en af modernismens overlappende geografier har bidraget til den verdensomspændende revision af den vestlige modernitets- og modernismeopfattelse. Færøsk litteratur er blevet læst ind i en konktekst, der skriver tilbage til det teknisk, kulturelt og litterært dominerende Europa som et dialogisk verdenslitterært *writing back*. Det har givet anledning til at forklare færøsk litteratur som en forgrening af kosmopolitisk europæisk litteratur. Færøsk litteratur bærer præg af en geografisk tæt placering i forhold til sit europæiske ophav, men fungerer som ikke-metropol litteratur overordnet på linje med ikke-vestlige litteraturer, fordi den i så udpræget grad mixer lokalt indhold med modernistiske formelementer. De færøske forfattere provinsialiserer og decentrerer makkerparret modernisme og modernitet.

I stedet for blot at figurere som baggrund – som stedaspekter specifikt og miljømæssige aspekter generelt har gjort det historisk set (Buell, Heise og Thornber 2011: 420) – placeres stedet i forgrunden i denne undersøgelse. Stedtemaets centrale placering og konstante indblanding i færøsk litteratur kalder på en litteraturgeografisk læsning. Bogens hovedkorpus består af fire færøske romaner. Derudover undersøges to kontinentale romanklassikere i et forsøg på at kortlægge de samme modernismegeografiske tendenser i højmodernismen. Min måde at undersøge stedet på har været værkbaseret og som udgangspunkt værkintern. Dette fokus har affødt beskrivelser af sted relateret til komposition, plot, karakteren, billeder og symboler. Dette studie af stedets æstetiske-tematiske rolle er imidlertid blevet indrammet af litteraturgeografiske idéer om forholdet mellem størrelse og struktur, dvs. om kulturgeografiske narrativer i en ikke-metropol kontekst. Inden for disse verdenslitterære rammer har afhandlingen understreget forbundetheden mellem det eksistentielt-metafysiske i forskellige afskygninger og den færøske erfaring.

Hvordan er stedfiguren så specifikt blevet undersøgt hos de færøske forfattere, som har været bogens hovedanalyser. Hos William Heinesen, Jørgen-Frantz Jacobsen, Gunnar Hoydal og Jens Pauli Heinesen åbnes de færøske erfaringer ud mod en kosmopolitisk europæisk kontekst, hvor sted og hjem fremstilles i en moderne udgave af *Heimat* som det store europæiske tema tilhørende bourgeois-traditionen. Hos Gunnar Hoydal er sted derudover tænkt som et knudepunkt i et globalt netværkende system udgjort af fortællerens stedpolygame, transatlantiske biografi. Men overordnet placerer Hoydals stedskildringer sig delvis også inden for rammerne af den europæiske hjemlighedsforestilling.

Det eksistentielt metafysiske fokus i de seks romaner er læst som en besindelse på opsplitningen i den nyere vesterlandske histories modernitet og modernisme. Indoptagelsen af modernitetens kontingenskultur går hånd i hånd med et korrektiv til samme. Problemet med det opsplittede verdensbillede er ikke lokaliseret i selve kompleksiteten og moderniteten, men i den omstændighed, at det forvirrende felt af meninger inden for forskellige områder ikke åbenbarer noget fælles og enkelt forhold til virkeligheden, dvs. udgør et manglende værensfokus og undren over natur og præmodernitet som andet end en udtjent bevidsthedsform. Som

Bergur Rønne Moberg

en rest i Vesten repræsenterer færøsk litteratur og kultur et alternativt spor i forhold til Vestens hovedspor inden for den litterære og filosofiske udvikling. Det indebærer bl.a. en distance til sprogfilosofiens fokus på mennesket som et væsen, der skiller sig ud i kraft af, at det er et sprogligt væsen. Romanforfatternes tilbøjelighed til at aktivere mange forskellige og ofte modstridende kontekster og erfaringsdomæner udspringer af et associationsrigt forhold til mange forskellige kontekster, der udfordrer opsplitningen forårsaget af strukturelle overprioriteringer i den nyere vesterlandske histories modernitet og modernisme. Heroverfor kan modernismens geografi læses i forlængelse af overblikkets kulturhistorie, der er et forsøg på at tænke overblik som en moderne mulighed: som en metaforisk fylde i modernitetens defekter (Reiffers 2013: 346). Det helhedslige i Caseys glimt fungerer ligeledes som et alternativ til kontaktløsheden i formelle tilgange til modernisme.

Bogens anvendelse af begrebet modernismens geografi drejer sig om, at Europa som det gamle centrum og den senere euro-amerikanske kontekst ikke har den samme definitionsmagt som tidligere på grund af de mange *writing backs* fra ikke-vestlige og ikke metropole litterære kulturer i og uden for Vesten. Den færøske modernismegeografi er tænkt ind i en verdenslitterær kontekst, der leverer nye grunde til at sammenligne på tværs af kulturer og geografier og derfor et nyt sammenligningsgrundlag. Færøske romaner er blevet undersøgt som et paradigmatisk bud på en af modernismens geografier i Vestens marginer. Mindre kendte – færøske – værker sammen med hyperkanoniserede værker hos Thomas Mann og Albert Camus udgør en samlet platform for en litteraturhistorisk revision af modernismen. Revisionen er undervejs blevet betegnet som korrektiver, og analyserne af de seks romaner kredser alle om stedet som korrektiv. Stedet er undervejs blevet tænkt som en del af en hel begrebsfamilie: 'ikke-metropol kultur', 'rest', 'margin', *writing back*, 'eksil', 'hjemlighed', 'udkant', 'periferi', 'nye geografier'. Disse begreber har præget centrale teser inden for verdenslitteratur, postkolonialisme og modernitet i de senere årtier. De er i denne bog endvidere blevet anvendt som en understregning af parallellen mellem ikke-metropol og ikke-vestlig litteratur og fremhæver derved det overlappende faktum, at periferier er noget, der markerer sig i global målestok i forhold til vestlige kulturer.

Den færøske version af modernismens geografi er undersøgt som en lakmusprøve på det nye litterære verdensbillede inden for rammerne af verdenslitteratur. Det er sket ved at se Vesten både som et midtpunkt i litteraturhistorien og som en region, der i kraft af modernismens ekspanderende geografi er blevet til én periferi blandt flere periferier i en multipolær verden. Opdelingen af verden i Vesten og resten har spillet en stor rolle, også på litteraturens felt, hvor Europa og senere den euro-amerikanske kontekst har fået verdensdækkende indflydelse. Undersøgelsen tager på den ene side højde for, at dette gamle centrum ikke har en samme definitionsmagt som tidligere og på den anden side, at det globale *writing back* fra modernismens geografier samtidig bekræfter Europas position som et fortsat verdenscentrum i kraft af den fortsat stærke europæiske indflydelse. Der er hele tiden en samtale med det europæiske, ladet med spændinger. Det er ikke bruddet med den europæiske hegemoni, der har min primære interesse, men det Wai-Chee Dimock kalder et "litterært kontinuum" (Dimock 2001: 174) og dermed bekræftelsen af den aksiale forbindelse mellem det europæiske centrum og periferierne. Mange af dikotomierne i den eurocentriske kontekst – højt og lavt, progressivitet og konventionalitet, religion og sekularisme – er eksempelvis polemisk interessante i denne kontekst, men analytisk uholdbare set i forhold til dynamikken i denne bogs hovedbegreb: resten i Vesten. Færøsk litteratur skriver tilbage til modernismens optagethed af formel innovation og det nye med præmoderniteten som et fuldt funktionsdygtigt lager af natur, religion, mundtlighed, epik, livfilosofi, visdom. De analyserede værker gennemgår hermed en omfattende positioneringsproces i forhold til 'ren' modernisme og systemisk modernitet, og det gør de med hele ballasten ombord i form af geografi, kultur og historie. Læsningernes relationelle æstetik praktiserer omfattende koblinger til almene temaer som livshistorie, humanisme og oplysning, kristendom, migration, rejse og europæisk indflydelse over en bred kam, hvorved de seks romaner skriver sig ind i modernismens geografi og en omfattende eksistentiel kontekst. Ved deres konstante koblinger mellem det præmoderne og det moderne genåbner undersøgelsen af stedets brede erfaringer i sidste instans spørgsmålet, om hvad det humane er. Viljen til at bevæge sig på tværs af forskellige idéer, kulturer, erfaringer og litterære strømninger former højdepunkterne i moderne færøsk romanlitteratur og kan endvidere siges at repræsentere æstetiske udviklinger i ikke-metropole og ikke-vestlige kulturer generelt.

De seks romaner er skrevet i en kulturel kontekst, hvor værdisfærer og kulturområder som geografi, kultur, historie og politik ikke i samme grad som i de specialiserede metropolzoner er blevet selvstændiggjort i mere eller mindre veldefinerede institutionaliserede spor. I ikke-metropole kulturer er der en stærkere kollektiv kultur, som betyder, at udspaltningen mellem sfærerne ikke er helt gennemført eller absoluteret. Det brogede udnyttes af det kunstneriske blik som et bud på overblik i det moderne på samme måde som det oprindelsesprægede glimt uventet bidrager til den modernistiske æstetik. I en ikke-metropol livsverdenssammenhæng er der mange overgangsfelter, der byder sig til som et omfattende, interferens-præget inspirationsgrundlag, og som åbner sig mod sted og nation.

Afsluttende uddybes forskellen mellem modernismens geografier og den europæiske modernisme med særligt henblik på *contesting points* som 1) originalitetsopfattelse, 2) udviklingslogik og 3) samtidighed.

Forskellen mellem hegemonisk modernisme og modernismens margin viser sig i forskellige originalitetsopfattelser. Hvor den vestlige modernisme og avantgarde har privilegeret det radikalt nye, er forfatterne fra de nye nationer som Færøerne henvist til at udvikle deres eget sted og egen nation og region ved at beskrive modernitetens og modernismens 'sene' ankomst til deres kultur tæt på naturen og rester af den mundtlige tradition. Færøsk litteratur er blevet undersøgt som et eksempel på særlige kunstneriske vilkår og dermed en særlig originalitetsbestræbelse, der gør sig gældende i territorier, der endnu er ukortlagt af modernismen. Det handler mere om en ny geografi end om vestlige forestillinger om generationsopgør. Modernismens geografier bekræfter en originalitetsopfattelse med en kontaktflade til stedets brede erfaring, og hvor nye begyndelser som stedet og nationen – sammen med barnet og barnlige sjæle – spiller en central rolle. Kunsten fornys uden at den behøves at bekende sig til nyheden alene.

Til avantgardens bekendelse til nyheden og originaliteten som fundamentalt vurderingskriterie (Luthersson 1993: 64) hører et rigid system af modsætninger mellem fornyelse og tradition, progressivitet og nostalgi. Det åbne originalitetsbegreb hos de modernismegeografiske forfattere sætter derimod fastlåste modsætninger og snævre distinktioner under pres, idet originalitetsbestræbelsen indfældes i en geografisk, antropologisk, eksistentiel-metafysisk, kulturel og politisk kontekst, der i *Resten i Vesten* er blevet analyseret som en omfattende selvhenvisning eller metabevidsthed, og som en antropologisering af modernistiske teknikker. Over for postkolonialisme fremstår det åbne originalitetsbegreb som en modsætning til snæver interessetænkning.

Udviklings- og samtidighedsaspektet er tæt forbundne. Færøernes anderledes tilblivelses- og udviklingshistorie især i forhold til litteraturen i mange af Europas nationalstater har medført en særlig samtidigheds- og udviklingsopfattelse i litteraturen. På trods af den massive inspiration fra europæisk litteratur følger færøsk litteratur sin egen udviklingslogik. Den brogede kunstneriske originalitetsforestilling i de nye nationer indebærer et brud med europæisk udviklingstemporalitet. Naturens, kulturens og politikens nærvær i de fire færøske romaner er analyseret som et udtryk for, at færøsk litteratur generelt falder skævt ind i gængse periodebegreber i litteraturhistorien og i sig selv udfordrer både rent æstetiske og rent tematiske læsninger. Det kunstneriske beredskab i modernismens geografier for det u-rene æstetiske udtryk og for samtidighed i form af en klasepræget modtagelse af ismer og idéer udgør en radikal fortolkning af det brogede som en andethed i forhold til den urbane civilisation. De nye litteraturer kan derfor ikke reduceres til mindre modne stadier af kanonisk litteratur.

Bergur Rønne Moberg

Forestillingen om samtidighed tydeliggør, at færøske forfattere kommer på tværs af den vestlige organisering af historien som en lineær udvikling. Færøsk litteraturs vej ind i det moderne går gennem forestillingen om samtidighed mellem flere forskellige tider herunder modernitet og præmodernitet. I forsøget på at indhente noget af det 'forsømte' er færøsk kultur generelt henvist til at modtage påvirkningen udefra i klaser, dvs. forholde sig til flere stadier af modernitet på én gang ved f.eks. at forholde sig til flere litteraturhistoriske epoker og ismer samtidig. I stedet for kun at falde tilbage på eurokronologiske fikseringer i form af litteraturhistoriske konventioner som stil, datering og ismer har jeg også forsøgt at spore omfattende mønstre mellem modernitet og præmodernitet. Hermed er anakronistiske fænomener som metafysik (jf. beskrivelsen af glimt som metabevidsthed) blevet analyseret på lige fod med modernismen. Fokus er på samtidighed og u-rene medieringer (jf. Apter 2013: 69).

Denne særlige struktur i modtagelsen af påvirkning gør, at færøsk litteratur bryder mønstret op i dansk-europæisk litteraturhistorie. Færøske forfattere og forfattere fra nye nationer generelt kan kun blive til en del af moderniteten ved – som Édouard Glissant siger – "pludselig på en og samme tid absorbere det hele, kampen, aktivismen, forankringen, klarheden, selvkritikken, den absolutte kærlighed, landskabets form, byernes nøgenhed, overskridelserne og udholdenheden." Glissant opsummerer dette i en kobling mellem oprindelig uskyld og subtil refleksion (Glissant 2005: 186).

Samtidigheden baner vejen for en flerkontekstuel tilgang til det fortalte. De færøske forfattere positionerer sig ved at tænke flere ismer, idéstrømninger og stadier af modernitet på samme tid og insistererer dermed på idéernes dialektik. I stedet for at reproducere binære positioner bruger de deres flerinklusive dobbeltbevidsthed til at udnytte de produktive muligheder i idéernes polspænding. Samtidigheden af rester af mundtlighed, barok, oplysningstid, romantik og andre ældre kulturelle udtryk og fortælleformer er undersøgt som "historisk akkumulerede og traderede bevægelser litteraturen igen 'oversætter' til samtidige bevægelsesforløb" (Ette 2008: 140). Samtidigheden i de seks romaner er ikke blot tænkt som et resultat af stedets og kulturens virkninger i almindelighed, men også som en modernismegeografisk polemik vendt imod modernitetens obsessive spatialisering. Temafeltet sted i færøsk litteratur fungerer som et *writing back* til strukturelle overprioriteringer i modernitetens abstrakte rum, der ligesom klassiske rumbegreber standser og ensretter de vertikale bevægelser. Stedet som engang blev associeret med unddragelse fra dynamik og forandring (Massey 2010: 138) er, som produkt af reelt eksisterende kosmopolitisme, indbegrebet af bevægelse. Den ikke-metropole udviklings- og samtidighedsforståelse er et rum overfyldt med bevægelighed mellem forskellige idéer, ismer og logikker, der trænger sig på samtidig. Som demonstreret i bogens analyser af Mann og Camus har alternative tilgange til modernisme og modernitet derudover fremhævet de selvsamme tendenser inden for højmodernismen.

Perspektivet i *Resten i Vesten* har været, at resten ikke er en underordnet virkelighed, men en ny væsentlig begyndelse. Resten underkender ikke vestlige former, men inkorporerer, tilpasser, modificerer, parodierer dem i henhold til den givne enkeltlitteratur og den enkelte forfatters præferencer. De færøske værker – som er bogens hovedkorpus – er skabt inden for rammerne af en ikke-metropol kultur, der opererer i den vestlige indflydelsessfære, men på egne nordatlantiske betingelser. De færøske forfattere befinder sig som udgangspunkt i en bestemt modernismes margin, men verdenslitterært set snarere i modernismens midte og centralt i den brogede romanerfaring, der er karakteriseret ved fylde og tomhed (Jørgensen 2009). Modernismens spredningskraft er anskuet i et modernismegeografisk spændingsfelt mellem dens centrifugale og centripetale bevægelser, der henholdsvis svarer til den stærke vestlige påvirkning og de efterfølgende stærke *writing backs* fra Vestens marginer. Mit projekt handler ikke om at gøre modernismen til en afgrænset, håndterlig begrebsstørrelse, men om at kortlægge dens indflydelsessfære i det færøske på baggrund af dens talrige *writing back* fra de 'nye' geografier. Modernismens energi ebbede ikke ud. Den fandt blot nye territorier.

Anvendt litteratur

Andersen, Frits 2010. *Det mørke kontinent. Afrikabilleder i europæiske fortællinger om Congo.* Aarhus Universitetsforlag.

Appadurai, Arjun 2005: *Modernity at Large. Cultural Dimensions of Globalization.* University of Minnesota Press.

Apter, Emily 2013: *Against World Literature. On the Politics of Untranslatability.* Verso.

Beck, Ulrich 1997: *Was ist Globalisierung.* Frankfurt am Main. Suhrkamp Verlag.

Bjerg, Svend 1981: *Den kristne grundfortælling. Studier over fortælling og teologi.* Aarhus Universitetsforlag.

Bjørst, Lill Rastad 2014: 'Arktis som budbringer. Isbjørne og mennesker i den internationale klimadebat', i: *Klima og mennesker. Humanistiske perspektiver på klimaforandringer.* Mikkel Sørensen og Mikkel Fugl Eskjær (red.). Museum Tusculanum, 125-145.

Bowers, Maggie Ann 2004: *Magic(al) Realism.* Routledge.

Buel, Lawrence, Ursula K. Heise og Karen Thornber 2011: 'Literature and Environment' i: *Annual Review of Environment and Resources,* August 1. Annual Reviews, 417-440.

Camus, Albert 1976: *Pesten.* På dansk ved Henning Pade. Gyldendal.

Camus, Albert 2012: *La Peste.* Belin & Gallimard.

Casey Edward S. 2007: *The World at a Glance.* Indiana University Press.

Dimock, Wai-Chee 2001: 'Literature for the Planet' i: *PMLA* 116, 1. Modern Language Association, 173-88.

Ejdesgaard, Hans Marius 1952: *Hitt ævinliga gonguverkið.* Forlagið Eysturlund.

Frank, Søren 2008: *Migration and Literature. Günter Grass, Milan Kundera, Salman Rushdie, and Jan Kjærstad.* Palgrav Macmillan.

Heinesen, William 1964: *Det gode Håb.* Gyldendal.

Heinesen, Jens Pauli 1980-92: *Á ferð inn í eina óendaliga søgu bind I-VII.* Forlagið Gestur.

Hoydal, Gunnar 1991: *Undir suðurstjørnum.* Árting.

Hoydal, Gunnar 1996: *Stjernerne over Andes.* Poul Kristensens forlag.

Huyssen, Andreas 2005: 'The Geography of Modernism in a Globalizing World', i: *Geographies of Modernism. Literatures, Cultures, Spaces.* Peter Brooker og Andrew Thacker (red.). Routledge, 6-19.

Jacobsen, Jørgen-Frantz, 1939: *Barbara.* Gyldendal.

Jørgensen, Dorthe 2003: *Skønhedens metamorfose. De æstetiske ideers historie.* Odense Universitetsforlag.
Jørgensen, Dorthe 2006: *Historien som værk. Værkets historie.* Aarhus Universitetsforlag.
Jørgensen, Steen Bille: 'Tomhed og fylde. Romanens idé', i: *Modernitetens verden. Tiden, videnskab, historien og kunst.* Ole Høiris og Thomas Ledet (red.). Aarhus Universitetsforlag, 537-551.
Kjærstad, Jan 2007: 'Menneskets felt. En omvei til Peer Hultbergs Byen og verden', i: *Matrix. Samlede essays med bonusspor.* Aschehoug, 465-477.
Luthersson, Peter 1993: *Modernism och individualitet. En studie i den litterära modernismens kvalitativa egenart.* Stehag.
Mann, Thomas 1980: *Doktor Faustus. Das Leben des Deutschen Tonsetzers Adrian Leverkühn erzählt von einem Freunde.* S. Fischer Verlag.
Mann, Thomas 2003: *Doktor Faustus. Den tyske komponist Adrian Leverkühns liv, fortalt af en ven.* Gyldendal.
Marnersdóttir, Malan 2004: 'William Heinesens 'Det gode håb' i lyset af post-kolonial teori', i: *Tijdschrift voor Skandinavistiek,* nr. 2. Tijdschrift voor Skandinavistiek, 181-197.
Massey, Doreen 2010: 'En global fornemmelse for sted' i: *Sted.* Anne-Marie Mai og Dan Ringgaard (red.). Aarhus Universitetsforlag, 129-149.
Melberg, Arne 2005: *Resa och skriva. En guide till den moderna reselitteraturen.* Daidalos.
Moberg, Bergur Rønne 2008: 'Tað má vera ein útryðja. Ein vísindalig framseting um staðar- og tjóðarfigurin sum myndandi eyðkenni fyri fyribrigdið føroyskar bókmentir' i: *Barn av grundsøgum* af samme forf. Mentunargrunnur Studentafelagsins, 27-75.
Moberg, Bergur Rønne 2010: 'Udfordring fra udkanten. Æstetiske udviklinger i periferien med særligt henblik på modernismegeografi og oversættelseszoner hos William Heinesen og Jørgen-Frantz Jacobsen', i: *Spring.* Marianne Barlyng (red.). Forlaget Spring, 163-201.
Moberg, Bergur Rønne 2014: *Resten i Vesten. Verdenslitteratur i modernismens margin.* Forlaget Spring.
Moretti, Franco 1996: *Modern Epic. The World-System from Goethe to García Marquez.* Oversat af Quintin Hoare. Verso.
Moretti, Franco 2003: 'More Conjectures', i: *New Left Review* nr. 20, 73-81.

Moretti, Franco 2004: 'Conjectures on World Literature', i: *Debating World Literature*. Christopher Prendergast (red.). Verso.

Mortensen, Morten Dyssel 2007: 'På sporet af en ny humanitet. Thomas Manns Trolddomsbjerget' i: *Den moderne tyske roman 1909-35*. Morten Dyssel Mortensen og Adam Paulsen (red.). Syddansk Universitetsforlag.

Rasmussen, Anders Juhl 2012: *Arena-modernisme. En position i dansk litteratur*. Gyldendal.

Reiffers, Moritz 2013: *Das Ganze im Blick. Eine Kulturgeschichte des Überblicks vom Mittelalter bis zur Moderne*. Transcript.

Rosendahl Thomsen, Mads 2003: *Kanoniske konstellationer. Om litteraturhistorie, kanonstudier og 1920'ernes litteratur*. Syddansk Universitetsforlag.

Schanz, Hans-Jørgen 2008: *Modernitet og religion*. Aarhus Universitetsforlag.

Simonsen, Karen-Margrethe 2001: *Epik og metafysik i den moderne spanske roman*. Klim.

Stounbjerg, Per 1994: 'Livet som forbillede. Om den selvbiografiske fortælling i: *Kultur & Klasse* 76. Medusa, 43-54.

Svanholm, Louise 2006: 'Den autentiske inautenticitet' i: *Selvskreven – om litterær selvfremstilling*. Stefan Kjerkegaard o.fl. (red.). Aarhus Universitetsforlag, 35-48.

Vaget, Hans 1991: 'Mann, Joyce, and the Question of Modernism in *Doctor Faustus* i: *Thomas Mann's Doctor Faustus. A Novel at the Margin of Modernism*. Herbert Lehnert og Peter C. Pfeiffer (red.). Camden House, 167-193.

… *Perspektiver på Henrik Stangerup*

Færøpolitisme – Faroepolitanism

Perspektiver på – litterær – færøsk kultur med særligt henblik på det kunstneriske potentiale i dilettantisme, amatørisme og "Halvkultur"

Ich bin Weltbewohner, bin Weimaraner.
– Goethe (Wolf Lepenies: *Kultur und Politik*)

Verden er jo alligevel ikke til at omfatte i sin Helhed. Man gør sig selv en Bjørnetjeneste ved at ville laase sig inde mellem sin Erkendelses fire Vægge og raabe Misere! Noget andet er det, hvis man af Erkendelsens naturlige fire Vægge bygger et luftigt Tempel med fri Udsigt til alle Verdenshjørner og opad mod Stjernerne.

Det gælder altsaa om at holde fast ved det centrale i Livet, og dette centrale er det menneskelige Stadium.
– William Heinesen i brev til Jørgen-Frantz Jacobsen
(Kære Ven! Thorshavn, 23. Januar 1926. UT 0677).

Mange af de moderne kunstnere opfattede sig selv som dilettantister, begyndende med Wagner og Mahler, kulminerende med Picasso […] I ordet dilettant ligger en uvilje hos den anti-intellektuelle intellektuelle mod akademierne, konservatorierne, museerne, universiteterne. Man ønsker i stedet at inddrage livet og spontaniteten i den kunstneriske skabelse som en modvægt til den akademiske formalisme, som hævdedes i tidens positivistiske og nykantianske kunstteorier.
– s. 1564 Frederik Stjernfelt (red.). *Tankens magt. Vestens idehistorie.*

Den franske økonom Auguste Detoeuf sagde: "Stærkt er det menneske, som kun har én ide". Overfører man Deteoeufs udsagn til kunst og kultur, kan det at distancere sig fra indholdet i det forståeligt nok blive opfattet som at sparke åbne døre ind. Fordi synspunktet virker indlysende endimensionalt. Men det er et godt afsæt for denne artikels pointe om færøsk kunst og kultur: at flerkontekstualitet, idémæssige medieringer spiller en væsentlig rolle for de æstetiske udviklinger i periferien og i ikke-metropole kulturer. I ikke-metropole kulturer forholder det sig – modsat Detoeufs udsagn – snarere sådan, at deres karakteristiske brede erfaringsgrundlag afslører enkeltidéer som et "widowhood". Modernitetens udbredte konsultering af enkeltidéer og praktisering af strukturelle overprioriteringer kan i lige så høj grad karakteres som mangelkultur, som ellers har været en etikette, der er blevet hæftet på ikke-metropole kulturer og udkantskulturer generelt (Casanova 2004).

Færøerne er ganske vist et samfund uden en stærk og stabil litterær finkultur, men det er også en kultur, der har været medvirkende til at producere strategier, der imødegår denne mangelfuldhed. Det ser vi især i litteraturen, som er fyldt med kunstnerisk brug af forestillinger om dilettanter og dilettantisme, amatører og amatørisme, fortabte spillemænd og i videre forstand strategier, hvor "Kulturens overciviliserede foreteelser" måles "med den mindre udviklede kulturs øjne" (Jensen 1983: 11). Mangelfuldhed bliver således til en relativ størrelse i et *writing back*-perspektiv, der indtænker en kritik af bivirkninger ved strukturelle overprioriteringer. Forestillinger om dilettanter, amatører og fortabte spillemænd, men også orienteringen mod præmoderne begreber som evighed og skæbne fremstår som en måde at tænke den kulturspecifikke og mentalitetshistoriske baggrund med i projektet færøsk litteratur. Det er ikke blot det gamle der resonerer i det moderne i det traditions- og kulturbevidste nordatlantiske rum, men også et indholdsboom af medierende og kontaktsøgende diskurser, der hele tiden søger at etablere knudepunkter mellem forskellige logikker, udviklingsforståelser, originalitetsopfattelser, erfaringsdomæner, traditioner, separate paradigmer, tider i et frugtbart samspil. Det er frugtbart både i kunstnerisk og kulturel forstand, idet færøsk litteratur gennem disse strategier udfordrer sig selv ved at åbne ud til kunstens transcenderende potentiale og kulturelt fordi dette indholdsboom angår kulturelle modningsmuligheder.

I mine øjne var modernistisk filosofis svøbe, at den var så brudfokuseret i sit normative skel mellem det præmoderne og det moderne. Litteraturen

– herunder ikke mindst nordatlantisk og ikke-vestlig litteratur generelt – tænker konsekvent sted og nation samt halv- og præmoderne indflydelse ind i deres litterære universer.

Ulrich Becks kosmopolitisme

Ulrich Becks forestillinger om kosmopolitisme breder modernitetsperspektivet ud på en måde som kan relateres til nordatlantisk kunst og kultur, som gennemgående og på differentieret vis bidrager – men på egne præmisser – til at udvikle sted, nation og region.

Ulrich Becks forestillinger om kosmopolitisme kan kaldes en form for refleksiv eller besindende kosmopolitisme med mange henvisninger til den store humanistiske tradition og ikke mindst til litteratur, som måske kan kaldes den mest refleksive kunstart.

Begrebet består af to dele – kosmos og polis, verden og sted. Det kan aflæses som en kobling mellem det partikulære og det universelle, herkomst og globaliseringens makroprocessser, geografi og modernitet. Beck definerer sit ærinde i modsætning til metodologisk nationalisme. Metodologisk nationalisme er en betegnelse for det, han kalder en metateori om identitet, samfund og politik, som fortsat gennemsyrer den måde man bedriver videnskab på og generelt tænker på. Nationalismen modsætter sig et kosmopolitiske udsyn og får derfor den weberianske etikette "begrebsligt jernbur" sat på sig. Beck skelner også mellem kosmopolitisme og globalisering. Globalisering vedrører den økonomiske globalisering og fri bevægelighed uden trægheder og bindinger af nogen art. Den er en endimensional størrelse og modstandsløs transit. Det kosmopolitiske tankesæt derimod prioriterer stedet, og det er derfor ikke ligegyldigt, hvor en person befinder sig, og hvor litteraturen – eksempelvis modernismen – finder sted. Kosmopolitismen beskrives som empatisk, stedsensitiv og ikke bare som en ren progressiv afspejling af migrationer og mobilitet. Eller som Beck siger: "Locality remains a matter of fate" (Osterhammel 2005: 149).

Den kosmopolitisme, som Beck taler om, fremhæver nye sider ved moderniteten, som han derfor kalder den anden modernitet. Det er en modernitet, der ikke adskiller os fra geografien, stedet eller det meningsskabende individ. Det er en refleksiv modernitet, der på sin vis forsøger at få det hele med: både det moderne og det præmoderne. I modsætning til dominerende opfattelser af modernitet inden for modernistisk filosofi og sociologisk modernitetsteori sætter Beck ikke et normativt skel mellem det moderne og det præmoderne. Det handler derimod om en ny rodfæstet kosmopolitisme med kraftlinjer mellem kosmopolitisme og provinsialisme.

Den første modernitet handlede ifølge Anthony Giddens i *The Consequences of Modernity* om at få kontrol over tid og rum og tømme disse for indhold. Den nyeste form for modernitet, som ifølge Beck er den anden modernitet, har både ifølge ham og Anthony Giddens en refleksiv dimension. Det er en modernitet med grund under fødderne og således beboelig. Ikke fordi det handler om fødder og fundament i banal forstand, men på samme tid om et krydsfelt af ruter og rødder, vinger og rødder. Med genlanceringen af begrebet kosmopolitisme tænkes moderniteten mindre rent end den traditionelt er blevet tænkt.

Beck indleder *Der kosmopolitische Blick* med beskrive revurderingen og af kosmopolitismen. Før blev den – siger Beck – anset for at være en kontroversiel rationel idé blandt intellektuelle. Dengang jøder og kommunister var symbolfigurer for den kosmopolitiske klasse, var kosmopolitter kontroversielle og forfulgte figurer. Becks projekt er således også at rehabilitere det kosmopolitiske. Historisk set, hedder det, har kosmopolitismen forladt filosoffernes paladser og har taget bolig midt i blandt os i realiternes verden (Beck 2006: 2). Kosmopolitismen er gået fra at være undtagelser til at blive en almentilstand. (ibid.)

Den nye kosmopolitisme er en reelt eksisterende kosmopolitisme, hvor de fleste er blevet "banale kosmopolitter" (ibid.). Den er blevet et grundvilkår, som Beck beskriver som det definerende træk for en ny era, som han kalder "the era of reflexive modernity, in which national borders and differences are dissolving and must be renegotiated" (ibid.). Beck beskriver kosmopolitismen som et vitalt tema, der har potentiale til at bryde ud af nationernes selvcentrerede narcisissme (ibid.). Men han beskriver også kosmopolitismen som et desillusioneret "self-critical outlook" (ibid.: 3). Her ser vi det refleksive element, der forhindrer hans kosmopolitiske idé i at udarte til en abstrakt utopi.

På grund af den reelt eksisterende kosmopolitisme finder der en ny intensiveret forhandling sted mellem kosmopolitismens to poler: det universelle og det partikulære. Om det siger Roland Robertson – manden der lancerede begrebet "det glokale":

> The thesis that we are, in the late twentieth century, witnesses to – and participants in – a massive, twofold process involving *the interpenetration of the universalization of particularism and the particularization of universalism* (Robertson 1992).

Kosmopolitisme hos Beck er forbundet med rødder og vinger, og det skal forstås som et både-og. Det modsatte kalder han en territorial enten-eller teori om identiteten, som er en indhegnet identitet, hvor forskellen til andre er forudsætningen for ens identitet. Beck har det, han kalder et paradigmatisk eksempel på et enten-eller, der har erstattet et både-og. Det er det efterhånden berømte eksempel med en dansk forretningsmand, der lever sit liv i flysæder og føler sig hjemme og taler engelsk alle steder. Men han er negativt indstillet over for indvandring i Danmark og generelt. Nationen skal ud i verden, men verden må ikke komme til nationen. Xenofobien og det globale rejsemønster fungerer som uintegrerede modpoler.

I en avisomtale af netop indledningen til *Der kosmopolitische Blick oder: Krieg ist Frieden* karakteriserede den danske forfatter Carsten Jensen denne danskers holdninger som MIXOFOBI. Man kan sige, at denne holdning på den ene side er nationen som frilandsmuseum og på den anden side verden som total bevægelighed. Det er et sådan enten-eller, Becks kosmopolitisme gør op med. Det gør han bl.a. i det udtryk, som nærmest er blevet kosmopolitismens slagord: "Kosmopolitisme uden provinsialisme er tom, provinsialisme uden kosmopolitisme er blind" (ibid.: 7).

Beck skelner mellem fem indbyrdes forbunde konstitutive træk ved det kosmopolitiske udsyn:
- Kriseerfaring. Klimakrise. Religionernes sammenstød osv.
- Anerkendelse af kosmopolitiske erfaringer
- Kosmopolitisk empati. De emotionelle forestillinger udvides transnationalt pga. simultanerfaring af globaliteten. Empatien er ikke kun genereret af global samtidighed, men har også rødder i den nationale traditionen. En dybfølt humanisme, hvor individets kontemplative sider er tænkt med.
- Umuligheden af at leve i et verdenssamfund uden grænser.
- Blandingsprincippet. Det lokale, nationale, religiøse, kosmopolitiske ... (ibid.)

Det er så at sige en fempunktsplan, der bygger broen tilbage til en mere indholdsrelateret og en mere beboelig modernitet. Jeg læser Becks kosmopolitiske projekt som et forsøg på en heling af en splittet europæisk modernitetstradition. Beck forsøger at opnå forklaringskraft ved at repræsentere flere sider af det moderne, dvs. spore omfattende mønstre, der forsøger at favne den modsætningsfyldte europæiske kultur, hvor refleksion både har haft en splittende og en helhedslig effekt. Dorthe Jørgensen kaster her et idéhistorisk blik på disse to sider:

> Modernitet således altid har haft to sider. Den ene modernitetsform er udsprunget af oplysningen, hvorimod den anden stammer fra romantikken, og vi kan derfor kalde det modernes to sider for henholdsvis det oplysningsmoderne og det æstetisk moderne. På grund af denne dualitet burde man altid omtale det moderne som det romantisk moderne. For som helhed betragtet indeholder det moderne begge sider, både et spor fra oplysningen, som repræsenterer fornuften, og et andet fra romantikken, som repræsenterer følelsen. Tilsammen udgør disse to spor den dynamiske enhed, der har været motoren i megen moderne kunst. Men sporene kan også

selvstændiggøre sig, og i så fald perverteres de og resulterer i instrumentel fornuft og sværmeri (D. Jørgensen 2002).

I citatets sidste linjer får vi i grunden sat ord på baggrunden for Becks modstilling af kosmopolitismens både-og og nationalismens enten-eller. Beck vil med andre ord gerne få to sider af det moderne til at tale sammen. I forskellige institutionaliserede sammenhænge optræder de som to spor, hvor nogle tænker ud fra oplysningen og andre ud fra romantikken. Det er en positionering, som har haft karakter af trosbekendelse. Man skal vælge side.

Becks kosmopolitisme adskiller sig fra beskrivelser af moderniteten som en kraft, der løfter "sociale relationer [...] ud af lokale interaktionskontekster" for derefter at restrukturere dem i en grænseløs globaliseret verden (Giddens 2003: 26).

Beck tænker også det lokale på andre præmisser end globaliseringens. Han tænker så at sige det lokale og det nationale indefra, som både inkluderer individet og kulturen eller nationen. Den refleksive dimension i Becks kosmopolitisme viser sig empatisk over for spørgsmålet om, hvor meget globalisering et menneske tåler som der bliver spurgt i Rüdiger Safranskis bog *Wieviel Globalisierung verträgt der Mensch?* Og vel at mærke ikke, hvor meget globalisering de vante migranter tåler, men mennesker generelt. Spørgsmålet om globalisering bliver dermed også til et eksistentielt spørgsmål. Safranski er mere kritisk over for globaliseringen (vel at mærke ikke over for kosmopolitismen) end Beck og forbinder den med en kulturel ørkendannelse. Men hos dem begge spiller refleksionen og individet en betydning i globaliseringens modstandsløse transittilstand. Hos Safranski hedder det:

> Globalisierung gestalten, bleibt deshalb eine Aufgabe, die sich nur bewältigen lässt, wenn darüber nicht die andere grosse Aufgabe versäumt wird: das individuum, sich selbst, zu gestalten. (bogens bagside)

Bergur Rønne Moberg

Den refleksive dimension i Becks kosmopolitisme viser sig tilmed som påfaldende mange referencer til litteratur.

"Sofistikeret dilettantisme"
Beck er optaget af Thomas Mann. I Thomas Manns berømte værk *Betrachtungen eines Unpolitischen* (1918), som Mann skrev i skyggen af 2. verdenskrig, sætter han dilettanten i forbindelse med det kosmopolitiske. Det er i sig selv påfaldende, at Ulrich Beck, som er en af de førende samfundstænkere inden for kosmopolitisme og senmodernitet i dag, griber tilbage til dette sted i litteraturhistorien, og som i høj grad har sit iagttagerapparat rettet mod litteratur og filosofi. I stedet for kun at trække på det moderne, hvor det er mest påfaldende og kulminerende, trækker Beck i *Der kosmopolitische* Blik (2004) den unge Thomas Mann og dermed en tung tysk-europæisk anfægtelse frem i den kosmopolitiske diskussion. Det er en Mann, som har forladt sin oprindelige meget konservative position – kavallerkonservatismen – og som nu er fortaler for en national kosmopolitisme. Beck går hermed tilbage til et tidspunkt i europæisk historie, hvor det kosmopolitiske ikke er påfaldende eller indlysende og han går til en forfatter for hvem det kosmopolitiske er en anfægtelse. Mann gør det svært for sig selv, når han tænker det kosmopolitiske, fordi han vil have det hele med så at sige. Det er derfor han tænker det kosmopolitiske i medierende begreber. Beck tænker sin kosmopolitisme ud fra en digter, der betoner friktionen mellem flere forskellige idéer.

Det stemmer overens med Manns omfattende iagttagelses- og modtagerapparat i forhold til det moderne. Beck fremhæver bl.a. det Mann kalder "sofistikeret dilettantisme" (Beck 2006: 11, m. oversættelse). I professionelle kunstneriske og videnskabelige sammenhænge vækker ordet 'dilettant' mislyd. Og 'dilettantisme' er nogenlunde identisk med noget amatøragtigt. 'Dilettant', 'dilettantisme', 'amatør' og 'amatørisme' bruges stærkt nedsættende om en person, der beskæftiger sig med noget uden at have de nødvendige forudsætninger. Det er begreber eller betegnelser, der er kommet i *bad standing* i modernitetens strukturelle overprioriteringer. Men der er noget meget værdifuldt, fundamentalt og en imaginativ rækkevidde i det dilettantiske, som bliver klart, hvis vi ser på ordets etymologi. 'Dilettant' kommer fra det italienske 'dilettare', der betyder at fornøje og hygge sig.

Overført til det kosmopolitiske perspektiv vil det sige, at kosmopolitten også er barn af en anden – uprofessionel og ikke-partikularistisk – verden end den moderne. Hvis vi tager udgangspunkt i denne læsning af Becks kosmopolitisme, så er det ikke svært at finde kontaktflader mellem moderne kosmopolitisme og 'dilettantiske' træk i nordatlantisk kunst og kultur. De kulturelle og kunstneriske narrativer er fyldt med konkrete og overordnede træk, der peger i retning af sofistikeret dilettantisme. William Heinesens selvopfattelse som kunstner pegede i retning af den glade amatør, dilettanten og den fortabte spillemand. Forfatterskabets talrige dilettanter og fortabte spillemænd er symbolfigurer for kosmopolitismen, hvor den er ikke særlig påfaldende. Heinesen kalder sig selv dilettant og amatør især på det billedkunstneriske felt, og det omfatter først og fremmest liv og hyggelige kreative stunder og aktiviteter i hjembyen. I bogen *Fra billedmagerens værksted* beskriver Heinesen amatørens lykke i et kapitel med samme titel:

> Vores talentfulde ven Mikines rejste til Danmark, hvor han i årenes løb skabte sig et stort navn som kunstmaler. Jacob og jeg udstillede aldrig vores arbejder udenfor Tórshavn, så man må gerne kalde os dilettanter; men hvad har man, når alt kommer til alt, ikke lært og levet som amatørkunstner her i verdens mindste hovedstad! Mon ikke af alle kunstnere amatøren er den lykkeligste? Han deltager ikke i noget væddeløb, rider ingen store storme af, men dyrker og elsker i stilhed farvernes forunderlige magiske verden og er henrykt hvis han også af og til kan glæde andre med sine frembringelser (Heinesen 1980: 16).

Bevidstheden om det dilettantiske og den amatørprægede dimension i kulturen medfører det, Heinesen kalder "Faroficering", som svarer til sted og nation som højprofilerede temaer.

Bergur Rønne Moberg

Man kunne også nævne fortælleglæden i nordatlantiske romaner og anden kunst, der indikerer en stærk værensbekræftende dimension. Det er 'dilettantisme' og folkeligt præget fortællekunst, som samtidig er moderne og modernistisk. Tager vi kosmopolitismen som sådan, befinder den udpræget stedbetingede og stedorienterede nordatlantiske kunst (Moberg 2008, Moberg 2014) sig ikke langt væk fra Becks forestillinger om kosmopolitisme.

Måske kan man kalde hele den litterære færøske kultur − hvor den står æstetisk stærkt − "sofistikeret dilettantisme" i ordets bedste forstand. Det er en litterær kultur, der finder sin styrke på trods af og på grund af sine mangelfulder som ikke-metropol kultur, og som mange steder fortolkes så godt frem, at den − ved siden af en overflod af dynamiske perspektiver på den moderne verden − afslører mangelfuldheder og selvtilstrækkeligheder i den metropole kultur.

Færøpolitisme − Faroepolitanism
Heller ikke i færøsk kontekst repræsenterer dilettantisme altså en udtjent bevidsthedsform. Også her er dilettantismen en refleksionsform og en kunstnerisk-kulturel metabevidsthed, der vidner om kulturel og kunstnerisk selverkendelse og dermed om en færøsk vej ind i det moderne. Det vidner også om en færøsk udgave af kosmopolitisk 'dilettanteri' og amatørisme, som kan betegnes som "Færøpolitisme" eller "Faroepolitanism". Den færøske forgrening af kosmopolitismen har sine rødder i en mere ren, national, hjemstavnsbundet dilettantisme, hvorimod dennes fortolkede, refleksive pendant er u-ren i betydningen sammensat af præmodernitet og modernitet. I det følgende sættes dilettantismeaspektet især i forbindelse med litteraturen, men også i forbindelse med kunst og kultur generelt.

Kosmopolitisme er et særdeles produktivt begreb hos mange teoretikere i dag, og det anvendes også på mange forskellige måder: "celebrerende kosmopolitisme", "skeptisk kosmopolitisme" og "socialistisk kosmopolitisme (Spencer 2010: 36ff) etc. Også forfattere har meldt sig

Perspektiver på Henrik Stangerup

på banen herunder f.eks. den ghanesiske forfatter Taiye Selasi. Hun har fra sit euroamerikanske eksil – har boet i USA og for nærværende bosiddende i Rom – lanceret begrebet "afropolitan" eller "afropolit",[30] som hun definerer som "unge emigrationslystne og kosmopolitiske afrikanere" (Winther 2014). Selasi nævner tre kriterier for at være afropolitan:

- Man skal have ubrydelige bånd til et eller flere lande i Afrika.
- Man skal tænke i globale perspektiver.
- Man skal have lyst til at gøre en forskel for det afrikanske folk (Winther 2014).

Selasi har selv et multilokalt tilhørsforhold og har *samplet* sine yndlingssteder i de lande, hun har boet og – glemmer resten som hun siger. Hun har boet i Brooklyn, men siger at USA's store midte er fremmed land for hende. Således genskaber hun sit eget Ghana ud fra alle de lande, hun har boet i.

Jeg vil i det følgende overføre Ulrich Becks forestillinger om kosmopolitisme og Taiye Selasis forestillinger om afropolitten til færøske forhold. Overensstemmende med Selasis ovennævnte kriterier kan man anføre følgende kriterier for en Færøpolit og for Faroepolitanism:

- Færing med stærk tilknytning til Færøerne.
- Færing, der tænker globalt.
- Færing, der bidrager til at udvikle sted, nation og region i henhold til en kosmopolitisk referenceramme.

Resten af artiklen er en uddybning af begrebet Færøpolitisme eller Faroepolitanism i moderne færøsk litteratur herunder i litterær færøsk kultur som et i god og dårlig forstand 'deprived space' (jf. de verdenslitterære beskrivelser af færøsk litteratur i artiklen "Verdenslitterære geografier i resten og Vesten. Perspektiver på færøske og kontinentaleuropæiske romaner i modernismens margin").

Faroepolitanism som kosmisk rum

Færøsk litteratur, billedkunst og musik er gennesyret af en stærk kosmisk naturfølelse, og den er i høj grad atlantisk-oceanisk. Fra Janus Djurhuus' digte, via Jørgen-Frantz Jacobsens roman *Barbara* (1939) frem til Jóanes Nielsens digte ser og læser vi om et Færøerne under og på rullende bølger. Et af de ekstraordinære bidrag til denne tematik er Tróndur Paturssons efterhånden berømte container. I 1996 indbyggede Patursson flere af sine glas-installationer i en metal-container, som første gang blev udstillet på det, der er blevet kaldt verdens største udstilling i København i 1996, hvor byen var europæisk kulturby. Containerudstillingen bestod af 96 skibscontainere opstillet på Pakhuskajen bag Langelinie-molens mur (Frederiksen 2003: 198). Ifølge Finn Terman Frederiksen blev Paturssons containerprojekt rost af flere anmeldere som "containerprojektets smukkeste rum" (ibid.). Containeren står i dag ved indgangen til Listaskálin, som er Færøernes kunstmuseum. Patursson har senere lavet flere versioner af lignende kosmiske rum med glas-installationer, som er hans foretrukne måde at arbejde på. Inspirationen til disse kosmiske rum kommer fra de sørejser, som Patursson har foretaget bl.a. sammen med Tim Severin herunder især China Voyage i 1993, som var en tur foretaget på en tømmerflåde fra Kina til Amerika, der varede i 106 dage. Disse rejser har givet ham et helt nyt inspirationsgrundlag, som han selv har kaldt en "kosmisk naturfølelse" (ibid.: 197).

Dette containerprojekt peger ud i et grænseløst rum, der har selve grænseløsheden og bevægeligheden til fælles med globaliseringen. Men Paturssons container har sin helt egen vej ud i den grænseløse verden, der går gennem hans erindringer om havfølelsen på sørejserne, hvor der kun var en uendelig himmel og et endeløst hav at forlade sig på, og hvor han efterhånden følte sig som en del af havet (ibid. 197). Hans glas-installationer åbner det afgrænsede rum som et kosmopolitisk perspektiv og som en flydende modernitet, der er Paturssons helt egen og på samme tid nordatlantisk og alment-oceanisk, og som knytter an til den oceaniske livsfølelses præmodernitet. Containeren som installationsrum peger i samme retning, idet den benyttes som transportør af varer tværs over verdenshavene og som sådan udgør en moderne repræsentation af Paturssons oprindelige færøske havfølelse og hans globetrottertilværelse. Det kan kaldes moderne, fordi rammerne i form af containerens 20 fod store metalkonstruktion har den globale bevægelighed tænkt ind i sin form og funktion. Containerproblematikken kan også tænkes i retning af sted og nation, idet containeren i nationalismeforskningen repræsenterer et lukket univers svarende til Becks metodologiske nationalisme. Men hos Patursson gælder det vel at mærke en problematik, der forholder sig udfordrende til det afgrænsede rums lukkethed, som også kan være modernitetens lukkede rum og som – endnu mere oplagt – kan læses som en udvidelse af det berømte weberianske jernbur (Max Webers forestilling om modernitet som et jernbur).

Færøsk kultur som ikke-metropol mangelkultur

Ordet mangel bliver brugt i eurocentriske sammenhænge, hvor 'de andre' uden for Vesten – dvs. dem i resten – skal bringes op på samme niveau som de 'fremskredne lande', som er de vestlige! Det er ikke denne form for forenklet og nedladende opfattelse af mangelkultur, der er på spil her. Udgangspunktet er snarere og for det første, at alle kulturer ud fra et givet synspunkt kan anskues som mangelkulturer og for det andet er pointen, at manglen i kunstneriske sammenhænge viser sig at være den afgørende styrke og det man har at bygge videre på. Mangelfuldheden får i denne sammenhæng tilskrevet en særlig betydning, som også er rettet mod det, der ikke er en mangeltilstand, og som netop derfor er mangelfuldt og som dermed 'is lacking the lack'!

Færøerne har dobbeltkulturelle forfattere som William Heinesen og Jørgen-Frantz Jacobsen, der skriver på dansk om færøske erfaringer, og som har mestret oversættelsesdialogen mellem den europæiske højborg og atlanterhavserfaringer. Den samme dialog kendes også fra andre – færøskskrivende – færøske forfattere som Jens Pauli Heinesen, Gunnar Hoydal, Hanus Kamban, Carl Jóhan Jensen og mange flere. Med et samfund, der er uden en stærk og stabil litterær finkultur har litteraturen været afgørende fordi den fortsætter med at være mangfoldigt indholdsorienteret og målrettet at oversætte kulturel europæisk kapital til kulturel færøsk kapital. Det har ifølge William Heinesen været særligt påkrævende med at forbinde en udkant som Færøerne til resten af verden, fordi i et moderne komparativt perspektiv fremstod landet som en torso i form af "den nye Halvkultur", som han skriver i et brev til Jørgen-Frantz Jacobsen d.16. juni 1929 (UT 0677). Det blev derfor en del af de moderne færøske forfatteres mission at udvikle stedet og nationen. Det var og er et professionelt ærinde, fordi missionen er ude over den oprindelige nationsbyggende diskurs, hvor nationen blev hypet som ensartet indadtil og velafgrænset udadtil. William Heinesen, Christian Matras og andre forfattere erkender i begyndelsen af det 20. århundrede, at nationstanken er stagneret eller som Heinesen formulerer det i 1930'erne: "Den glade 'dilettante' tid er overstået" (Heinesen 2000). Det er et ønske om, at den engang berettigede glade optagethed af nationen har haft sin tid og ikke kan blive ved i samme skure. Færøerne erkendes hermed som andet og mere end en hjemstavn. Færinger skal ikke blot skabe et Færøerne, der er en nation, et folk og et sprog, men blive et modtagerapparat for det moderne i videre forstand. Det indebærer en fortsat sensitivitet over for nation og sted, som i denne moderniserede forestilling er mere end blot en modtagelsesregion for modernitetens gennemslag og som gør færøsk kultur til noget mere end en torsoagtig kultur. Færøske forfatterskaber er fyldt med amatørfortællere – bykronikører, ulærde osv. – hvor folkeligheds- og amatøraspektet udgør et greb, der fungerer som en slags metodisk staffage f.eks. i form af fundne-papirer-fiktion, der henviser til antropologiens filologiske instrumenter (jf. González 1998: 158).

Mangelkulturen og dilettantismen lever videre side om side med de nye æstetiske og kulturelle landvindinger. Jonathan Wylie forbinder den manglende tradition for socialkritik i færøsk tradition med et overordnet manglende fokus og manglende værkforståelse (dilettantisme) i færøsk litteratur:

Faroese writers have in general shied away from direct social criticism. Not only do Faroese generally prefer to avoid open criticism of each

Perspektiver på Henrik Stangerup

other in everyday life; but the national culture to which writers contribute has been fundamentally concerned with validating and preserving the integrity of social life. Its establishment involved letting literature express the Faroes' unity, while disunity has been institutionalized in, for example, political parties, where difference are safely coded in terms of desirable relations with Denmark. As a result, much Faroese writing seems curiously shallow to a foreign reader (Wylie 1987: 190).

Det samme mangel på fokus finder Wylie i de færøske topografier (bygdasøgur), der er fyldt med anekdoter om mennesker og familier, der er uden pointer som giver værkerne et harmoniserende kompilationspræg. Manglen på stramme rammer, fortolkninger og pointer og den kredsende tilgang generelt i mange af disse værker peger i retning af en grundlæggende spatial struktur. Stedet fungerer med andre ord som en kollektiv erfaring, og det trumfer overvejelser over både værket som tekst og stedet som individualiseret udtryk, som subjekt. Her kan man skelne mellem stedet som scene og baggrund (kollektivitet) og stedet som subjekt (radikalt udtryk for en subjektiv kerne i historiciteten).

Herefter tager Wylie tekster af Símun av Skarði og Regin í Líð som eksempler på en overfladisk samfundsbeskrivelse. Wylie konkluderer herefter: "In sum, the continuity of Faroese culture beyond its official frame is insured by concentrating on individuals and on the natural setting in which they carry out their pursuits. The social system remains out of focus, especially insofar as it shapes patterns of dissension among its members" (ibid.: 190). Fraværet af social kritik er der efterhånden blevet rådet bod på i samfunds, kultur- og litteraturdebatten, men her ligger samtidig en konstant, fordi det lille samfund gør det svært at opretholde autonomi på de forskellige felter. I små 'nationalized spaces' som det færøske er autonomi derfor uløseligt forbundet med eksil (Edward S. Casey).

Fraværet af socialkritik er blot en af flere mangelfulde dimensioner. Som ikke-metropol kultur med en lav specialiseringsgrad fremtræder

Bergur Rønne Moberg

Færøerne (sammen med andre lignende samfund) som en mangelfuld kultur eller som det, Wlad Godzich på det litterære felt kalder "emerging literatures", der henviser til litterære kulturer, der har en kort historie i det moderne (jf. Moberg 2014). Færøsk kultur er en mangelfuld kultur i den forstand, at den har en kort tradition for mere eller mindre autonom kritik og ligeledes med en kortvarig tradition for et mere eller mindre veletableret borgerskab.

Ser vi specifikt på litteraturen viser de torsoagtige træk sig ved, at ca. en tredjedel af de færøske romaner er skrevet på dansk (Marnersdóttir 2000), ved at flere færøske forfattere – K.O. Viderø, Carl Jóhan Jensen o.fl. – har ladet deres kunstnersprog inspirere betragteligt af islandsk, ved at William Heinesen søgte andre græsgange end de færøske, når han skulle diskutere intellektuelle emner (Heretica, modernisme, Vilhelm Grønbech osv.). Ligesom med artiklens øvrige beskrivelser af mangelfuldheder, så kan og bliver disse mangelfuldheder også vendt til en styrke, som i Wlad Godzichs term kaldes "emergent literature", som i dette tilfælde kan formuleres som en åbenhed over for andre kulturer og som et udtryk for Færøerne som en sammensat kultur både under stærk dansk og islandsk indflydelse. Færøerne befinder sig i denne henseende i en dynamisk position mellem nord og syd, som har bidraget til en dynamiseret blanding af blikket udefra og indefra.

William Heinesen havde også et skarpt blik for mangelfuldheder eller blot udviklingspotentialet i litterær færøsk kultur:

> Om nogen national eller lokal skole er der ikke tale, hver fugl synger med sit eget næb, og fugle af vidt forskellig kaliber er repræsenteret – fra det unge håb, vi sætter vor lid til, over den elskværdige amatør, der i ny og næ ligesom tilfældigt afstedkommer et arbejde af mere varig interesse, og op til den alvorligt og bevidst arbejdende kunstner, der søger at indfri de ubønhørlige fordringer på selvdisciplin, kunsten til enhver tid præsenterer sin udøver, og som bestandig lærer og vokser under sine nederlag og sejre [...] Skønt altså lidet homogene har alle

de billeder, der her udstilles, ét fælles særkende: de forestiller Færøerne (Heinesen 1983: 17).

Og i af sine breve til Christian Matras skriver Heinesen:

Dillettantisme og Kunst. – Ja, naturligvis kan Dillettantisme tages i to Betydninger; der gives intet foragteligere end fordringsfuld, indbildsk Dilettantisme. Men paa den anden Side: hvor meget hos de største Digtere er ikke Dillettantisme! [sic] Grundtvig, f.Eks.! Eller Brorson – "Troens rare Klenodie" har fæle Partier, spørg kun Jørgen-Frantz, der har studeret den i Vinter. Ogsaa Wergeland, der jo har frembragt noget af det mest mimoseagtigt forfinede og evigt aandige i Lyrik, har slemme Digte. J.H.O.D., der ellers har en Smagssikkerhed, som søger sin Lige, faar ogsaa ofte noget i den gale Hals ("Eg breyt niður borg mína"!). Herhos kan Dilettanter undertiden frembringe enkelte mesterlige Ting (H.A.D. "Alt tað, ið flýgir – setist og nígir"!) (s. 87 i Ann-Kari Skarðhamars (red.) *Christian Matras' brevveksling med William Heinesen og Karsten Hoydal*, 2009).

Mere om William Heinesens dilettanter

Dilettantisme-temaet optog Heinesen meget både som skønlitterær forfatter og som brevskriver. Det kommer til udtryk i forfatterskabets talrige dilettanter, dosmere og døgenigte. Dosmere er drømmere, som helt og holdent følger deres livslyst. Deres væsen er livsglæde, nærvær og kreativitet. De er alle engagerede i musisk-kreative aktiviteter. Mange af dem finder vi i romanen *Tårnet ved verdens ende* (1976): Selimsen er kunstmaler, Keil fotograf, Platen cellist, mormoren klaverunderviser og kunstelsker, Onkel Prosper livskunstner og filur etc. Når Platen dør, giver fortælleren ham en værdig og udførlig nekrolog og tager på den måde stilling til det gennemgående modsætningsforhold mellem dosmere – som andre steder i forfatterskabet f.eks. i *De fortabte Spillemænd* bankes og afrettes med en tommestok! – og pærer, der er gode til at regne og som repræsenterer kulturens rationelle sider. Heinesens sympati med døgenigte, spøgefugle og fusentaster er utvivlsomt en af grundene til, at de fortabte spillemænd og dosmerne står som nogen af de mest centrale figurer i forfatterskabet. De kreerer, drikker og drømmer i udkanten af samfundet og bliver på den måde ikke blot Heinesens identifikationsfigurer, men symbolfigurer for kunstens rolle i forfatterskabet og i videre forstand et fortættet udtryk for færøsk litteraturs og kulturs genealogi. Dilettanten er alle kulturers og litteraturers begyndelse!

Som tidligere nævnt opfattede Heinesen også sig selv som en dosmer. Dosmertilbøjelighederne afspejler sig tilmed i hans forfatterkarriere. Siden 1932 havde Heinesen stået for faderens skibshandel, men han havde ikke arvet faderens forretningstalent og - lyst, og omkring 1950 gik handelen konkurs. Heinesen fortæller, at han tit sad i baglokalet og skrev digte i stedet for at udskrive regninger til folk. I denne periode havde han også skrevet den roman, som skulle blive hans gennembrudsroman, *De fortabte Spillemænd*, der udkom netop omkring samme tidspunkt, i 1950. Den gamle sandhed om, at kunsten fødes ud af en brist ligger snublende nær. Heinesens dosmere opfattes i høj grad af de andre figurer som mislykkede eksistenser, men de er begunstiget i den forstand, at de er formet direkte af liv som væren og ikke blot af samfundsstrukturer og prosaisk livskamp.

I Heinesens novellesamling *Her skal danses* (1980) har en af novellerne titlen "Dilettanterne". Forfatterskabets signaturfigurer som de fortabte spillemænd, dosmere og glade amatører af forskellig slags har alle et dilettantisk præg. Heinesens egen identifikation med amatøren, dilettanten og spillemanden hænger ikke kun sammen med de allerede nævnte kreative hyggeaktiviteter i hjembyen, men også med den modernistiske forfatters klassiske underkendelse af egen betydning. Denne karakter repræsenterer ikke blot de kunstneriske perspektivers gæld til og genese i middelalderlig spillemandskultur, men også rødderne og vækstlaget i den spirende moderne færøske kultur. Følgende to citater i et brev dateret 22.4.1936 fra Heinesen til Christian Matras understreger disse karakterers betydning for såvel kunsten som kulturen og ikke mindst dilettantismens dialektik: "Kunst og Dillettantisme endnu hænger sammen som Ærtehalm ..." (ibid.: 78) og "Du ved selv hvilken Grobund Dillettantismen herhjemme har afgivet for virkelig Kunst (ibid.: 78). Uden dilettanteriet således ingen litteratur, intet musikliv, ingen malerkunst og dermed heller intet kulturelt specifikt svar til modernitetens ankomst. Uden dilettantieriet intet 'folkekulturelt' lag i kunsten. Dilettantismen lever ovenikøbet videre som inspiration til de analyser af senmoderniteten som den anden modernitet (Ulrich Beck). Dilettantismen danner mønstret i den gryende kulturelle modernitet. Det kræver skånsomhed og varsomhed at bedømme og anmelde alle de glade amatører, understreger Heinesen i samme brev, og overtager dermed ikke afstanden eller nærheden til Paris, dvs. Paris som "det universelle kunstneriske ur" og som "meridian" (Casanova 2004: 88 og 90) som det eneste afgørende. Den oprindelige færøske dilettantkultur er derudover et udtryk for en lykkelig uvidenhed om den parisiske standard. Dilettantisme er i denne sammenhæng et andet udtryk for stedets brede erfaring og en ny kulturs begyndelse i det moderne.

Potentialet i det dilettantiske

Ikke-metropoliteten som en bred erfaring afslører idéernes "widowhood", deres singularitet over for en mangfoldig virkelighed og fremhæver nødvendigheden af flere idéer. På trods af at udkanten med henblik på samfundsmæssig og kulturel specialiseringsgrad ikke er lige så højtudviklet som urbane civilisationer, så leverer den gennem den del af sin kunst, der har overblik over det moderne, og som forstår nødvendigheden af moderne strukturer og således både har blikket indefra og udefra, et svar til kulminerende modernitet i metropolcivilisationerne, udstiller disse som overspecialiserede i forhold til menneskelige spørgsmål. Moderne færøsk digtning formidler i påfaldende grad et flerstemmigt udtryk med mange idéer der forholder sig kontrapunktisk til hinanden. Min bog *Resten i Vesten. Verdenslitteratur i modernismens margin* (2014) handler om disse aspekter (jf. også artiklen heri: "Verdenslitterære geografier i resten og Vesten").

Bergur Rønne Moberg

Alle idéer har flere sider og selv om alle sider ved hver enkelt idé ikke overlapper alle de andre idéers enkelte sider hele tiden (topologi), så er der i ikke-metropole kulturer påfaldende mange af den slags overlapninger på grund af, at litteraturerne i den æstetiske og kulturelle periferi er henvist til at omfatte både det moderne og det præmoderne (topografi).

I takt med at kunstens autonomi styrkes retter opmærksomheden og fortolkningskraften sig mod resterne af færøsk kulturs halvkulturelle og torsoagtige præg, som samtidig bliver markant mindre tydeligt bl.a. på grund af, at der er forfattere, der får et internationalt gennembrud. Der er også en hel buket med forfattere, som på trods af, at de ikke har fået et internationalt gennembrud, er moderne forfattere med en produktion af høj kunstnerisk kvalitet. Her tænker jeg først og fremmest på Færøernes mest produktive prosaist, Jens Pauli Heinesen, hvis værker stort set ikke er oversat og hvis betydning er blevet stærkt undervurderet i den færøske modtagelse herunder især i anmeldelser (Moberg 2014).

Færøske forfattere tematiserer dilettantismen i alle dens facetter og tilstødende temaer, men vender den i kraft af moderne refleksion i lige så høj grad om til en fordel for deres skaben. Forestillingen om at Færøerne som torso politisk set – at landet befinder sig i en relaptisk situation med tilbagefald i forhold til den kontinuerlige autonomisering – hindrer heller ikke færøsk kunst i at fremstille geografiske forestillinger om Færøerne som mere helt og mere komplet end kontinentets europæiske kultur. I en beskrivelse af overblikkets kulturhistorie i *Das Ganze im Blick* tænker Moritz Reiffers overblikket som en moderne mulighed, som han kalder en "metaforisk fylde i modernitetens defekter" (Reiffers 2013: 347). Overført til denne dilettant-kontekst indebærer det, at det poetiske helhedsblik, der er deponeret i dilettant- og amatørfigurerne fungerer som en dobbelt kompension for mangelfuldheder dels i en halvmoderne kultur – en "Halvkultur" (William Heinesen) – og dels i den moderne kultur. Derfor udgør dilettantfiguren et sideværts, distanceret blik på det moderne og det modernistiske hos Heinesen, og derfor udgør den også et perspektiv beslægtet med det andet moderne hos Ulrich Beck. Set i dette lys peger færøsk litteraturs tilgang til det moderne — eller i hvert fald en hovedstrøm i færøsk litteratur — mere frem mod Becks anden modernitet end mod den første modernitet, der tømmer stedet for interaktionskontekster og efterlader individet som forladt, ensomt, relationsløst, splittet og dissonantisk. Det ændrer ikke ved, at den første modernitet trods alt er indlejret i Faroepolitanismen.

Denne hovedstrøm i modtagelsen af det moderne ser vi i Gunnar Hoydals roman *Undir Suðurstjørnum*, William Heinesens roman *De fortabte Spillemænd* (og i resten af forfatterskabet) og hos Chr. Matras, da han beskriver naturen i Schweitz og andre lande uden adgang til hav som "ukomplet" (Matras 1975: 176). For det første repræsenterer dette udsagn en anden forståelse af små lande end den gængse opfattelse af små lande og ikke-metropole lande og øer som mangelfulde kulturer på grund af i en metropolisk forstand ikke-kulminerende modernitet og den dermed forbundne forestilling om en fuld udfoldet humanitet. Tilstedeværelsen af hav kompletterer ifølge Matras naturen og forlener kulturer med stærk naturkontakt med et helhedsligt præg.

Som artiklens motto-citat viser vedrører dilettantisme-temaet og dens *writing back* til oplevelsen af moderne kulturs strukturelle over-prioriteringer også den eksistentielle dimension. Debutantbundne beskrivelser af den moderne tilværelse rammer skævt i det velstrukturerede moderne univers og udfordrer derfor snævre binære distinktioner og dikotomiske tankebygninger centreret omkring centrum og periferi, moderne og ikke-moderne. Færøsk litteratur formidler i markant grad en oplevelse af det moderne liv som mulighedsrigt, men samtidig som en smal bræmme, hvor den menneskelige natur presses ned i snævre matricer, smalle litteraturbegreb, specialiserede dagsordener af enhver art indenfor livsfilosofi og videnskab herunder f.eks. William Heinesens tilbagevendende kritik af psykoanalysen som en inadækvat tilgang til menneskelige nøglespørgsmål og sociologiens som en tilsvarende inadækvat tilgang til kulturelle nøglespørgsmål. Her står dilettantisme som kongevejen ind til det førbevidste og alt det, moderne kultur ikke kan indfange. Heinesens lydhørhed over for naturen og det irrationelle er i dag en velkendt tanke inden for posthumanismen, der forudsætter, at mennesket ikke er altings målestok (Sørensen 2014: 127). Hos Heinesen hedder det:

> Jeg synes at det er indlysende, at det lader sig gøre at respektere den moderne Videnskabs erfaringsmæssige Undersøgelser uden samtidig at lade haant om alt det uerfaringsmæssige, alt det, der foregaar paa de Felter, vi ikke ved noget sikkert om. Det andet fører – viser det sig – ofte til sur Pessimisme eller overfladisk Suffisance. (Brev fra William Heinesen til Jørgen-Frantz Jacobsen, 23. Januar 1926, UT 0677).

Begge dimensioner – den kulturelle og den eksistentielle – er karakteristiske for de brede og brogede æstetiske udviklinger i periferien og ikke-metropole kulturer. Det handler om at få en ny litterær kultur klædt på i det moderne. I verdensklassikeren *Manifest der kommunistischen Partei* af Karl Marx og Friedrich Engels hedder det: "Alles Ständiges und Stehendes verdampt ... alle Heilige wird entweit". 'Ständiges' henviser både til det solide, varige og det standsmæssige, det gamle stændersamfund. Det solide forsvinder i takt med at det hellige afklædes og falder ned fra soklerne, som Ivan Malinowski udtrykker det. Denne afhelliggørelse og brutale modernisering opleves særlig hårdt i udkanten, hvor den kollektive kultur fortsat står stærkt, og hvor kunstnerne ikke i lige så høj grad er isoleret fra resten af kulturen som i metropolzonerne. Derfor bliver modernitetens indtog og modtagelse i disse kulturer noget anderledes end især i europæisk kontinentalmodernisme. For det første befandt færøsk litteratur sig i begyndelsen af det 20. århundrede sig i en situation, hvor den først var lige begyndt på at klæde Færøerne på til de nye tider og hvor de 'solide' forestillinger om sted og nation først nu skulle videreudvikles. Det var en Gründertid i frontiermæssig forstand, som først skulle gennem en opbygningsfase orienteret mod at etablere sted og nation som en bred erfaring. For det andet blev opgøret med de naive og glade nationalromantiske dage ikke så radikal som i hardcore modernistisk individualisme. Kulturen bevarede sin plads i litteraturen som en mangfoldig ballast, men langt fra gammeldags forestillinger om nationen som et bundsolidt ensemble af dyr, hav, klipper, fjelde, græs og 'folket'. Det blev i stedet for en kontekstuel reaktion på det moderne, hvor det moderne og præmoderne, natur og modernitet, formedes ind i en dialektisk og mere rummelig forståelse af det moderne, end man ser mange steder i den modernistiske litteratur, hvis tekstopfattelse Pascale Casanova karakteriserer som lukket autonomi og ren, isoleret skrift (Casanova 2004: 200). Konteksterne og den idémæssige dynamik i ikke-metropol kultur bliver aldrig perifere, men er konstant nærværende som et skæringsfelt mellem forskellige diskurser og værdisfærer som politik, religion, kultur og videnskab. Bevidstheden om at disse sfærer allerede er udspaltede betyder ikke, at skellene mellem dem er absoluteret. Forfatterne er – med et udtryk fra Octavio Paz i *Children of the Mire* – også børn af dyndet, af kaopleksiteten i det moderne. William Heinesens, Jens Pauli Heinesens og Gunnar Hoydals hang til digressioner, omsvøb og pauser i deres stil er et udtryk for de omfattende bevægelser mellem uforenelige erfaringsdomæner i ikke-metropol litteratur, der netop i kraft af sin udkantsposition er henvist til at omfatte meget. Dette associationsrige aspekt griber tilbage til forestillingen om ikke-metropole kulturer som mangelkulturer. Når de kunstneriske talenter er der, spejler de ikke utilstrækkelighederne i de små kulturer, men mulighederne i det endnu ikke kortlagte og udviklede. På den måde skriver de tilbage til større kulturer med mere veludviklede strukturer, der med den 'mindre udviklede' kulturs øjne fremstår som strukturelt overprioriterede kulturer styret af snævre distinktioner. Ikke-metropol litteratur falder på den måde skævt og perspektivrigt ind i moderne kulturs kapillærstrukturer og bryder mønstre op.

Denne artikel beskriver bærende idéer i færøsk litterær kultur som et 'deprived space' med afsæt i William Heinesen og andre eksempler fra færøsk litteratur. Generaliserede figurer som dilettanter, amatører og fortabte spillemænd er ikke blot eksempler på de æstetiske udviklinger i periferien, men også på periferiens idéhistorie eller dens intellektuelle historie, der forholder sig broget til indflydelse og bl.a. kombinerer kosmopolitisme, det nationale ('vernacularism', kampen for sproglig, kulturel, politisk og territorial autonomi) og præmodernitet. Også inden for selve den idéhistoriske forskning skiller min tilgang sig ud, idet feltets hovedstrøm er modernistisk. Den færøske modernisme er en associationsrig modernisme kaldet modernismegeografi (jf. Moberg 2014), og en tilgang bestående af "Cosmopolitanism, Vernacularism, and Premodernity [...] resists a modernism that otherwise dominates global intellectual history" (Moyn 2013: 23).

Krydsfelter og antropologiske konstanter
Set ud fra det krydsfelt af idéer og erfaringsdomæner, der gennemsyrer William Heinesens livsværk og i videre forstand de æstetiske udviklinger i det færøske, kan resultatet kun blive en endimensional tanke, hvis man kun er styret af en enkelt idé. Heinesen gør op med sakralisering af enkeltidéer og søger i stedet en skabende midte mellem idéerne. Midten eksisterer ikke, men er noget han bøjer sig for, fordi enkeltidéer er utilstrækkeligt til at belyse en moderne tilværelses fundamentale spørgsmål og kulturelle nøglespørgsmål. Færøsk litteratur bliver tidligt kodet til at modarbejde tendenser i det moderne til absolutering af det partielle. Det åbner et rum i forfatterskaberne, hvor forfatterne lader sig inspirere af dilettantisme, amatørisme og fortabte spillemænd.

Litteraturen skænker ringe trøst til dem, der søger trygheden i et veldefineret materiale f.eks. i form af et normativt skel mellem præmoderne og moderne. I færøsk litteratur udgør magi og myte – naturnærhed og mundtlig kultur generelt som det gamle antropologiske fundament – antropologiske konstanter, hvormed der til stadighed forhandles med moderne indflydelse. En overordnet adækvat tilgang til fænomenet og feltet færøsk litteratur kræver derfor, at man opererer med flere kontekster samtidig og en inklusivitet i forhold til mange forskellige og ofte modstridende kontekster og erfaringsdomæner. Moderne færøsk litteratur etablerer sig med en associationsrig tilgang til digtning og udfordrer opsplitning forårsaget af strukturelle overprioriteringer i den nyere vesterlandske histories modernitet og modernisme.

De massivt tilstedeværende antropologiske konstanter i færøsk litteratur er relateret til sted og nation. Færøsk litteratur har fra starten et erklæret tilhørsforhold til landet: stedet og nationen. Med stedets og nationens brede erfaring som en konstant og differentieret ballast kobler litteraturen sig på forskellige formidlings- og vidensformer, der kalder på mere end fiktion. Det er en litteratur, der både vil og – når den er god – også kan mange ting på samme tid. Det heterogene udtryk er i stand til at rumme promovering af viden om stedet og nationen, formidle kulturelle modningsprocesser og 'highlighte' talrige kulturelle narrativer, forbinde det partikulære med det universelle osv (Jf. Frits Andersen *Det mørke kontinent*, s. 89). Færøsk litteratur set gennem antropoetiske briller svarer til et blik på den som en endnu relativt uklassificeret kultur og som af samme grund er stærkt optaget af overgangen mellem bonde- og fiskerisamfund og i videre forstand af dynamikken mellem det moderne og det præmoderne, natur og humanitet. I antropologien har genstanden nemlig "samme status som antropologens ukendte, bevægelige og endnu ikke klassificerede kultur" (Andersen 2010: 74-75). I det uklassificerede, i sammenrendet mellem det moderne og det præmoderne ligger der en stærk dynamik og grundlag for interagerende perspektiver.

Rester, arkivet, overblikkets kulturhistorie, afstanden til Paris

Det moderne bliks møde med sin egen kultur udfolder sig ikke blot i et uopdaget terræn, men også i en restkultur,[31] der er endnu et udtryk for mangelkultur. Det drejer sig om dilettantismen forstået som et arkiv, som rester af den gamle kultur, der ligesom arkivet repræsenterer en døende kultur og er karakteriseret ved "arbitrariness and incommensurateness" (Gonzáles 1998: 183), der er almindeligt forekommende i arkivalsk fiktion herunder ikke mindst i ikke-metropol digtning:

Bergur Rønne Moberg

> The present of old, dying or dead characters in current Latin American fiction is remarkable and significant [...] These oracular figures are links with the past and repositories of knowledge, like living archives. But their memories are faulty and selective. Senility is a figure for the gaps in these archival characters [...] Senility is, in the context of my discussion, a metaphor for the incompleteness of the Archive, but also for the force, the glue by which texts are bound together. There is a whimsical creativity in these characters' recollections that is parallel to how selection takes place in the Archive in the creation of fiction, and which is found in their lapses of memory [...] death, one of the founding tropes of archival fictions. Death stands for the gap of gaps, the mastergap of the Archive, both its opening and closing cipher (ibid.).

Færøsk litteratur er fyldt med arkivets ufuldkommenheder, som vi f.eks. finder i William Heinesens roman *Tårnet ved verdens ende*, hvor den gamle Amaldus Erindreren, der sidder i fyrtårnet og skrivende erindrer sin barndom. Men ligesom alle de stumme ansigter i romanens billedalbum er den gamle mands erindring akkompagneret og hærget af stumhed og lakuner. Arkivet er blot en rest, som erindringen er det. Men Amaldus Erindreren har alligevel overblikket i form af udsigten ned over byen, som er den karakteristiske overbliksskabende udsigt, som er så hyppigt forekommende i færøsk litteratur og som er forbundet med landet som ørige og som ikke-metropol kultur, hvor der er udsigt ud over hav, fjeld og menneskeboligerne. Færøsk litteratur er i sig selv et bidrag til et studie i overblikkets kulturhistorie. Overblikket er en kulturel form, der er nyttiggjort af metaforen og overordnet forbundet med subjektivitet (Reiffers 2013: 353). Således bliver de små menneskesamfund, der udsættes for et moderne færøsk digterblik til små, hele verdener. Men midlerne til at fremstille overblik skrives ind som en blivende mangel (ibid.: 347) på grund af en moderne bevidsthed om afstand. Samtidig implementeres overblikket som en orienteringsfunktion i det moderne. "Diese freie schweifende

Überblickbarkeit und "Aufsuchbarkeit" der Welt stellt insofern eine neue Raffinesse in der metaphorischen Erfüllung der im Laufe der Moderne aufgetretenen Mängel dar" (ibid.: 346). Moritz Reiffers taler om et ""beherrschten" Ganzen zu verorten" og gør dermed overblikket til en moderne mulighed, til en egentlig troværdig størrelse i det (sen)moderne.

Endelig udgør dilettantisme-temaet hos William Heinesen og hos andre moderne færøske digtere en konstant måling af den æstetiske distance til Paris som litterær verdenshovedstad. Temaet fremhæver blikket udefra på Færøerne og er dermed en reaktion på "the relative aesthetic distance from the center of the world of letters" (Casanova 2004: 88), som alle forfattere, der tilhører den litterære verdensrepublik, bliver nødt til at forholde sig til. Det hænger sammen med, som Pascale Casanova siger, at det gælder om at erobre Paris som kanoniserende centrum, som "Greenwichmeridianen" og det "universelle kunstneriske ur" (ibid.: 88 og 90). Paris udgør dette centrum på grund af byens langvarige akkumulation af prestige og tradition for politisk uafhængighed. Meridianen og uret er markører for Paris som centrum for litterær kapital, og ikke mindst set fra de ikke-metropole kulturer er de efterstræbelsesværdige som kompensation for de negative sider af disse kulturer, som er isolation og manglende kulturel kapital. Det parisiske centrum skaber ifølge Casanova en nutid, som alle positioner i det litterære landskab måles ud fra og må forholde sig til. Dilettantisme- og amatørtemaet i færøsk litteratur som en forestilling om mangelkultur er således spændt ud mellem det lokale og det globale.

Anvendt litteratur

Andersen, Frits 2010. *Det mørke kontinent. Afrikabilleder i europæiske fortællinger om Congo.* Aarhus Universitetsforlag.

Beck, Ulrich 2006: *The Cosmopolitan Vision.* Polity.

Beck, Ulrich 2004: Der Kosmopolitische Blick. Oder: Krieg ist Frieden. Suhrkamp.

Casanova, Pascale 2004: *The World Republic of Letters.* Oversat af M.B. Debevoise. Harvard University Press.

Echevarria, Roberto González 1998. *Myth and Archive. A Theory of Latin American Narrative*. Cambridge University Press.
Frederiksen, Finn Terman 2003. *Tróndur Patursson*. Randers Kunstmuseums Forlag.
Giddens, Anthony 2003: *Modernitetens konsekvenser*. Hans Reitzels Forlag.
Godzich, Wlad 1994. *The Culture of Literacy*. Harvard University Press.
Gonzáles, Roberto Ecchevarria 1990:Myth and Archive. A Theory of Latin American Narrative. Cambridge University Press.
Heinesen, William 1950: *De fortabte Spillemænd*. Gyldendal.
Heinesen, William 1997-1990: William Heinesens papirer. UT 0677. Det Kongelige Bibliotek.
Heinesen, William 1976: *Tårnet ved verdens ende*. Gyldendal.
Heinesen, William 1980: *Fra billedmagerens værksted*. Emil Thomsen.
Heinesen, William 1980: *Her skal danses*. Gyldendal.
Heinesen, William 1983: *Færøsk kunst* af William Heinesen. Emil Thomsen.
Heinesen, William 2000: *William ummælir fagrar listir*. Jóannes Enni (red.). Fannir.
Heinesen, William: UT 0846. William Heinesens breve til Ebba Hentze. Arkiv på Det Kongelige Bibliotek.
Hoydal, Gunnar 1991: *Undir suðurstjørnum*. Árting.
Jacobsen, Jørgen-Frantz 1939: Barbara. Gyldendal.
Jensen, Johan Fjord o.fl. 1983. *Dansk litteraturhistorie. Patriotismens tid 1746-1807*, bd. 4. Gyldendal.
Jørgensen, Dorthe 2002: Viden og visdom. Spørgsmålet om de intellektuelle. Det lille forlag.
Kotodziejczyk, Dorota 2010: "Cosmopolitan provincialism in a Comparative Perspective" i: *Rerouting Postcolonialism*. Routledge, 151-162.
Lepenies, Wolf 2008: *Kultur und Politik. Deutsche Geschichten*. Fischer Taschenbuch Verlag.
Mann, Thomas 1956: *Betrachtungen eines Unpolitischen*. Stockholmer Gesamtausgabe. Frankfurt am Main. Fischer Verlag.
Marnersdóttir, Malan 2000: *Hvør av øðrum*. Føroya Fróðskaparfelag.

Marx, Karl og Friedrich Engels 1848: *Manifest der kommunistischen Partei*. J.F. Burghard.
Matras, Christian 1975: *Leikur og loynd*. Emil Thomsen.
Moberg, Bergur Rønne 2008: "Tað má vera ein útryðja" i: *Barn av grundsøgum* af samme forf. Mentunargrunnur Studentafelagsins, 27-75.
Moberg, Bergur Rønne 2014: *Resten i Vesten. Verdenslitteratur i modernismens margin*. Forlaget Spring.
Moyn, Samuel og Andrew Sartori (red.) 2013: *Global Intellectual History*. Columbia University Press.
Osterhammel, Jürgen and Niels P. Petersen 2005: *Globalization. A Short Story*. Princeton University Press.
Paz, Octavio 1974: *Children of the Mire. Modern Poetry from Romanticism to the Avant-garde*. Harvard University Press.
Reiffers, Moritz 2013: *Das Ganze im Blick. Eine Kulturgeschichte des Überblicks vom Mittelalter bis zur Moderne*. Transcript.
Robertson, Roland 1992: *Globalization: Social Theory and Global Culture*. Sage.
Safranski, Rüdiger 2004: *Wieviel Globalisierung verträgt der Mensch?* Fischer Taschenbuch Verlag.
Said, Edward 1993: *Culture and Imperialism*. Vintage Books.
Skarðhamar, Ann-Kari 2009: *Christian Matras' brevveksling med William Heinesen og Karsten Hoydal*. Fróðskapur.
Spencer, Robert 2010: "Cosmopolitan Criticism" i: *Rerouting the Postcolonial. New Directions for the New Milennium*. Janet Wilson, Christina Sandru og Sarah Lawson Welsh (red.). Routledge, 36-48.
Stjernfelt, Frederik o.fl. 2008: *Tankens magt.Vestens idehistorie bd. 2*. Lindhardt & Ringhof.
Sørensen, Mikkel og Mikkel Fugl (red.) 2014: *Klima og mennesker. Humanistiske perspektiver på klimaforandringer*. Museum Tusculanums Forlag.
Winther, Tine Maria 2014: "Jeg måtte lave mit eget Ghana. Interview med Taiye Selasi" i: *Politiken* 9. marts.
Wylie, Jonathan 1987: *The Faroe Islands. Interpretations of History*. The Kentucky University Press.

Bergur Rønne Moberg

Perspektiver på Henrik Stangerup

To hjemstavne
At høre til i en globaliseret verden

Stedpolygami og mobilitet i *Undir suðurstjørnum* af Gunnar Hoydal

Stjernerne over Andes (*Undir suðurstjørnum*, 1991) er den første af Gunnar Hoydals indtil videre tre romaner. Den blev indstillet til Nordisk Råds Litteraturpris i 1993 og er desuden oversat til engelsk og ovenikøbet positivt anmeldt i engelske aviser af bl.a. forfatteren Fay Weldon. Hoydal har også skrevet noveller, rejseskildringer, essays og sangtekster til søsteren Annika Hoydals plader: *Mit eget land* (1981) og *Dulcinea* (1991). Gunnar Hoydal var stadsarkitekt i Tórshavn i 1972-97 og har efterfølgende været forfatter på fuld tid.

Gunnar Hoydal (f. 1942) er barn af moderne mobilitet. Han er vokset op både på Færøerne og i Sydamerika. I romanen *Stjernerne over Andes* henter han inspiration fra sin opvækst i to verdensdele. Romanen udnytter det dobbelte tilhørsforhold maksimalt i sin æstetik, der består af uafladelige krydsklipninger mellem to verdener. Den peger direkte ind i den flydende senmodernitet med et polygamt forhold til stedet, og den fremskriver et moderne identitetspanorama, hvor sted og hjemfølelse udfordres af global bevægelighed. Men der er også en stærk understrøm af en anden verden. Romanen er særdeles lydhør over for hjemfølelsen midt i en moderne 'kaopleksitet'. Tilhørsforholdet til et sted fremstilles som en kraft, der gennemlyses og gennemprøves af bevægeligheden og fragmenteringen i moderne selvrefleksivitet. Hjemfølelse står over for hjemløshed og i sidste ende griber de radikalt ind i hinanden.

Stjernerne over Andes har rejsen som motiv. Men det er en kompleks rejse, som også er selve romanfortællingens metafor og motor. Motoren sættes næsten i bogstavelig forstand i gang, da flyet letter fra Færøerne i

Bergur Rønne Moberg

starten "i et spring, der sønderriver tiden" (14). Det er også en sønderrevet fortælling, der her tager luft under vingerne, men den søger ud af denne tilstand med sine konstante krydsklipninger mellem to verdener – Sydamerika og Færøerne. Brudtheden imødegås af en flerdobbelt kortlægning, som er fyldt med spændinger og brydninger. Vi skal se på de spændinger eller kontaktzoner, der knytter an til to former for kortlægning: postkolonial og metafysisk-meningsbåren kortlægning. Analysen er et uddrag af en større analyse og springer af pladshensyn en del mellemregninger over. Kortlægning eller mapping er et aktuelt perspektiv inden for bl.a. moderne litteraturvidenskab, og det præsenteres her med et færøsk eksempel. Men først en præsentation af romanen.

I faderens fodspor

Stjernerne over Andes fortæller om tre søskendes rejse til Ecuador på Sydamerikas vestkyst. De har boet der i en tid som børn, dengang faderen var udstationeret for en international organisation, som henviser til FN's fødevare- og landbrugsorganisation FAO. Den ene af de tre søskende er den unavngivne fortæller, og de to andre er Angelina og Elic.

I romanens nutid rejser de af sted for at krydse deres egne spor på den anden side af Atlanten. Før de kommer til Ecuador mellemlander de i Bolivia, hvor de deltager i en indvielse af en skole, der er resultat af et hjælpeprojekt, som Elic har været med i. Dér fejrer de også Elics fødselsdag sammen med venner og tidligere kolleger. De fortsætter rejsen til Ecuador, hvorefter romanen fokuserer mest på søskendenes barndom i Sydamerika og overgangen fra barn til voksen med forelskelse, svigt, skyld og uskyld kulminerende med Vicentes død, der er en af de unge fiskere i byen Manta, hvor de bor. Umiddelbart efter denne begivenhed beslutter forældrene at sende søskendene tilbage til Færøerne (de er fire i alt og det ene af dem, fortællerens tvillingebror, Chakra, er ikke med på voksenrejsen). Da de tre søskende kommer tilbage til Manta som voksne, bliver de angrebet, mister pas og penge og bliver sendt hjem for anden gang.

Romanen slutter sin cirkel ved at vende tilbage til Færøerne, hvor faderen, ligesom han gjorde i begyndelsen, går rundt i haven, og således fungerer han og Færøerne som rammen om romanens beretning. Det afrundede forløb holder sammen på en beretning, der uafbrudt kobler flere steder og flere epoker sammen.

Mangfoldig kortlægning
Begrebet kortlægning eller *mapping* anvendes i flere forskellige betydninger, der er relevante for romanens mangfoldige rejseunivers. I sin bog *Resa och skriva. En guide til den moderna reselitteraturen* skelner Arne Melberg mellem tre sammenhængende betydninger af ordet (Melberg 2005: 24-25). Den første og smalleste betydning af mapping er knyttet til den klassiske rejseberetning. Her henviser Melberg til Marie Louise Pratts bog *Imperial Eyes. Studies in Travel Writing and Transculturation*, hvori hun retter en skarp kritik mod den kortlæggende imperialisme i rejseskildringer. Rejselitteratur og andre kortlægningsforsøg af terra incognitoer er gået forud og har legitimeret imperiale ekspansioner, mener Pratt. Kortlægning har været en integreret del af den rejselitterære virksomhed og har drejet sig om at give navn til et "ukendt" territorium og bane vejen for fysisk erobring og udnyttelse (ibid.). Rejselitteratur er imidlertid meget mere end den kolonialisme, Pratt forbinder med den. Men den kolonialistiske del af rejselitteraturen er relevant for forståelsen af den postkoloniale kritik i *Stjernerne over Andes*.

I en bredere betydning, siger Melberg, forstås mapping som det blik, den rejsende er 'udstyret med' og anvender for at indtage og ordne den virkelighed, som han/hun møder, hvorved det fremmede gøres mere begribeligt og overskueligt (Melberg 2005: 24-25). Denne betydning vedrører i romanen fortællerens forhold til verden og viser sig som krydsklippende associationer og paralleller, hvormed det nye kontinent gøres mere forståeligt.

I en endnu videre betydning af mapping minder begrebet om fortolkning, hvor virkeligheden i højere grad betinges af den subjektivitet, som anlægger et perspektiv (jf. Melberg 2005: 25). Den tredje betydning manifesterer sig i krydsklipningens dybdedimension, hvor romanrejsen bliver ensbetydende med en forestilling om livet som en eksistentiel rejse, om tilværelsen som en spænding mellem mening og meningens fravær. Der er med andre ord tale om en kortlægning af den uopløselige spænding mellem det håndgribelige, stedbundne udgangspunkt på den ene side og kosmossammenhæng og uendelighedslængsel på den anden. Denne form for kortlægning har metafysisk karakter, fordi den vedrører forhold som mennesket i grunden ingen indvirkning har på.

De tre kortlægninger optræder i *Stjernerne over Andes* som tre kortlægningsniveauer, der er lagt i hænderne på en fortæller, der ser 'virkeligheder' krydse hinanden overalt. Artiklen er en kort præsentation af romanen både som en postkolonial kortlægning og som en eksistentiel-metafysisk kortlægning svarende til den første og sidste betydning af 'mapping'. Vi ser først på romanens udgave af den metafysiske kortlægning, som er den væsentligste i mine øjne.

Udfordret hjemlighed
I et af sine essays siger Gunnar Hoydal:

> Vi bliver altså nødt til at fortælle markedet, at i en flydende verden er hjemfølelse den vigtigste kraft af alle. Selvfølelse eller identitet er et produkt, der overskrider alle grænser og alle markeder, ja, selv den sunde fornuft (Hoydal 1993: 22).

Det samme føler Gunnar Hoydal sig nødt til at fortælle som romanforfatter. Hjemfølelsen fremstilles som en fundamental drift i mennesket i denne roman. Hele Gunnar Hoydals forfatterskab kan anskues som en forklaring på hans stærke, sammensatte hjemfølelse som forfatter og menneske.

Fortælleren i – og forfatteren af romanen – *Stjernerne over Andes* udnytter fuldt ud sin globaliserede biografi. Krydsklipningen gør fortælleren "sted-polygam", han hører hjemme to steder (Andersen 2006: 13) og føler sig derfor henvist til at stykke sin todelte hjemfølelse sammen. Fragmenteringen fremstilles som et brud med den traditionelle "sted-monogame" (samme sted) hjemfølelse og er et udtryk for fortællerens forsøg på at leve med en moderne fragmenteret hjemfølelse. Strandskaden, der går rundt i faderens have i begyndelsen af romanen udtrykker opløsningen af sted-monogamien. Den er Færøernes nationalfugl og et hyppigt benyttet motiv i den nationale færøske sangdigtning. Betydningen af strandskaden rækker imidlertid langt ud over det nationale og singulær stedfølelse. Fuglen bebuder sted-polygami, da den kigger ned i havemulden efter orme med det ene øje og ud i verden med det andet. Den moderne splittede hjemfølelse gennemtrænger alle romanens aspekter og fungerer som en splittet drivkraft for dens fortælling. Romanens klippekunst er et udslag af urtraumet omkring barndommens opbrud og ankomster.

Fortælleren er bosat på Færøerne og har i den forstand et stærkere tilhørsforhold til dét land end til Ecuador. Men Sydamerika bliver vækket til live igen, da de tre søskende som voksne genser kontinentet. Rejsen tværs over Atlanten er en rejse mod og en kamp for en større fortrolighed med en engang så kendt verden. I store dele af romanen omtaler fortælleren sig selv og sine medrejsende i tredjeperson som henholdsvis "han", "de" og "søskende" (135 osv.). Ankommet til Manta ændres "han" til "jeg" og "de" til "vi" (147-148). Det dobbelte pronominale skift fra tredjeperson til førsteperson hænger sammen med, at de er kommet hjem til Manta: "Dette er Manta, de er hjemme igen" (145).[32] Den erobrede hjemfølelse gør således fortællerstemmen mindre distanceret. Den fysiske tilstedeværelse i Manta fremkalder stedspecifikke minder i erindringen. "De" bliver til "vi" i et beruset erindringsøjeblik, hvor de tre søskende om natten ser og hører stranden og på samme tid erindrer, hvordan de legede dér som børn og kastede sig ind under bølgerne. Der er imidlertid en nævneværdig forskel mellem skiftet fra "de" til "vi" og skiftet "ham" til "jeg". Det er ikke i en erindring om sanseberuselse, at fortælleren bliver til et "jeg", men tværtimod i en smertefuld erindring om, hvordan den unge fisker Vicente, blev slået ihjel af lokale. Fortælleren har skyldfølelser over tragedien, og det værste sidder han således alene med. Hermed understreges, at de tre søskendes anden verden især er fortællerens anden verden. Men begge betydninger af den anden verden – den blide og den barske erindring – rykker tættere denne aften umiddelbart efter ankomsten til Manta. Stedets nærvær fremkalder minder og gør en forskel.

Gensynet med Manta er et udtryk for en generel ambivalens i mødet med Sydamerika. De tre søskende har i starten, før de kommer til Manta, en følelse af at være kommet til en anden klode og sågar til en anden mælkevej, da de kigger op på sydens stjerner. Men fremmedgørelsen på det nye kontinent glider stadig mere i baggrunden især takket være de stærke naturoplevelser, hvor de som i denne scene føler sig som en del af universets "grænseløse åndedræt" (117). I slutningen af romanen står hjemfølelsen under sydhimlen skrevet med 'store bogstaver'. Fortælleren gengiver det, Pablo Neruda besværgende sagde til faderen: "Nu er stjernerne over Amerika dit hjemland" (223). Også på dette punkt er der er en klar rammesætning, for også i starten af romanen forbindes hjemlighed med et altomfattende nærvær: "Alt følger med os, alt er nær, lige meget hvor langt væk vi rejser i verden eller i tankerne" (11). Hele den efterfølgende fortælling afslører imidlertid, at hjemfølelse ikke blot er en allerede given størrelse i mennesket, men navnlig en kamp for at skabe det nærvær og den mening, som skal til for at føle sig hjemme, for at være i live. Det er en udfordret hjemlighed, der er på det rene med, at fortiden og hele verden hører med i en moderne forestilling om hjemlighed.

Fortælleren fremskriver som sagt et moderne hjemlighedspanorama. Det moderne består i erkendelsen af tab af og brud med en oprindelig verden. Det udtrykker romanen i talrige billeder af knuste reder – "Reden er knust" (201, 104, 110, 111, 108) – eller som her nedenfor, hvor erindringen om et knytnæveslag i ansigtet fremprovokerer og intensiverer barnets følelse af at have mistet Færøerne:

Perspektiver på Henrik Stangerup

Men hjem eksisterer ikke mere, fjeldene og blæsten og regnen, som prikker på tagene og danser på blikpladerne, det er forlængst forsvundet og kommer aldrig tilbage. Nu er der bare en himmel, som taber al farve og langsomt løber ind i næsen og ned i halsen (193).

Lidt senere er børnene bragt i den modsatte situation, hvor de kommer til at savne Manta. Det sker, da de bliver tvunget til at rejse til Færøerne i utide:

Nu er det sidste gang. Øjnene glider hen langs bambusvæggene, det grå er sølvfarvet og hjemligt. Fra huse og hytter høres tonerne fra fløjter og strenge, nu er det ikke mere larm, men en stor længsel i mange mennesker. Alle lugtene, som strømmer fra torvet og ud i gaderne, er bølger fulde af farver. Sidste gang og aldrig mere. Menneskene, som går forbi eller står i dørene, nu kender de os og siger noget til os, de blinker så venligt med øjnene, som om der er en lille dråbe i dem, selv om det ikke er dem, der skal rejse, men bare os (197).

Tilsammen fortæller citaterne, at de kommer til at savne det sted, hvor de – tit – ønskede sig langt væk. Hjemløsheden kan næsten ikke understreges kraftigere. I begge citater opstår hjemfølelse eller tabet af samme som en tilspidset oplevelse. Derudover kommer selve erindringsperspektivet, og fra dette distancerede stade forekommer oplevelserne både som *klart* erindrede og som klart *erindrede*, dvs. tabsbevidste. Men det er en dynamisk tabsbevidsthed, der gælder kampen for at skabe mening både på trods af og på grund af de knuste reder.

Den sammensatte hjemfølelse forbindes også med et kulturelt fortrolighedstab i modernitet og metropol. Den udfordres af, at den fortrolige sfære i udkantskulturerne gentagne gange kolliderer med træge bureaukratiske rutiner og glatte urbane rum som lufthavnsmiljøer. Små kulturer fremhæves positivt på grund af det enkelte menneskes synlighed: det "giver genlyd overalt [da] Mennesker fødes, og mennesker vender tilbage til jorden" (223), som det hedder om Færøerne. Menneskemasserne i lufthavnsmiljøerne derimod sammenlignes med får der drives fra fjeldene ned til fårefolden for at blive undersøgt og grupperet. Det folkelige element i den færøske og ecuadorianske kultur fremstår som noget positivt sammenlignet med modernitetens systematiserede og gennemforvaltede verden (20).

Den moderne anonymitet og lokalkulturen støder frontalt sammen, da bonden Polycarpio sammen med flere andre bønder fra Pallina Laja står i lufthavnen i La Paz og vinker til de tre søskende, der er på vej videre fra Bolivia til Ecuador:

> Så underligt fremmede stod de der i den vældige hal og vinkede mellem glasvæggene og reklamerne for de internationale firmaer. De spejledes i ruderne, mindre og mindre, og blev til sidst helt væk (127).

Afskedsscenen sætter den direkte menneskelige kontakt på tværs af kulturerne skarpt op over for lufthavnens flydende og flygtige verden. De bolivianske bønder placeres i et lufthavnsmiljø for at maksimere effekten af modsætningen mellem kulturernes mangfoldighed og den moderne verdens ensartethed. Lufthavnsmiljøernes flygtige glasspejlinger fremstilles som ikke-steder og er en modsætning til en folkelig forankring på stedet og en metafysisk – værensbekræftende – forankring i verden.

Det, fortælleren opfatter som globaliseringens historieløse bevægelighed imødegås af de globale forbindelser mellem lokalkulturer, repræsenteret ved sin krydsklipning. Det er et *writing back* til modernitet og metropol. Jeg-fortællerens historie bliver til en historie med et *glokalt* perspektiv, hvor det lokale og det globale indgår i en slags syntese.[33] Der er et udvidelsesimperativ, der kommer i stand med krydsklipningen. De mange historier fra begge sider af Atlanten flettes sammen, og familie-, lokal- og nationsfællesskabets identitet transformeres hele tiden over i en al-historie forstået som en version af verden.

Selv lufthavnsoplevelser byder imidlertid på metafysiske perspektiver, hvor mening og tab af mening brydes i en uafladeligt udfordret hjemfølelse. Beskrivelsen af lufthavne er ikke kun kritik af fremmedgørelse og "kunstigt lys" (128), men også en fremstilling af et moderne vilkår i form af eksistentiel fremmedhed, der i sidste ende fremhæver en anden lige så grundlæggende del af den menneskelige virkelighed: længslen efter at bebo og fortroliggøre verden i et hjem, et tilhørsforhold. Beskrivelsen af mobilitet kulminerer i lufthavne og ombord på fly og er hjemfølelsens urofyldte uundgåelige bagside. Efter afskeden med Bolivia sættes spørgsmålstegn ved selve rejsefænomenet:

> Rejsen? Er der overhovedet noget op og ned eller frem og tilbage, noget at nærme sig til eller fjerne sig fra (128).

Liv er rejse og bevægelse, men uro og uvished hører med. I denne sammenhæng adskiller mennesket sig ikke fra universets stof, idet det er reduceret til en celle, der rejser i uendeligheden "uden mål og med" (128). Rejsen er ikke blot en måde at skabe sammenhæng på, men også en måde at sætte spørgsmålstegn ved alt på (jf. 155). Livet er en rejse uden kort, og denne – metafysiske – kortlægning af eksistensen kan ikke blive til andet end en fremstilling af en uudlignelig spænding mellem fremmedgørelse og fortrolighed.

Rejsen reduceres i ovennævnte citat pludselig til et ingenting, men der er i grunden tale om en fremstilling af den som en dynamisk forestilling om hjemfølelse omfattende en spænding mellem mening og ikke-mening. Fortælleren reflekterer over en bevægelighed uden forankring i den hensigt at sætte hjemfølelsen i relief. Det er ikke noget ideal at være en fritsvævende celle i et stedløst rum. Derfor afløses hans vidstrakte erkendelsesveje i denne passage af en erindring om hans tre børn på Færøerne og færøsk græs. Efter at have svævet i det uvisse finder fortælleren igen koordinaterne i sin tilværelse og lander. Modsat, da udgangspunktet er hjemlig forankring, hjemsøges han usvigelig sikkert af hjemløshed. Faderens hjemkomst til Færøerne efter krigen og hjemkomst generelt kaldes "den største rejse" (11), men det bliver til en hjemkomst fuld af skuffelser. Det første kapitel, hvor ordet i høj grad overlades til faderen, forbereder rejsetemaets mangfoldighed ved at lade det omfatte menneskelivets og hjemfølelsens mange facetter: erindring, håb, skuffelse, uforståelige bevægelser etc. Manta er heller ikke kun et hjem. Bynavnet er også navnet på en farlig fladfisk, de såkaldte djævlerokker, og byen er også en erindringsramme om drabelige minder i skikkelse af Vicentes død.

Fortælleren fremstiller hjemfølelsen som en åben struktur med plads til en moderne eksistentiel bevidsthed om forandring og dynamik. Ustabilitet og bevægelse indgår i den moderne hjemfølelses kerne. Romanen bliver imidlertid ikke hængende i negationen i form af en afsløring af hjemfølelse og mening blot som futilt menneskeværk, der dækker over de 'sande' vilkår. Pointen er netop en undren over, at mennesket selv er i stand til at skabe hjem og mening og ikke en reducerende afsløring af, at mennesket er nødt til at støtte sig med en fattig trøst over for tilværelsens brutalitet. Den afgrund, der åbner sig under hjemlighedsforestillingen i ovennævnte blik fra det tomme rum, imødegås af den mening, som i sidste instans udgår fra jordkloden som hjemfølelsens fikspunkt. Således bølger romanen frem og tilbage mellem fremmedhed og fortrolighed. Den beskriver en måde at bebo og beskytte verden på med sansernes åbenhed og med den kritiske bevidsthed i behold og er desuden smerteligt bevidst om altings vilkårlighed.

En postkolonial modfortælling

Romanens perspektiv på hjemfølelse omfatter ikke blot en personligt-metafysisk præget komplicering og dynamisering. Denne forestilling former sig også som en bagud- og fremadrettet kritik af kolonimagternes herskerstrategi over for kolonierne. Som rejseroman placerer *Stjernerne over Andes* sig i opposition til den klassiske rejse- og opdagelseslitteratur, der producerede 'den anden verden' for den europæiske læser som en del af en ekspansionspolitik (Melberg 2005: 24). Næsten som selve den geodætiske kortlægning blev – mange – rejseskildringer brugt som et videnskabeligt instrument til at erobre det "nye" kontinent. Fortælleren i romanen reagerer kraftigt imod en lignende herskerstrategi ved at åbne op for en klassisk postkolonial problematik.

Forsideillustrationen til den færøske bogudgave taler sit tydelige postkoloniale sprog. Ingvør Nolsøes billede forestiller et foto af Ecuadors hovedstad, Quito, ved foden af sneklædte Andesbjerge. Oven på det mørke foto af en by i skumring er der aftegnet et hvidt verdenskort med fokus på Sydamerika. Et hvidt verdenskort lagt oven på et billede af denne del af verden kunne tolkes som en kommentar til den hvide mands forsøg på at underlægge sig en ny virkelighed uden blik for så meget andet end selve erobringen. Kontrasteringen af det hvide kort og det mørke foto kan mere præcis læses som en kommentar til, at europæerne ikke opdagede, men opfandt Amerika. Kontinentet var der forinden og eksisterer, som fotoet viser, i sin egen ret, men blev ved den europæiske erobring udsat for det eurocentriske blik.[34] Kort og billede er tilmed – i henhold til romanens metafysiske meningsperspektiv – endvidere et udtryk for en kortlægning, der kommer til kort over for virkeligheden. Romanen præsenterer sig således allerede i den oprindelige lancering – og med forfatterens formodede accept – som en rejseskildring i flere betydninger.

Koloniseringens hvidhed

Sammenstillingen af kort og foto er vel primært et postkolonialt udtryk for en konfrontation mellem sydamerikansk virkelighed og europæisk imperialisme. Forsideillustrationen knytter direkte an til en *whiteness*-problematik i romanen i form af hvid kolonistil (33) kendt fra præsidentpalæer rundt omkring i verden. Også fremskridtet er hvidt: "Fremskridtet er hvidt, foreninger er røde, i hvert fald de foreninger, der har noget at gøre med arbejde" (179), dvs. fagforeninger. Ordene er lagt i munden på amerikaneren Mr. Brown, der repræsenterer nykolonialismens – brunt besmudsende! – videreførelse i markedskræfterne. Han har en diffus, men instinktiv foragt og mistænksomhed over for alt rødt, hvorimod romanen benytter forestillingen om et rødt mørke som et udtryk for både en kunstnerisk, videnskabelig kreativitet og en kosmisk verdenssammenhæng.

FN-bureaukrati med "arbejdsplaner og årsberetninger" (220) fremstilles som en form for fortsættelse af koloniseringen af den ikkeeuropæiske verden. Umiddelbart efter denne bureaukratikritik hedder det om koloniseringen af Amerika:

> Der går alle de bestjålne og de glemte [...] Først bestjæles de, siden bindes de på hænder og fødder af gæld til udplyndrerne, det er det, der holder verden i gang. Værdierne må nu som før tages fra de mange og gives til de få. Det er de frie kræfter, siger de, der har pengene og geværerne, det er det frie marked, som skal overvinde alt (221).

Markedsliberalismens hærgen i de gamle kolonier fremstilles som en nykolonialistisk parallel til den oprindelige kolonisering af verden uden for Europa. Kritikken af såvel klassisk kolonialisme som markedsliberalismens nykolonialisme gælder netop manglende interesse for og kundskab om de kulturer, der erobres. Embedsmændenes og bureaukratiets manglende blik for verdens mangfoldighed bliver derfor til en selvopfyldende profeti: "De mente [...] at de kendte verden godt nok, den var trættende i længden, bare det samme og det samme om igen" (20).

Kolonikritikken er den politiske variant af krydsklipningen, hvor både Sydamerika og Færøerne – om end langt fra i samme grad – beskrives som undertrykte kolonier. Men der paralleliseres, da det færøske flag og flaget hos Aymará-folket hænger side om side til en fest (82) og vidner om fælles skæbne og en mellemfolkelig forståelse. Fortælleren laver også en parallel mellem spaniernes indmarch i Andesbjergene og indførelsen af reformationen på Færøerne i 1540, hvor færøsk blev erstattet med dansk som administrationssprog og kirkesprog. På Færøerne er reformationen derfor blevet betragtet som et kulturelt tilbageskridt.

Færøerne og Sydamerika fremstilles således som kulturer med hver sit urtraume. Det (syd)amerikanske urtraume beskrives som uden sammenligning det største, og det begrundes med de lange passager om Inka-riget, der fungerer som en slags forberedelse på kritikken af markedet som en nykolonialisme på dette kontinent. Fortælleren gør hermed udtrykkeligt opmærksom på, at Færøernes urtraume ikke har den samme uhyrlige baggrund som Sydamerika, men konsekvenserne af koloniseringerne er de samme: en splittet identitet som folk. Man kan også kalde det en form for navnløshed som i denne beskrivelse af Færøerne: "Dette mit land uden andet navn end det, de fremmede satte på det" (223). Dette er en karakteristisk postkolonial kortlægnings-kommentar, hvor de styrede beherskes og beskrives af de styrende, som kommer udefra. Ligesom ethvert kort er enhver kortlægning indskreven i magtrelationer: man kan ikke skelne kortets magt fra magtens kort (Kristensson Uggla 2002: 22). Rumkonstruktionerne i det moderne verdenskort giver let indtryk af en tidløs almengyldighed og ukompliceret universalitet (ibid.: 19). Men lur mig siger fortælleren i romanen: den er eurocentristisk. Hoydal kender kulturen indefra og kan derfor levere en modkortlægning, der sender et signal om en styrket kulturel selvbevidsthed med afkolonisering af kundskab, historie og menneskelige relationer på programmet.

Den samme kulturkløft mellem kolonisator og koloniseret går igen i nykoloniseringen. Miseren består nu i, at markedets uniformerede slipsedrenge bestemmer over børn af "umådelige landskaber" (20), som det hedder om de tre søskende og bønderne fra Bolivia. De koloniserede er ikke 'rene'. De har selv deres portion af magtmisbrug og foragt for "almindelig hæderlighed" (12). Fortælleren udstiller også sig selv som en bedrevidende europæer, da han forsøger at fortælle uinteresserede sydamerikanske bønder om den afgørende sproglige vending i europæisk filosofi! De to koloniserede verdener, som fortælleren kender – i modsætning til modernitetens distancerede virkelighed – giver ham imidlertid en direkte kontakt til virkeligheden i form af jorden, fiskene og planterne. Det er en form for fælles værdigrundlag, der skærper sansen for sammenhænge. De voksne søskendes afrejse fra Færøerne og ankomsten til kontinentaleuropa som første stop på vej mod Sydamerika, reproducerer en lignende modsætning mellem nærhed og distance til 'virkeligheden'. Under turen ud i verden letter flyet fra Færøerne under et storslået lysshow med tilsynekomsten af et vældigt og råt landskab nedenunder. Senere lander søskendene i en "pæn, glat og uvirkelig" verden (20). Denne gang er der ikke tale om fortællerens selvkritik, men kritik af det omrejsende slipsefolk på business-class, der ikke forstår, at mennesket må have en verden, et landskab, hvor "ånderne [har] noget at holde fast i og hvile sig ved" (112). Fortælleren nægter demonstrativt at iklæde sig slips og står således i et direkte modsætningsforhold til det, han opfatter som markedets homogeniserende indflydelse: "mangel og marked går hånd i hånd" (220). Man aner en kritik af markedes mesterlige iscenesættelser af kunstige behov. Et fyldestgørende liv fås ifølge fortælleren kun i værdier, der ikke kan gøres op i penge: naturen, menneskeligt samvær, historisk bevidsthed. Stederne – Færøerne og Manta – fremstilles som uforvekslelige geografisk-kulturelle base. I fortællerens genopfriskende møde med sin gamle verden på den anden side af Atlanten ligger der også rejseskildringens ambition om "att finna det annorlunda i en värld som domineras av det likartade", som Arne Melberg siger (ibid.: 209).

Ligesom fortælleren distancerer faderen sig skarpt fra slipset som magtsymbol (220). Efter at faderen har lavet en aftale med Anchundia og de andre fiskere i Manta, lægger han slipset på hylden fra den ene dag til den anden (262). Hvor slipsefolket er i permanent transit i et modstandsløst rum, etablerer fortælleren og gennem ham også faderen territoriale bånd tværs over Atlanten. Under markedets og magtens afkulturaliserende og afhistoriserende indflydelse er der en folkelig urkraft:

> Men under det hele går den store bølge af ganske almindelige mennesker, og bag ved den nedskrevne historie lever alle fortællingerne og sagnene. Magten er bare en skorpe oven på en vældig strøm af lava, og der er meget kort ned til varmen nedenunder. Næven, der slår, er det rene ingenting imod det bankende hjerte (219).

En magtdreven kortlægning forbliver både overfladisk og undertrykkende. I citatet mærker man også en solidaritet, der går fra udkant til udkant.

Men den kan ikke dække over de koloniserede 'udkanters' helt egen mangelsituation. Fortællerens parallelliseringer fremstiller et Færøerne, der på alle andre områder end det politiske er en fuldgyldig medspiller i kulturernes internationale udveksling. Landets uafklarede suverænitetsspørgsmål fremkalder imidlertid en følelse af manglende anerkendelse i de tre søskendene i tilspidsede situationer, som da de – efter at være blevet røvet pas og penge – bliver nødt til at bruge et dansk pas for at få lov til at komme ud af Sydamerika. Passene beskrives som rødbedefarvede ligesom faderens brækkede ben i begyndelsen af romanen og symboliserer hermed en kulturel mangelsituation, et kulturelt traume. Det er en mangelsituation, der i beskrivelserne af Færøerne manifesterer sig som et land 'koloniseret' af pengetællere og religiøs sekterisme (12). Kolonikritik og en mere generel samfundskritik flyder til en vis grad sammen i romanen. Historiens bevægelser er i det hele taget styret af en tid uden samvittighed, siger faderen (219).

Et andet aspekt af romanens postkoloniale kritik er forholdet mellem centrum og periferi. Forestillingen om 'centrum' er et nøglebegreb i postkolonialismens forsøg på at forklare forholdet mellem kolonisator og koloniseret. Centrum udgøres af det imperiale Europa, som i kolonitiden opfattede sig selv som magtens og kulturens centrum, og alt uden for dette centrum blev defineret som periferi (Ashcroft 1998: 36-37).

Også på dette punkt er romanen et gendrivelsesforsøg. Fortælleren skriver tilbage til centrum, som det hedder i postkolonialt begrebssprog.[35] Det gør han fra sin udkant, der ikke er nogen ubetydelig udkant, men et "stort kontinent" (14). Udkanten vokser i den postkoloniale modstandsoptik, men også i en eksistentiel-kulturgeografisk problematik:

> Færøerne [er] et uendelig stort land for den, der vælger at måle med græs eller bølger. Eller hvorfor ikke følelserne? Enhver hjemstavn, der taler til følelser og erfaringer kan blive uendelig stor, men hos os kan vi til følelsen tilføje det storslåede udsyn. Det, vi sædvanligvis kalder størrelse, og som vi synes er vores største begrænsning, er samtidig vores største fordel. Alt kan ses på samme tid. Alt bindes

sammen. [...] Et helt samfund, der er så tæt på mennesker, at de er i stand til at se alle delene. Geografisk, sprogligt, historisk og kulturelt en enhed, beskrevet og erkendt helt af sig selv. Et billede af hele verden med alle de forbindelser og ordninger, der kendetegner de store lande og samfund, men her i sammentrængt form, hvor direkte deltagelse påhviler den enkelte, hvad enten han vil eller ej [...] Vi lever ikke som andre steder vandret i lag og deler os ikke op efter stilling eller lodret i tværsnit efter værdighed, men i runde bevægelser i et rum med skiftende måder og skiftende størrelse [...] Vi skal give et folk mæle og form. Det samme skal leves og siges her hos os som i de store lande, og det siger sig selv, at så fåtallige som vi er, er der mere til hver enkelt.] (Hoydal 2001: 57f, 66f). (min oversættelse).

Kærligheden til udkanten gør imidlertid ikke fortælleren blind over for virkelighedens magtforhold, hvor de "små" (220) står over for de "store" (220) i en orden, der mest minder om jungleloven – den stærkestes ret.

Gunnar Hoydal har en markant postkolonial magtkritik på programmet både i sine fiktive værker og som kulturskribent. I forbindelse med en reception i anledning af udgivelsen af sin nye roman *Í havsins hjarta* (I havets hjerte, 2007) fremhævede Hoydal, at denne roman er "historieskrivning" (Hoydal 18. oktober 2007). Det samme kan man sige om den postkoloniale kritik i *Stjernerne over Andes*. Fiktionen er ikke blot fiktion, men også en del af kampen om historien.

Kortlægning uden kort
Artiklen har påvist, at den postkoloniale – dvs. kulturelt og politisk selvbevidste – kortlægning af verdens små kulturer og den metafysisk meningsorienterende kortlægning af verden og væren i *Stjernerne over Andes* ikke udelukker hinanden. Det er snarere sådan, at de uafladeligt flettes ind i hinanden. Romanen kan derfor anskues både som en eksistentiel og som en politisk roman med afsæt i tre former for mapping, hvor denne analyse har begrænset sig til at omtale to.

Den meningsbårne mapping indgår i traditionen for den følsomme rejsende, som bl.a. kendes fra Jens Baggesens rejseskildring *Labyrinten*. Men som vi har set handler Hoydals roman ikke kun om et labilt subjekt, der kommer til en fremmed verden. I modsætning til mange andre slags rejseskildringer kender romanens fortæller i forvejen den verden, han ankommer til. Kendskabet til både ét og to steder gør ham ekstra sensitiv over for den særlige verden, som et sted er. Fortælleren åbner dermed op for stedets og hjemfølelsens bundløshed. Fortællerens stræben efter at komme til rette med sine sammensatte tilhørsforhold er i sidste instans et umuligt forsøg på at kortlægge livet og verdens mysterium. Men hans projekt er alligevel ikke forgæves, for bearbejdningen af hjemfølelsen bliver til et mål i sig selv, til en fortsat kamp for at forstå og bevare et fortroligt forhold til livet gennem knuste reder og tabte steder. Det er mere præcist krydsklipningen, der bærer meningen i sig selv, idet den formår at fastholde en spænding mellem hjemfølelsens to fikspunkter på hver sin side af Atlanten. Her på kortlægningens dybeste – metafysiske – niveau ser vi, hvordan fortællerens forhold til verden kun giver mening i sprogets/fortællingens bearbejdelse af erfaringens sammensathed. Metafysik er den meningsbearbejdning, der kommer i stand efter tab af selvfølgelige sammenhænge; derfor er romanens meningsperspektiv under konstant pres. Der findes ingen meningsgaranti i en vilkårlig verden, men fortælleren er håbefuld og fastholder en forestilling om tilværelsens meningsfuldhed. Således brydes romanens tilværelsesmæssige orientering med en desorientering i en uendelig og en i grunden formålsløs verden. Fortælleren ligner den rejsende i moderne rejseskildringer, der er tvivlende, fortolkende og selvkritisk.

Romanens perspektiv er drevet af en stærk dynamik, hvor kun rejsens bevægelser skaber en troværdig hjemfølelse. Romanens stedforestillinger opstår i bevægelsen væk fra og mellem steder. Mennesker *er* i bevægelsen. Det er med andre ord livet, erfaringen, der lærer os, hvem vi er. Med deres lange træk mellem syd og nord er ternerne et af fortællerens identifikationspunkter. De peger ind i identifikationens og værens grund, som er sprækkede grundvolde. Tilbage står romanens ubesvarede spørgsmål: hvorfor overhovedet rejse og konfronteres med en verden i (brud)stykker? (15). Eller som det hedder om ternernes ankomst til Færøerne:

> ingen ved, hvorfor de har rejst hele jorden rundt og valgt sig netop dette sted af alle (11).

Ikke blot menneskeliv, men liv i det hele taget *er* bevægelse – en bevægelse henimod et bestemt sted, en bestemt skæbne. Dyrenes instinktdrevne bevægelsesmønster placerer mennesket på samme niveau som alt andet liv. Læseren får således en påmindelse om menneskets indfældethed i verden. På hver sin måde foretager disse skabninger en rejse uden kort.

Anvendt litteratur

Andersen, Per Thomas 2006: *Identitetens geografi. Steder i litteraturen fra Hamsun til Naipul*. Universitetsforlaget.

Ashcroft, Bill og Gareth Griffiths og Helen Tiffin 1989: *The Empire Writes Back. Theory and Practice in Post-Colonial Literatures*. Routledge.

Hansen, Bergur 1999 (nu: Rønne Moberg): *Bundin av undursjónum. Yrkjarin Karsten Hoydal*. Mentunargrunnur Studentafelagsins.

Hoydal, Gunnar 1982: *Av longum leiðum*. Orð og løg. Tórshavn 1982.

Hoydal, Gunnar 1987: *Heimsbygdin Føroyar* i: Brá 11. Mentunargrunnur Studentafelagsins.

Hoydal, Gunnar 1993: *I brændingen stranden* i "Fra et hus med åbne døre – brudstykker fra udkanternes verden". Lemvig Bogtrykkeri 1993.

Hoydal, Gunnar 1991: *Undir suðurstjørnum*. Árting 1991

Hoydal, Gunnar 1996: *Stjernerne over Andes*. Poul Kristensens forlag.

Hoydal, Gunnar 2001: *Land í sjónum*. Mentunargrunnur Studentafelagsins.

Hoydal, Gunnar 2007: Tale i forbindelse med reception i Skansakjallaranum på Tinganes d. 18. oktober.

Kristensson Uggla, Bengt 2002: *Slaget om verkligheten. Filosofi, omvärldsanalys, Tolkning.* Symposion.
Melberg, Arne 2005: *Resa och skriva. En guide till den moderna reselitteraturen.* Daidalos.
Pratt, Marie Louise 1992: *Imperial Eyes. Studies in Travel Writing and Transculturation.* Routledge.
Yngborn, Katharina 2008: *Poetik des Weissen/Det vitas poetik.* Ph.d.-forelæsning på Georg Brandes Skolens repræsentantskabsmøde d. 7. juni 2008 ved Københavns Universitet.

Tidligere publiceret i Reception 68, 2011

Bergur Rønne Moberg

Perspektiver på Henrik Stangerup

Interviews

Bergur Rønne Moberg

Sted og erindring

Interview med Lisbeth Nebelong, 18.11.2008

Lisbeth Nebelong, f. 1955, forfatter, journalist & MPM. Debuterede skønlitterært med "Når engle spiller Mozart" (2003) og fulgte op med "Færøblues" (2008). "Møde i mol" (2014) er sidste, selvstændige bind i trilogien om det dansk-færøske kulturmøde og lidenskaben mellem Lisa og Kåre. Foruden romanerne har hun skrevet økonomibøger og rejsebogen "Turen går til Færøerne".

BRM Musikken i dine romaner kan forklare ret meget i dem. Der er et dansk-færøsk kulturmøde, og det kan forklares gennem musikken, som i høj grad henviser til den klassiske musik. Musikken er et modsætningsunivers bestående af komplementære modsætninger: fylde og tomhed, hurtighed og langsomhed. Den er helhedsorienterende og bygget op som en spænding mellem modsætninger.

LN Der synes jeg især en scene i *Når engle spiller Mozart* er central, nemlig dér hvor Lisa sidder ved koncerten og ser Kåre igen. Dels har vi onklen Árnis symfoniske værk Tusindårshavet ... mens hun lytter til den sidder hun og tænker på kontrasten mellem det moderne og det urgamle. Hendes associationer går dels i retning af de lysere toner, som hun forbinder med Carl Nielsen, bølgende kornmarker og dels det færøske mørke og det massive færøske landskab. Og så sidder hun og tænker, at det nordiske har mange stemmer, men her i Nordens Hus, hvor hun sidder, bliver det så tydeligt, at hjerterytmen er den samme. Færøerne er noget specifikt, det er ikke en slags Norddanmark, Danmark og Færøerne er vidt forskellige, men de hører også sammen. Vi har hver vores særkender, og vi skal selvfølgelig møde hinanden på et symmetrisk niveau. Det er derfor vi er optaget af postkolonialismen og Homi Bhabhas tredje rum. Dér kan man først mødes, hvis man betragter hinanden symmetrisk, og det gør danskerne ikke med færinger: Enten er de den uartige lillebror, der bruger for mange penge, eller også ser man dem gennem en forskønnende Søren Ryge-optik. Så der er noget, der skal udvikles, før vi når symmetrien i forholdet og et både-og på forskellige niveauer.

BRM Hvad var det for et Færøerne, du lærte at kende, da du flyttede derop. Vil du fortælle lidt om dit første møde med Færøerne.

LN Første gang syntes jeg, at det var forfærdeligt. Jeg har lige været ude på en turné med den færøske sanger og sangskriver, Jensina Olsen, og der er jeg startet med at fortælle om, hvor stort et traume, det var for mig at blive flyttet til Færøerne. Jeg gik i femte klasse, vi skulle spille skolekomedie, og jeg skulle have været Tante Sofie i *Folk og røvere i Kardemommeby*. Jeg sad og græd over, at jeg skulle flyttes. Og så var rejsen derop også forfærdelig. Det var i januar 1966. Min far var flyttet derop i november 1965, så det var midt i skoleåret, og det var sort nat, og vi sejlede med Tjaldur. Hvis det var i dag, ville jeg have været dødsens angst, men det var jeg ikke, for når man er 10-11 år tager man det på en anden måde. Tallerkner røg ud af skabene, og folk lå og brækkede sig. Der sad tre mennesker i restauranten. Jeg faldt ud af køjen om natten. Der var vindstyrke 11 sagde min mor, en sort januarnat med Tjaldur ... Vi holdt en uge fri, og jeg kan huske da jeg vågnede om morgenen, og det hele var helt anderledes med Kirkjubøreyn og hele byen. Den første dag i skolen, jeg forstod ingenting, jeg savnede Danmark. Det var traumatisk for mig at blive flyttet, men senere resignerede jeg.

BRM Hvor længe varede opholdet på Færøerne?

LN Jeg var der fra januar 1966 til december 1967.

BRM Du har været et stort barn på det tidspunkt.

LN Ja, i præpuberteten. Ligesom jeg har ladet Lisa være 11 år i sit barndomsbesøg på Færøerne. Nu spurgte du mig engang i hvor høj grad jeg har de postkoloniale briller på, når jeg skriver. Men det har jeg ikke i skriveprocessen. Der går jeg tværtimod ind og er til stede, mærker hvordan har Lisa og Kåre det, hvordan har faren og moren det. Det er en intuitiv proces, væren. Pludselig, så er der gået otte timer. Der har jeg ikke metablikket på, men det har jeg før og efter.

BRM Det er to forskellige tankeformer, tilstandsformer, fortælling og intellektuelle refleksioner, som man har med i bagagen, når man skriver. Det er ikke forbudt at tænke. Nogen tror, at det er odiøst, hvis man tænker på flere ting samtidig.

LN Det er ikke et enten-eller.

BRM Et eksempel er dine allusioner til William Heinesen og *De fortabte Spillemænd*. Navnet William optræder og en klar parallel til Orfeus-figuren.

LN Det er i det hele taget et billede af Færøerne, som jeg har fra mine færøske erfaringer.

BRM Du ankommer så til en dansk borgerskabskultur på Færøerne, et Færøerne, som er delvis tokulturelt og klassedelt: altså en kulturel og social brudflade mellem det danske og det færøske. Du skriver så kritisk om det du kalder kolonial dansk fisefornemhed, du nævner også den dansk-færøske polarisering, danskerhadsbemærkninger. Du bearbejder dermed et kulturmøde og kultursammenstød.

LN Det er klart, fordi det var et chok, drengene der råber "danske lort" efter en. Der blev jeg bevidst om og der gik det op for mig, gud, at de ikke kan lide mig fordi jeg er dansker. Jeg vidste ikke noget om det politiske på det tidspunkt, men jeg kunne bare mærke på min egen krop ... Hvad er det det handler om, ikke? Dette er blevet markeret dybt i min sjæl, samtidig med at naturen og musikken deroppe har gjort et tilsvarende positivt indtryk. Jeg blev kastet ud i noget og blev kropsligt forankret, og måtte undersøge alle de her modstridende oplevelser. Jeg har været nødt til at bearbejde og videreudvikle, og har brugt det som en kunstnerisk drivkraft.

BRM Det, der traume det er at opleve, at det man har taget for givet, det man er, pludselig bliver forkert.

LN Præcis, det er virkelig hårdt som barn at opleve det. Samtidig bliver det en drivkraft, og så hele den færøske natur, der martrer sig ind i ens sjæl. Jeg har et billede, hvor mine to yngre søstre og jeg ligger i agterstavnen på Rigsombudsmandens skib Thorshavn under røde uldtæpper, sejler Færøerne tyndt og ser på stjerner. Det var en stærk naturoplevelse.

BRM Hvornår føler man hjemfølelsen stærkest? Det er netop, hvor man føler sig mest udsat. Storm og høje bjerge, man kan blot bevæge sig lidt den ene vej, så er man ude over kanten, det dårlige vejr. Hvor føler man sig mere beskyttet end netop den slags udsatte steder. Jeg tænker på den dér hjemfølelse, som også har forplantet sig i dit sind og i dit forfatterskab. Det kan man mærke flere steder i dine romaner, hvor der er meget stærke stedskildringer. Det er ikke blot beskrivelser af det færøske samfund og kulturen. Der er også den cello, der bliver lavet på stedet af Árni, og den bliver personificeret. Den er lavet på stedet, i øvrigt ligesom Kornelius Isaksens vindharpe i *De fortabte Spillemænd*. Der er en stedets ånd, en dybde i stedoplevelsen ...

LN Det har betydet alt for min mellemste søster og mig, at vi har haft disse oplevelser. Hun arbejder med at lave sansehaver og naturlegepladser, og jeg skriver romaner. Vi ville ikke være de mennesker i dag, hvis vi ikke var blevet omplantet.

BRM Flytningen – den forcerede migration om man vil – har sprængt nogle barrierer i sindet.

LN Fuldstændigt. Det er mit livs traume og mit livs gave. Det er hele min identitet. Jeg vendte også tilbage igen. Det har mine søstre ikke gjort. Jeg har haft den fordel, at jeg kan huske en del i forhold til min yngste søster, hun var 5-6 år på det tidspunkt og kan ikke huske så meget. Jeg kom tilbage som 18 årig student og blev lærervikar i "Nonneskolen" et år. Apropos det fisefornemme, så var der Mogens Wahl, der var Rigsombudsmand (fra 1961-72, brm). Han var noget af det mest nede på jorden. Han var ikke kolonial fisefornem, og han var meget velliedt blandt færinger. Men jeg har oplevet andre rigsombudsmænd senere, der var hovskisnovski. Jeg kom meget på Rigsombuddet som barn, hvor jeg blev veninde med Irina Wahl. Det var også et kulturmøde, fordi jeg var ikke det der øverste borgerskab, mere en form for middel-middelklasse. Det registrede jeg også med seismografisk indføling. I dag bor jeg i Vangede, og ovre i Hellerup, det er dér, hvor man som en veninde siger, går i "egnsfrakker", det er minkpelsen. Det er også erfaringer herfra, som jeg kan bruge, når jeg gør Lisa til Rigsombudsmandsdatter. Overklassemiljøet er på godt og ondt, de har en rummelighed, fordi de er solsiden. Men Lisas bror, Erik, er ikke klar over, hvordan han tænker kolonialt. Fordi for ham er det 'the white man', overklassen.

BRM Overklasse i det færøske samfund mærkes meget tydeligt.

LN Da jeg kom tilbage som 18-årig, oplevede jeg ikke den dér assymmetri, Mogens Wahl var som sagt hævet over den. Men visse danske håndværkere, marinesoldater og Natofolk, som jeg også gør lidt grin med i min første roman, du skulle høre dem, jeg krummede tæer over dem.

Bergur Rønne Moberg

De var nedladende omkring færinger. Der tænker jeg, det er det samme med den lavere hvide middelklasse i USA, der mobber de sorte. På den måde har jeg fået mange forskellige indryk ... jeg har set de dér åndssvage danskere, jeg har mødt de dejlige færinger, de negative færinger. Mange forskellige typer, der modvirker stereotyper a la sådan er færinger, sådan er danskere. Dem-os. Jeg har mange nuancer i dette kulturbillede.

BRM Dine romaner er i det hele taget en blanding af erfaring og research.

LN Ja, det er en blanding af det.

BRM Har din interesse for Færøerne været kontinuerlig?

LN Jeg vidste allerede, da jeg var 18 år og gik rundt deroppe, at jeg ville skrive romanen *Når engle spiller Mozart*, som i virkeligheden skulle have Kåre som hovedperson. Jeg læste Karl Barths bog om Mozart, hvor han siger, at han ikke er sikker på, at englene spiller Bach, når de vil prise Gud, men helt sikker på, at de spiller Mozart, når de holder fri, og tænkte, at engang vil jeg skrive en bog, der hedder *Når engle spiller Mozart*. Så var jeg på Færøerne i 1988 sammen med min mand. Der sad jeg som souschef i DSB's pressesektion og var på Færøerne for at lave en artikel til DSB's blad *Ud og se*. Der faldt vi ned med et Atlantic Airways-fly. Det var frygteligt. Og så kom jeg ikke tilbage før 2000. Det var et slip på 11 år, vi havde fået vores søn, og der var heller ikke rigtigt nogen anledning til at rejse til Færøerne. Jeg havde heller ikke lyst til at tage derop på grund af den hårde stemning efter krisen i 1992. Det var en tilspidset situation. Jeg vidste ikke, hvad jeg skulle mene om det. Men i 2000 skulle jeg skrive et udlandsseminar i forbindelse med mit masterstudie i offentlig ledelse, og tænkte, at nu tager jeg til Færøerne og skriver om suverænitetsprocessen, der var på det højeste lige dér. Jeg interviewede færøske politikere og embedsmænd, og da jeg i 2002 tog til Færøerne igen for at skrive den første roman, væltede det bare frem, og jeg fandt ud af, at det var oplagt at bruge det politiske som kulisse i romanen. Som barn manglede jeg hele den politiske dimension. Den interesserede mig ikke dengang. Det har også noget med antropologi at gøre. Som tidligere økonomirådgiver plejede jeg at sige til alle, jeg coachede, at du skal lege antropolog i dit eget liv. Kig på mønstre. Det er den tilgang jeg også har her. Jeg har de antropologiske briller på eller den undersøgende journalists blik, der pudser brillerne, visker tavlen ren og prøver at tømme mig for forforståelse og prøver at se mønstre. Jeg fordyber mig kort fortalt stadig mere i det dansk-færøske. Nu bliver min opgave også at skrive en rejsebog om Færøerne (*Turen går til Færøerne* af Lisbeth Nebelong udkom i 2010 (og i en opdateret udgave i 2013).

BRM Hvis vi vender os mod romanens forestillinger om det gamle Færøerne, så er der Kåres farmor på Sandoy. Kåre er døbt Kári Sandoy, og hans farmor er en slags almuekvinde. Hun er indbegrebet af soliditet og tryghed og beskrives på baggrund af en verden med skilsmisser, uro og generelt en verden i heftig bevægelse. Du har hele spektret med fra almue til overklasse og giver dermed et overblikspræget billede af Færøerne spændende fra det gamle og nye færøske til det gamle og nye dansk-færøske. Dine romaner virker samfundsmæssigt meget gennemtænkte.

LN Det er også fordi jeg har oplevet de ting. Som barn kom jeg til Kalsoy på besøg, og øen havde lige fået elektricitet året før. Så det er fordi jeg har rejst med rigsombudsmandens skib og været med på en hel del bygdebesøg. Mit billede af Færøerne er konstitueret på disse erfaringer, ellers ville det kun have været Tórshavn. Jeg har nogle særlige erfaringer på Sandoy, hvor jeg kunne se, at strandene og klitterne mindede mig lidt om Danmark. Der var en dansk-færøsk stemning over landskabet. Det, der slog mig allermest var da vi var inden for i forskellige hjem på Sandoy ... der fik jeg slynget den gamle "kolonimagt" lige i hovedet. Alle bøgerne var danske: *Håndbog for nutidshjem*, danske leksika osv. Det fortalte mig meget mere end mange politiske, historiske værker om Færøerne. De havde ikke andet end danske bøger. Jeg har således også forsøgt at fokusere på rødderne for at kunne lave en kobling mellem fortid og fremtid.

BRM De der store koblinger er også det, jeg forbinder med dit forfatterskab. Koblinger, der går ud over det aktuelle kulturmøde.

LN Som masterstuderende var jeg meget optaget af og er stadig væk optaget af Tim Knudsen bog om statsbygning. Han kigger også intuitivt-helhedsligt på disse ting, og det kan måske have noget med det at gøre, at han oprindelig er håndværker. Han taler om, hvordan forskellige tider og milepæle konstitueres lag på lag. Tim Knudsen formulerer sin tese ved at sige, at "stater og deres identitet ikke bygges rationelt og konsekvent, men snarere formes som arkæologiske lag af mere eller mindre bevidste normer og værdier hos politikere, embedsmænd og borgere. Han taler meget om det geopolitiske, at landskaberne former menneskene, form er det politiske og det magtpolitiske. Man er et produkt af sit land, fjelde, marker, sin historie osv. Derfor forsøger jeg at gå dybt ind i kulturen og derfor blander jeg det skønlitterære, det journalistiske og det politologiske. Jeg har brugt disse tanker i *Når engle spiller Mozart.*

Jeg sidder ikke og skriver i en sværm af nostalgi, alt er gennemtænkt, fordi jeg har en metabevidsthed. Men jeg vil ikke genere læseren med det. Jeg er ikke særlig vild med det postmodernistiske ideal om, at læseren hele tiden skal blive afbrudt og for guds skyld ikke må glemme sig selv og fortabe sig i læseoplevelsen.

BRM Der er en stærk interesse for etnografi i dine bøger. Jeg tænker på den viden om samfundet, der er nedfældet i bøgerne. Hvis man kobler dette til 'mapping', som man taler så meget om inden for postkolonial teori, og hvor det handler om at kaste et blik på, hvordan man i mange forskellige sammenhænge analyserer, katalogiserer og arkiverer det nye land, den nye geografi, man kommer til så er det også interessant. Med din beskrivelse, kommer der vel et lag oven på det imperiale, hvor du igen beskriver Færøerne. Er der et *writing back* i forhold til denne koloniale objektivering?

LN Jeg synes, at jeg har en unik historie at fortælle om Færøerne, fordi jeg har så mange "blikke" på øerne. Fordi jeg har boet der som barn, dét er det dybeste arkæologiske lag. Det er barnet og kroppen og sansningerne, det er klangbunden i mit forfatterskab. Det er det vigtigste, og ovenpå har jeg så en intellektuel overbygning med en ung kvinde, en journalist og en masterstuderende, der kommer udefra og politologisk undersøger beslutningsprocesser og forholdet for og imod Danmark. Så har det været vigtigt for mig – i romanerne – at komme ud på bygderne og beskrive almuekulturen, bondekulturen, fiskerkulturen og dermed også det moderne. Min tilgang er altså "det femte blik", der forsøger at rumme alle de andre, og samtidig forsøger at holde sig fri af dem. Heri ligger der også en balance: at have det globale udsyn, men ikke slippe rødderne.

BRM "De fem blikke" henviser til de arkæologiske lag. Det er en lagdelt og omfattende interesse for Færøerne, hvor der nederst er et mytisk lag tilhørende barndommen oprindelig, som du måske også fortolker jungiansk og direkte erfaringsbaseret. Så kommer din kulturelle og samfundsmæssige interesse, der spiller med, men som har sekundær betydning i skriveprocessen, hvor du er forfatter.

LN Det er stedet, der har martret sig ind i min sjæl simpelthen som en genius loci.

BRM Erik beskrives som en snorlige eksistens, mens Lisa beskrives som en mere kroget eksistens, som intensiveres af hendes dobbeltkulturellebaggrund. Hun bliver derfor let anfægtet i sit møde med Færøerne.

LN Ja, præcis, Erik fatter det slet ikke på det dybe niveau, og så blev netop han psykiater, fordi han mangler en eller anden dimension af forståelse. Han er vældig klog og spændende, og han kommer til at spille en væsentlig rolle i romanseriens tredje bind i form af sine nytårsbreve til Kåre. Han er et meget sødt og kært menneske, men han har sine blinde pletter. Han er *the white man*, han er overklassen.

BRM Han ser ikke andetheden. Hans forståelse for andethed bundfælder sig ikke rigtigt.

LN Ja, men samtidig har han et overskud. Så han er en dobbelttydig figur. Han er et overskudsmenneske, han er sød ved Lisa og Kåre.

BRM Overskud skaber altid et ekstra rum.

LN Erik har et Mogens Wahl-agtigt overskud og generøsitet. Har du hørt historien om dengang, Mogens Wahl kørte taxa for en dame. Den har jeg hørt to gange, nu hvor jeg har været deroppe. Han sidder i sin bil uden for Hotel Hafnia, og så kommer der en kvinde ind og sætter sig bagi og beder ham køre forskellige steder hen, hun skulle på apoteket og det ene og det andet, og han fragter hende rundt og hjem, og først da hun vil betale og han siger, at han ikke skal have noget for det, går det op for hende, at det er rigsombudsmanden. Den historie siger meget om ham. På den måde – med sit overskud – har Erik i romanen en unik rolle.

BRM Du nævnte i en mail til mig, at på Færøerne er der en insisteren på livet.

LN Jeg ser også i dette tilfælde Færøerne både udefra og indefra. Der er en eller anden – det er vistnok Jaques Lacan – som har sagt, at hvis man ikke har prøvet at bo i forskellige kulturer, så har man et *lack of lacking*. Færøerne har formet min sjæl. Jeg blev kastet ind i en anden verden og har fået et blik på mig selv. Det har hjulpet mig meget til at komme ind i det færøske miljø, at jeg har en journalistisk baggrund og er vant til at komme ind i forskellige miljøer og lave research. Jeg har rejst mange steder i verden, som journalist kan man komme ind i alle miljøer, og som led i romanresearch har jeg også været med på en trawlertur. Tretten døgn, hvor vi sejlede fra Tórshavn til Islandsryggen og Munkagrunnurin, syd for Færøerne, og landede fisken i Scrabster. Der fik jeg masser af inspiration til *Færøblues*.

LN Du spurgte mig engang så flot, om jeg skriver den færøske samfundsroman. Nej, det gør jeg ikke, men jeg skriver måske den dansk-færøske samfundsroman. Men jeg gør det, fordi jeg har alle de lag, klangbunden af selvoplevelse og så har jeg også det kritiske og refleksive blik osv. Derfor mener jeg at jeg har en unik historie at fortælle, som måske kan berige det dansk-færøske forhold. Kirsten Thisted har også skrevet i en artikel om *Når engle spiller Mozart*, at bogen også kan læses som en opfordring til denne her diskussion af, hvad vil vi med rigsfællesskabet. Den diskussion savner jeg i Danmark. Der er ingen interesse for den stort set. Jeg synes, at det er vigtigt at få et mere nuanceret billede af Færøerne og rigsfællesskabet.

BRM Hans Hauge har sagt, at når man sætter en ydre grænse, så fjerner man samtidig en indre.

LN Det må du gerne uddybe lidt.

BRM Når Danmark har fået defineret sine ydre grænser over for Tyskland, så forsvinder de indre grænser, og derfor har man i Danmark haft en oplevelse af at forskellen mellem Danmark og Færøerne ikke er så markant. Man opfatter færinger som en slags danskere. Det står ikke helt klart, at færøsk kultur er en selvstændig kultur. Der er noget Norddanmark over Færøerne i denne opfattelse.
    Det er jeg meget enig i!

Bergur Rønne Moberg

BRM Jeg tænker på dine tydelige William Heinesen-referencer i romanen. Det er vel ikke kun en hilsen og en inspiration, du lægger også en distance til Heinesen?

LN Det har været en blokering for mig, fordi jeg har tænkt, kan jeg sidde og skrive om det her, når vi har en roman som *De fortabte Spillemænd*. Jeg havde oprindelig forestillet mig, at Kåre skulle være hovedperson i debutromanen, men efter råd fra min forlægger valgte jeg at skrive den første roman med udgangspunkt i Lisa og som et moderne kvindeportræt, og romanen adskiller sig blot ved den omstændighed fra *De fortabte Spillemænd*. Gudskelov, fordi jeg ville have brækket halsen på projektet, hvis Kåre var blevet hovedperson. Men da jeg havde skrevet debutromanen, kunne jeg mærke, at jeg måtte skrive om ham, og Kåre blev så hovedpersonen i *Færøblues*. I romanen stiller William sig i bogstavelig forstand blokerende i vejen på en bro, Kåre skal forbi. Jeg har forsøgt at få William ned på jorden, ellers ville han blokere for meget for mig. Jeg har noget andet at byde på. William – stor respekt. Det er ikke for at sammenligne mig med ham.

BRM Det er tit sådan med store forgængere, at de er så store, at man kan ikke komme videre for dem, men man kan heller ikke komme videre uden dem. Det er den dobbelthed, der ligger i den massive reference til Orfeus-figuren i romanen, som jo er så central i *De fortabte Spillemænd* også. Kåre har for så vidt det samme projekt som Orfeus har: det gælder om at komme op fra underverdenen.

LN Det er jo dannelsesromanen, jeg vil skrive.

BRM Dine romaner ajourfører *De fortabte Spillemænd*, der også handler om kulturmøde.

Perspektiver på Henrik Stangerup

LN Præcis. Jeg vil gerne lave en trilogi, der strækker sig fra 1965-2006 – et 41-årigt dansk-færøsk kulturmøde i den moderne tradition, Færøerne i den moderne verden og ikke det gamle, som William skildre. Men det har været svært, men så lader jeg William indgå i romanen, så morer jeg mig lidt over det og får ham ned på jorden.

Bergur Rønne Moberg

Krønikesamfundet og slottet i hovedet

Interview med Einar Már Guðmundsson, 26.08.2013

"Havet er det fundamentale element hos os."
– Einar Már Guðmundsson, 26. februar 2010, Drop Inn i København

Den islandske forfatter Einar Már Guðmundsson er aktuel med romanen *Íslendskir kongar*, som er blevet oversat til dansk af Erik Skyum-Nielsen til *Islandske konger*. Jeg har haft en samtale med forfatteren om romanen og om hans digtning generelt, om Islands økonomiske kollaps og det efterfølgende næsten lige så pludselige come back. Einar Már Guðmundsson mener, at "Islands krise kan tjene som et mikrokosmos for en hel verden i krise."[36] Bogen formidler dermed en form for kriseprægt kulturel globalisering.

Einar Már Guðmundsson griber problematikken an på klassisk nordatlantisk og ikke-europæisk vis ved at foretage koblinger mellem det præmoderne og det moderne. Han kobler to tilsyneladende vidt forskellige erfaringsdomæner og logikker sammen ved at sammenligne den gamle magiske verden og dagens finansielle virkelighed. Som et ekko fra forfatterens to essays – Hvítbókin og Bankstræti nr.0 – hedder det i romanen om den mentalitet, der fulgte i kølvandet på nyliberalismens og ekspansionsvikingernes hærgen:

> Folk, der førhen troede på alfer og spøgelser, tror nu på konjunkturparametre og inflationsbarometre. Og nu kan det lade sig gøre at pantsætte fiskene i havet og tage lån i dem. Sådan er vores økonomi endt som mystik, stor trolddom er på færde, måske en magisk realisme. Men samtidig med at humoren aftager, bliver alting mere latterligt.

Bergur Rønne Moberg

Guðmundsson rammer her et træk i kulturen og i sproget, som vedrører koblinger mellem den gamle magi og det, antropologen Karen Lisa Salamon, lektor i antropologi ved Københavns Universitet, kalder erhvervsmagi.[37] Svindel, bluff og blændværk, siger Salamon, beskrives tit i magiske metaforer, skønt disse ikke kræver magiske evner. Det påfaldende i denne sammenhæng er, at inden de finansielle gulddrenge blev afsløret, blev de beskrevet som magikere. Det er ligesom i Martin Scorceses nyeste film, The *Wolf from Wallstreet*, ikke først og fremmest omfattet af en socialt løftet pegefinger, men beskrevet som konger af begær, der vælter sig i penge og alt det, som verden har at byde på. Deres begær gør dem ikke til undtagelser, men til moderne arketyper. Sådan er det med kongerne i *Íslendskir kongar*. Folket har fortjent de tåber de får, og folket er ikke kun islændinge i 2000'erne, færinger i 1990'erne, for "Vi er alle grådig islændinge og dovne grækere", som Einar Már Guðmundsson siger.

Den amerikanske børsspekulant Bernhard Madoff svindlede for 65 mia, og han blev omtalt som en troldmand også før han blev afsløret. Man beundrede ham for, at han kunne trylle inden man vidste at han faktisk svindlede. Det samme med den danske erhvervsspekulant Stein Bagger, som er blevet kaldt en turnarounddoctor, der henviser til den totale omvending, som en magisk doktor, en medicinmand, en kvaksalver kan iværksætte. Magiske metaforer for finansielle operationer og operatører fylder også i bredere forstand en del i journalistikken og erhvervslitteraturen. Finansfolk beskrives som mirakelmagere, der lynhurtigt kan skabe værdi. Senest har man talt om, hvorvidt Apple kan holde liv i værdien ved at fastholde en magisk værdi – sit gode image – som er meget større end produktionsværdien. Salamons pointe er, at brugen af magiske metaforer inden for det økonomiske og finansielle felt ikke adskiller særlig meget fra opfattelsen af medicinmænd, magikere, Fausttyper, trylledoktorer, kviksalvere/kvaksalvere i 1600-tallet. I begge tilfælde skelner man ikke mellem rigtige doktorer og medicinmænd. Charlatanisme var en profession i 1600-tallets Italien, omrejsende helbredere, der hurtigt kunne salve og levere en mirakelkur. De omrejsende charlataner solgte deres varer ledsaget af flotte performancer og mangedoblede på den måde varens værdi eller — om man vil — skabte sig tilpas meget til, at en illusionen om varens forstørrede værdi var en realitet. I dag performer banker, således at det kan svært at skelne mellem præstation og bluff. Der er altid en tryllekunstner, der er god til at aflede opmærksomheden fra den hånd, der gør det hele. Der er altid en spøgefugl, der ligesom i commedia del'arte -traditionen, der er billig til prisen, men hvis budskab tit er for godt til at være sandt. Og nu en Guðmundsson, der gang på gang minder os om, at økonomi og finanser er blevet til en "social fiktion", som han har kaldt det, fordi man i bund og grund ikke kan skyde genvej til værdien ved at pantsætte fiskene i havet. Magiske metaforer i erhvervsøkonomisk litteratur forfører os til at tro, at enkelte 'håndtag' — som det hedder — kan bruges til at gøre noget meget kompleks, levere mangedobbelt værdi, som var verden et pyramidespil uden forbindelse til den materielle virkelighed.

Under læsningen af *Íslendskir kongar* om en slægt fra fiskerbyen Tangavík i Island, blev spørgsmålet om tunnel under den færøske Tangafjørður mellem Færøernes to største øer, Eysturoy og Streymoy, aktuelt igen. Tangafjørður/ Tangavík, Kollafjørður og andre stednavne er velkendte nordatlantiske stednavneparalleller. Denne litterære brug af virkelige stednavne og disse landnamsmæssige paralleller rækker videre ind i litteraturens grundsituation, hvor krønikedimensionens blanding af virkelighed og fiktion, politik og æstetik aldrig har forladt disse nordatlantiske litteraturer til fordel for fiktionel autonomi og 'ren' æstetik.

Undertitlen på den danske oversættelse af Jóanes Nielsens roman *Brahmadellarnir* (2011) er netop "En nordatlantisk krønike". Færøerne og Island bærer præg af at være ikke-metropole krønikesamfund, der på trods af indre splid og globaliseret hverdag fortsat er samfund med en stærk vilje til at vedligeholde fælles narrativer: nation, natur og så selve overblikket over landskab og samfund, som altid står til rådighed. Krønikesamfundet er samtidigt med det numoderne. Det er en anderledes og nok mere vild krønike end dansk-europæiske krøniker. I 2004 udgave Ole Grünbaum

Bergur Rønne Moberg

bogen *Farvel til Krønikesamfundet. Fortællinger fra den danske Metropolis.* Dette farvel med det danske krønikesamfund henviser til opløsningen af den nationale enhedskultur i Danmark. *Íslendskir kongar* og *Brahmadellarnir* er derimod eksempler på, at krønikesamfundet i Island og på Færøerne traditionen tro fortsætter i disse to kulturer og to nye nationer, hvor rummet i høj grad er et 'nationaliseret' eller et nationstænkende rum.

I litterære kulturer som den islandske og den færøske ser overblikket fortsat ud til at være en moderne mulighed, hvorfor de hele tiden forholder sig til sted og nation som brede erfaringer. Den caribiske forfatter og essayist Édouard Glissant siger i *Le discours antillais* (1981) om de nye nationers modtagelse af det moderne:

> Disse kulturer ikke har haft tid nok til at udvikles harmonisk fra Homers kollektive poesier til Becketts ubekvemme dissektioner. De skal pludselig på en og samme tid absorbere det hele, kampen, aktivismen, forankringen, klarheden, selvkritikken, den absolutte kærlighed, landskabets form, byernes nøgenhed, overskridelserne og udholdenheden. Det er det, jeg kalder vores indtrængen i moderniteten (Glissant 2005: 184).

I forhold til den lange vestlige udviklingshistorie er udviklingen i de nye nationer karakteriseret ved samtidighed og irregulære kulturprocesser, og det skaber – når litteraturen er bedst – krydsfelter af perspektivisk turbulens og en mere eller mindre anarkistisk indstilling til strukturer og strukturelle overprioriteringer især i segmentknusende humor. De nordatlantiske forfattere søger ligesom de caribiske, latinamerikanske, indiske, afrikanske forfattere at udvikle sted og nation gennem en alternativ kodning af den oprindelig metropoliske modernitet og modernisme. Forestillingen om krønikesamfundet er et aspekt af den alternative modernitet. I krønikedimensionen ligger en vilje til samtidighed til at bevæge sig på tværs af forskellige idéer, kulturer, historiske epoker, erfaringsdomæner, litterære strømninger. Dette træk former højdepunkterne i moderne færøsk og islandsk romanlitteratur og repræsenterer endvidere æstetiske udviklinger i ikke-metropole og ikke-vestlige kulturer generelt. Det associationsrige sprog og den stærke historiske bevidsthed har tit prosakarakter, men det er også tit en poetiseret prosa, der har som projekt at gøre det upoetiske poetisk. Det kan aflæses som en måde at tænke overblik som en moderne mulighed, som en "metaforisk fylde i modernitetens defekter", som Moritz Reiffers siger i sin gennemgang af overblikkets kulturhistorie i *Das Ganze im Blick* (2013).

Højdepunkterne i færøsk og islandsk litteratur generelt udgør en regional forgrening af kosmopolitisk europæisk litteratur. Det er nationallitteraturer, der bærer præg af en geografisk tæt placering i forhold til deres europæiske ophav, men som ikke-metropol litteratur fungerer de overordnet – verdenslitterært – på linje med ikke-vestlige litteraturer, fordi de i så udpræget grad mixer lokalt indhold med udefrakommende formindflydelse. Ligesom forfattere fra ikke-vestlige kulturer og ikke-metropole kulturer i og uden for Vesten har færøske og islandske forfattere været henvist til samtidig at udvikle sted og nation. Modernismen i disse nordatlantiske litteraturer gennemgår derfor en omfattende positionering, der forholder sig til modernitet som u-rene kulturprocesser, der inkluderer en konstitutiv forbindelse mellem det moderne og det præmoderne. Karakteristisk for de æstetiske udviklinger i periferien eller i ikke-metropoliteten opererer kunstnerne i et skæringsfelt mellem idéer, sandhedsprocedurer og værdisfærer som videnskab, religion, kultur og politik. Bevidstheden om at disse felter allerede er udspaltede betyder ikke, at skellene mellem dem absoluteres som filosoffen Harnow Klausen har påpeget. Det ikke-metropole miljø er massivt tilstede i litteraturen som overgangsfelter, grænser der ånder, samtidigheder, interferens, som geografisk er relateret til sted og territorie og tekstligt til prosa i betydningen en blanding af skønlitterære og andre diskurser. Det har betydet, at færøsk og islandsk litteratur i sig selv udgør en udfordring 1) til strukturelle overprioriteringer i moderniteten, 2) til modernistiske originalitetsidealer om formel innovation og 3) til snævre, decenniefikserede litteraturhistoriske periodiseringspraksisser og 'eurokronologien' generelt.

Efterhånden som moderniteten koloniserer kloden og rummet fremstår mere ens, opstår en sammenhængende strukturel opposition især fra tidligere europæiske kolonier.[38] Færøsk og islandsk litteratur er fuldgyldige medlemmer i denne strukturelle opposition, som også kan kaldes kraftlinjer mellem en euroamerikansk centralkontekst og alternativ modernitet. Således antager Einar Már Guðmundssons nyeste roman *Íslendskir kongar* en helt særlig almen karakter i form af en kulturel globalisering af ikke-vestligt/udkantsvestligt tilsnit.

Interview.
BRM Har modtagelsen af *Íslendskir kongar* været anderledes end modtagelsen af dine øvrige romaner?

EMG Nej, det kan jeg ikke sige. Jeg har ikke haft mulighed for at danne mig et overblik over modtagelsen endnu. Men det står helt klart, at denne bog, ligesom mine forudgående bøger, *Hvítbókin* og *Bankstræti No 0*, tager afsæt i den sociale situation. Jeg anvender i denne roman en særlig romanteknik til at beskrive den samme situation. Gennem disse bøger og deres essayistiske tilgang til virkeligheden, kommer jeg måske tættere på virkeligheden. Dette kommer til udtryk i *Íslendskir kongar*, på trods af, at den er skrevet som en roman. Selv om en sådan bog får sine læsere, så var der nogen i Island, der blev irriteret på den. I Island læser vi romaner ved at finde de konkrete forbilleder til figurerne, og vi vil gerne vide præcis hvor de foregår. Vi læser ofte digtning med telefonbogen i hånden, men disse læsere har også fået noget ud af bogen. Man tager blot det, der kommer. Men det har i det hele taget været spændende at følge med modtagelsen af bogen.

BRM Du nævner, at du er interesseret i at gøre koblinger mellem skønlitteratur og faglitteratur, og at du i *Íslendskir kongar* netop stræber efter at forbinde romanelementer og essayelementer. Du vil fortsætte i samme spor i dine kommende bøger, har du erklæret.

EMG Jeg synes, at grænsen mellem faglitteratur og skønlitteratur er meget flydende. Jeg havde den arbejdshypotese eller metode, da jeg skrev *Hvítbókin* og *Bankstræti No 0*, at man ikke behøves at skrive romaner, fordi man skal skrive om virkeligheden, og ingen vil tro på en. Så det er virkeligheden, der er fiktiv og som giver stof til alle historierne, og det er virkeligheden, som er magisk. Jo tættere du kommer virkeligheden, jo højere kan ånd og fantasi flyve.

BRM Det virker som et poetisk paradoks.

EMG Det er et paradoks. Man ser det ude i offentligheden, at ikke alle er lige glade for dette, fordi de vil have litteratur som et hyggeligt møbel i deres stue. Disse foretrækker at have økonomer, jurister og politikere til at tage sig af den sociale virkelighed, men disse har vist, at det er de ikke i stand til. Derfor må forfattere hjælpe til at beskrive virkeligheden.

Man ved fra litteraturforskningen, at litteratur altid handler om en virkelighedsopfattelse: hvem er det, der beskuer virkeligheden, hvem fortæller, hvilken synsvinkel er afsættet. Dette er meget aktuelt. Det er ikke tid til at slappe af og nyde litteraturen som en gammel konjak. Den sociale virkelighed presser sig på, men uden at man behøves at gå uden om det, litteratur i realiteten har at byde på. Der er ikke tale om en gentagelse af socialrealismen fra 1970'erne, skønt den også havde sin ret.

BRM Det var en anden tilgang til litteratur.

EMG Ja, absolut! I fortællekunsten før romanen blev til – i sagalitteraturen og i forskellig middelalderlitteratur og dertil i *Don Quijote*, *Bibelen*, den græske oldtidslitteratur – er der en anden verdensopfattelse. Det er de moderne tider, der taler om magisk realisme, fordi de moderne tider

Bergur Rønne Moberg

lever i spliddet mellem drøm og virkelighed. Men for digteren er dette ofte det samme. Jeg plejer at gengive Gabriel Márquez: "da forfatteren tager billeder af virkeligheden, fremkalder han drømme". Før i tiden blev drømme opfattet som del af virkeligheden, men med udviklingen af det borgerlige samfund, opstår en spaltning mellem det irrationelle og det rationelle, og det irrationelle bliver så det subjektive. Dette er en samtale om forbindelsen mellem verden og hjemme.

Vi er mange forfattere, der skriver imod denne opdeling. Da man kigger tilbage i tiden, har der altid været en modstand imod dette hos de store forfattere som Halldór Laxness og William Heinesen.

BRM Du nævnte William Heinesen, og han har du ofte henvist til i interviews og i dine bøger. Hvordan er du inspireret eller påvirket af Heinesen? Og hvordan opfatter du ham som forfatter?

EMG Han er en af de helt store. Heinesen og Færøerne har været med til at forme mit verdensbillede. Jeg ved ikke, hvad der er ægget og hvad der er hønen. Denne påvirkning blandes sammen med andre påvirkninger. Dengang jeg var ung og arbejdede i Klaksvík, vidste jeg intet om, hvordan mit verdensbillede ville komme til at se ud. Verdensbilledet kom senere. Færøerne og Heinesen har været med til at definere poesien, der hænger ved steder og lokaliteter. Stedets poesi har noget med atmosfæren omkring skrivningen at gøre. Og ikke kun atmosfæren set udefra, men også din forbindelse med stederne og hele universet. Der er noget religiøst i dette, skønt dette ikke har noget med religion i sig selv at gøre; dette er en længsel efter at komme i kontakt med verden på en universel måde.

BRM En religiøs livsfølelse?

EMG Ja!

Perspektiver på Henrik Stangerup

BRM 'Religare' betyder som bekendt at binde sammen, og religion drejer sig i grunden om at etablere forbindelser mellem vidt forskellige erfaringsfelter og formidle helhedsligt overblik. I den forbindelse kommer jeg til at tænke på, at du i forbindelse med udgaven af *Íslendskir kongar* har talt en del om sandskornet, der kan rumme hele verden. Det har også noget med forestillingen om overblik som en moderne mulighed at gøre. Er det det, der er formålet med magisk realisme?

EMG I starten af *Hvidbogen* er et digt, der minder om sandskornet i starten af William Heinesens roman *De fortabte Spillemænd* (1950). Det var et digt, der blev skrevet på Sømandshjemmet i Klaksvík:

> Du som har dit hjem
> på en ø i hjertet
> og himmelrummets vidder,
> et fortov under dine fødder:
>
> Ræk mig nordlysene!
> jeg vil danse med den yngling
> der holder på stjernerne.
>
> Vi flår skindet af mørket
> og skærer hovedet af elendigheden.

Sandskornet er kun et sandskorn, men kigger man nærmere ser man hele verden. Jeg blev så glad forleden, da jeg hørte Ólavur Steffansson, holdkaptajnen på det islandske håndboldlandshold og en af verdens bedste håndboldspillere. Han var i gang med at sige farvel til landsholdet og talte ved den lejlighed om Heinesen og sandskornet. Steffansson er også filosof. Der er et eller andet ved sandskornet som verdensbeskrivelse, der harmonerer så stærkt, og som vi islændinge genkender os i. Det har også noget med det at gøre, at det, du finder hos andre, har du i sig

Bergur Rønne Moberg

selv. Ligesom jeg beskriver det i et digt om menneskets længsel efter at rejse over havet for at se den store vide verden. Men da han eller hun så kommer ud i verden, så er verden jo ligeså interessant og uinteressant som hans egen verden. Men så kommer han tilbage med verden i bagagen. Da du læser romaner fra Australien og Afrika oplever du også denne dialektik mellem verdensdelene. Den fortæller dig noget om dit liv og miljø. Det er også dette, som er magien ved litteratur og som er det humanistiske budskab i litteratur, hvis man kan sige det på den måde.

BRM Jeg vil ikke helt slippe sandskornbilledet. Island er en ø, en kæmpestor ø og dertil hører en økultur. Har den relativt overskuelige ikke-metropole dimension, der kendetegner det færøske og islandske samfund, også en betydning for fremstillinger af overblik og udsyn i disse to nationallitteraturer?

EMG Dette overblik, som du taler om, fandt jeg i en bog, der har påvirket mig meget, romanen *Tårnet ved verdens ende* (1976) af William Heinesen. Vi sidder i et tårn ved verdens ende, og det er fra dette tårn, at vi får dette udsyn. Laxness har også beskrevet figurerne hos Storri Sturlusson: "de stiger store og mærkelige op ad oldtidsmørket og stemmer panden mod himmelhvælvet". Det handler om at finde din lyriske plads i universet. Det er det samme, García Márquez berører i romanen *100 års ensomhed*. Denne ensomhed betyder ikke det samme som at gå ind på socialkontoret i København. Det er en harmonisk tilstand, en gentagelse af begivenheder. Samfundet har reduceret ensomheden til en sørgelig tilstand.

BRM En mangeltilstand.

EMG Ja. Ensomhedstilstanden er i grunden poetisk og nødvendig for ethvert menneske for at føle, hvordan det hele hænger sammen.

BRM At trække sig tilbage og mærke verden lidt tydeligere, end der hvor man er midt i mylderet.

Perspektiver på Henrik Stangerup

EMG Ja. Denne samtale er så spændende for min generation af forfattere og utvivlsomt for mine færøske kolleger som Jóanes Nielsen, Carl Jóhan Jensen og andre. Jeg ved ikke, om der er nogen forskel mellem de to lande her. Min generation er vokset op i en ny republik, og det indebærer en stolthed. Republikken er en stolthed. Den spillede meget på fortiden, på sagadyderne fra skrivekunsten i 1300-talet. Hos forfatterne har forholdet til sagaerne imidlertid været næsten muse-præget, noget vi ikke skulle røre ved. Men så læser man de latinamerikanske forfattere og ser, at de går direkte i lag med deres traditioner – herunder sagerne – og anvender dem til at skabe litteratur.

BRM De havde ikke samme berøringsangst over for sagaerne?

EMG Vores kup var at gå i gang på samme måde uden al den ærbødighed. Sammenligner vi så denne nordatlantiske mentalitet med den latinamerikanske, så er Latinamerika også en verdensdel, der har været koloniseret og som heller ikke har haft et veludviklet borgerskab. Talrige latinamerikanske forfattere har set nærmere på vores forfattere: mexicaneren Juan Rulfo fremhæver Selma Lagerlöf og Halldór Laxness. Vejen til Latinamerika blev således på en måde meget kortere end man troede.

BRM Der er nogle krydsende kraftlinjer, der binder de ikke-metropole litteraturnationer sammen. Gunnar Hoydal skriver om en verden, der er tæt forbundet geografisk, historisk og politisk. Færøerne er her tænkt som en samtidighed og kulturel enhed eller – som Gunnar Hoydal siger – som en enhed, der er beskrevet og erkendt helt af sig selv. Er det det samme med Island? Fungerer historien, myterne og sagaerne på samme måde som en samtidighed i moderniteten i islandsk kultur og litteratur?

EMG Ja. Tager vi modernismen, så sagde T.S. Eliot, at alt er samtidigt. Jorge Luis Borges berørte det samme tema. Når man kommer ud i Europa og til Danmark, er man tilbøjelig til at sætte litteraturen ind i korte tidsssammenhænge, i årtier. Man taler om litteraturen fra tresserne, halvfjerdserne og firserne, men jo ældre jeg bliver, jo mere tænker jeg i århundreder. Ikke kun verdensdelene, som vi har været inde på, taler sammen gennem kraftlinjer, men også andre tider. Så på den måde er alt samtidigt. Eventyrene, mytologien og al mundtlig fortælletradition. De islandske mødre, jeg voksede op sammen med var en del af denne store fortælletradition. De fortalte disse fremragende historier, samtidig med at man ud i Europa erklærede at romanen var død. Vores – islandske – litteratur er på mange måder tættere knyttet til folkelig fortællekunst end europæisk fortællekunst generelt. Den tilgang, vi forfattere har til disse historier er, at de er tæt på og samtidig med os.

BRM Når man er så optaget af samtidighed og – som du gør – skaber gennem forestillinger om samtidighed, så er det ingen sag at indlemme en nutid her og en nutid der som f.eks. den seneste islandske krise. Krisen bliver, forekommer det mig, nærmest af sig selv som en del af dette rumlige og rummelig fortælleunivers. Du har som nævnt skrevet om krisen i Island i *Hvítbókin* og *Bankstræti No 0*, som bl.a. handler om et Island, der blev ramt af et pludseligt tilbageslag og kort efter fik en næsten lige så pludselig fremgang igen. Også i *Íslendskir kongar* indfældes krisesituationen i et fortælleunivers med en samtidighed af forskellige lag af historiske epoker. Krisen omskabes på poetisk vis. Hvad er dette for en forestilling om konger? Er der en forbindelse mellem kongerne og den verden som William Heinesens fortabte spillemænd repræsenterer? Bliver ekspansionsvikingerne og finansvikingerne også set i et poetisk lys og indfældet i en omfattende sagapræget fortællesammenhæng?

EMG Præcis, præcis det. For at komme tilbage til García Márquez. Han siger i novellen *Mama Grandes begravelse*, at nu er karnevallet slut, alle er gået hjem, tilbage er der kun bananskræl, sigaretskodder, flasker – og nu skal der blot ryddes op. Nu må man tage køkkentaburetten frem og begynde at fortælle om det, der skete. Det er denne holdning, der ligger bag *Íslendskir kongar*. Det er altid samtiden, der forandrer fortiden, præcis som Borges siger om den levende forfatter, der påvirker de døde forfattere. Perspektivet forandres, da noget nyt bliver tilføjet. På den måde fortæller man historie. *Hvítbókin* og *Bankstræti No 0* er utvivlsomt udsprunget af denne forestilling, og det samme kan man sige om flere af mine romaner som f.eks. *Sindets tremmer*. Jeg forsøger hele tiden at nærme mig virkeligheden. En ting, der står i vejen er fortælleren eller selve formidlingen mellem forfatteren og teksten. Laxness havde også dette problem, som han løste ved at skrive skuespil, hvor der ikke er nogen fortæller, og hvor alt foregår i nuet. Dernæst *Kristnihald undir jökli* (roman af Laxness, brm), hvor biskoppens udsending rejser med båndoptager. Men dette er mere tekniske løsninger. Jeg opfatter dette som en metode, der gør at man kommer tættere på det beskrevne, hvormed vejen mellem forfatter og fortælling afkortes. Det drejer sig om, hvor fortælleren befinder sig. Tidligere var forfatteren mere optaget af at definere, hvor fortælleren befandt sig f.eks. "Oskar er anbragt på et sindssygehospital ..." (EMG's roman *Einglar alheimsins*, BRM). Det er sådanne greb, der fungerede fint tidligere. Men nu er opgaven anderledes.

BRM Denne metode minder om antropologi, hvor forskeren forsøger at finde et mønster i sit feltarbejde.

EMG Ja, metoden kan minde om antropologi, men når man fortæller, som jeg gør, i *Íslendskir kongar*, så åbner sig en stor frihed overfor fortællingen, så jeg kan rejse frem og tilbage i historien og fortælle frit om alt. Præcis de store perspektiver med sandskornet bliver til en del af romanen. Du nævnte noget særdeles interessant, som har med det at gøre at *Íslendskir kongar* også bør læses som en roman om minderige figurer, der appellerer til fabulerende fantasi. Finanskrisen drejer sig ikke først og fremmest om at afsløre dårlig moral og at beskrive hvilken slags mennesker finansvikingerne var, således som det gøres i tabloidpressen. Denne vinkel har kun noget med kapitalismen at gøre, det henviser kun til systemet. Det har intet at gøre med disse finansvikinger, der mere kan opfattes som skuespillere på en scene. Selvsagt skal man være kritisk over for individer. Men i min roman beskriver jeg mest baggrunden for krisetilstanden. Mentalitetshistorien, der har alt dette i sig. Det drejer sig om at yde personerne retfærdighed. Ikke at dømme.

BRM Når man har en så udadvendt forfatterrolle som du har og skriver en så karakteristisk verdensvendt prosa, så bliver forfatteren vel også en del af en erindringspolitisk slagmark, hvor han på sin vis bliver historikernes konkurrent om fortolkningen af historien?

EMG Forfatteren insisterer dog ikke på den 'rigtige' fortolkning. Sandheden er et unødvendigt og uanvendeligt begreb, når det drejer sig om romankunst. Som romanforfatter arbejder man med kendsgerninger og mønstre, som erfaringen skaber. Kendsgerningerne former holdningen til liv og erfaringsstof. Men jeg tror ikke, at der er tale om en kamp om den 'rigtige' mening. Vi dekonstruerer på den ene side magthavernes sprog og sproget hos dem, der fører ordet i samfundsdebatten. Hvorfor skal vi ikke forsøge at erobre de samme felter som statsvidenskabsfolkene og politikerne? Hvem har ret til monopol i denne sammenhæng?

BRM Virkelighedsmonopolet, som neoliberalismen har haft ... Her har neoliberalisterne også flyttet sig ind på det digteriske område, idet neoliberalismen er blevet en slags social fiktion, som du også selv ofte har kaldt den.

EMG Netop, netop! Et sted i *Íslendskir kongar* står en af figurerne foran et antikvariat, og han ser på bøgerne i vinduet. Nogle af disse bøger hædrer jeg i min roman, f.eks. den sociale roman fra 1930'erne og 1940'erne herunder romaner af Sinclair Lewis. Lewis kritiserer ejendomsmæglere og afslører dem som personer og er skeptisk over for de nye tider i USA. Men da han begynder at skrive romaner om disse personer vokser sympatien med dem, og mæglerne ender som interessante personer. Figurerne i mine romaner har det med selv at tage magten.

BRM For at vende tilbage til William Heinesen, så har han en figur i romanen *Moder Syvstjerne,* som han kalder "Mennesket". En menneskelig figur, set gennem børneøjne. Et individ er mere end den rolle, man har i samfundet og mere end et individ i radikal modernistisk forstand.

EMG I *Moder Syvstjerne* møder du også nogen af de samme personer som i *De fortabte Spillemænd*. Noget af det, der kendetegner den fabulerende roman er, at stoffet er uudtømmeligt, således at en biperson i én roman kan blive hovedperson i en anden. Det er et univers, som bare fortsætter.

BRM Vi har talt om store og små ting, der hænger sammen, sandskornet og overblikket. Du har ofte understreget storhedens betydning ved f.eks. at sige, at der findes ingen slotte og ingen pragtpaladser i Nordatlanten.

EMG Ja, *Tårnet ved verdens ende*.

BRM Ja, *Tårnet ved verdens ende* er et godt eksempel. Her er en forestilling om poesi, der har meget stor betydning. I en verden, hvor litteratur er under stort pres fra andre medier, kunne man tænke sig, at mange af de strategier, forfattere anvender også handler om at nærme sig læseren. Det er helt legitimt på den måde at sætte litteratur på dagsordenen.

EMG Ja, man kan sige som den islandske forfatter Guðbergur Bergsson: det handler ikke om de virkelige slotte, men om slottene i hovedet. Det siger alt.

BRM Den jødisk-israelske forfatter Amos Oz taler om en forskel mellem jødisk-israelske forfattere og jødisk-amerikanske forfattere. Hvor jødisk-

Bergur Rønne Moberg

israelsk litteratur i høj grad er udendørslitteratur – litteratur der sætter scenen uden for, under åben himmel – er jødisk-amerikansk litteratur – Philip Roth, Saul Bellow osv. – i høj grad indendørslitteratur, der handler om radikal individualisme og de dermed forbundne neuroser, sexuelle frustrationer. Jødisk-israelsk litteratur handler derimod, ifølge Oz, i højere grad om udendørsliv og om at kortlægge en geografi. Jeg kommer i denne forbindelse til at tænke på nordatlantisk litteratur som en parallel til denne tanke hos Amos Oz. Der er for Nordatlantens vedkommende tale om en ikke-metropol litteratur, der for en stor dels vedkommende foregår udendørs præcis som meget litteratur gjorde det lidt tilbage i tiden i mange andre nationallitteraturer. Her er der tale om en radikal forskel mellem to fortællemiljøer. Litteratur, der foregår udendørs og litteratur, der foregår indendørs skaber forskellig slags litteratur og udgør inspirationsgrundlag af forskellig tilsnit.

EMG Det er en meget spændende kommentar. Dette drejer sig også om, hvordan vi forstår samfundet og verden. Vi er på en måde både indendørs og udendørs ligesom i Tangavík, som jeg skabte til romanen *Íslendskir kongar*. I virkeligheden er det ligemeget om du er indendørs eller udendørs. Verden udendørs kommer ind og modsat. Man kan utvivlsomt generalisere og tale om dette i en nordisk sammenhæng. Vi har tit sagt, at verden ikke er større end os, fordi resten er en kopi. Vi er et af mange eksempler på dette. Sammenligner vi med skuespillere, er vi ikke så meget skuespillere, men scenen er meget stor. Denne scene er skæbnen og havet og hele den udendørs verden. Så det er ingen tilfældighed, at vores litteratur er udendørslitteratur som Amos Oz taler om. Det er ingen tilfældighed, fordi vi er ofte optaget af udendørsbegivenheder, men som er vedkommende hos mennesker indendørs.

BRM Jeg vil slutte med et spørgsmål om et nyt hus i Reykjavík, operahuset Harpa. Harpa blev først symbol på krisen og senere symbol på fremgangen. Halldór Gudmundsson, der er husets direktør, og som i øvrigt har skrevet en omfattende biografi om Halldór Laxness, har sagt om dette hus, at det i grunden er for stort til islændinge, og at dette netop er det bedste ved det, fordi islændinge og Island kan have det som mål at modnes til det. Dette kan vel kaldes opskriften på en vision: at man slår et for stort brød op, hvorefter det fungerer som en mulighed for vokse sig tilstrækkelig stor og bekræfte huset som et storslået projekt. Islændinge har så taget udfordringen til sig ved at fylde huset med alle mulige aktiviteter, som også handler om mange andre ting end præcis opera. Denne brogethed midt i et storslået projekt er vel et kendetegn ved ikke-metropole kulturer generelt.

EMG Der er ingen anden mulighed end at åbne huset for folket og alle mulighederne. Jeg var til koncert i Harpa forleden. En klassisk koncert, hvor der også var biler på scenen. Der er også plads for eksperimenterende kunst inden for opera og musik. Et stort korværk af Halldís Bjarnadóttir blev sat sammen af fire af mine egne digte. Så der foregår mange forskellige ting af folkelig og eksperimentel art. Men taler vi om selve fantasiens hus, så har Laxness i romanen *Verdens lys* en flot beskrivelse af digterens hus, der rummer det hele, og den samme sammenligning kan man finde hos en anden meget spændende forfatter, Bill Holm fra USA, men som har islandske rødder. Han beskriver de fattige islandske tilflyttere, der kommer til Minnesota. Selv om de er fattige, så har de bøger med sig. Der er en fattig familie, hvis hus kommer på auktion, men som er fyldt med alle mulige bøger af Snorri Sturlusson, Hamsun, Bjørnson og musik fra hele verden. Men som det hedder i denne roman: intet af dette var fem øre værd i en verden, hvor den frie konkurrence hersker. Disse mennesker, siger Bill Holm, bar deres rigdom indeni. Det minder mig om William Carlos Williams, der siger, at der er ikke mange nyheder at hente i digte, alligevel er mange, der dør i elendighed på grund af mangel på det, som man kan finde i digte.

Bergur Rønne Moberg

BRM Så Harpa er en slags åndernes hus?

EMG Ja, på det officielle niveau. Skønt jeg håber, at vil gå godt for Harpa, så mener jeg ikke at skabelseskraften ligger i flotte huse i sig selv. Det er også den lære vi kan drage fra vores kultur og litteratur, at vi har ikke brug for disse prægtige ydre paladser. Det har været tilstrækkeligt for os at bygge dem i hovedet.

BRM Så poesien er og bliver de største paladser i islandsk litteratur og i nordatlantisk litteratur generelt?

EMG Ja, lad os håbe det.

Perspektiver på Henrik Stangerup

Bergur Rønne Moberg

Noter

[1] Foruden *Le Mondes* omfattende nekrolog af Jean-Luc Douin dateret 7.7. 1998 skrev Antoine de Gaudemar en tospaltet nekrolog i *Libération* ligeledes 7.7. 1998.

[2] Olav Harsløf beskriver denne trekant i artiklen "Bermudatrekanten" (Harsløf 2004).

[3] Jf. *Resten i Vesten. Verdenslitteratur i modernismens margin* (Moberg 2014) og "Udfordring fra udkanten. Æstetiske udviklinger i periferien med særligt henblik på modernismegeografi og oversættelseszoner hos William Heinesen og Jørgen-Frantz Jacobsen" (Moberg 2010).

[4] Deres opgør kom efter, at de mistede troen på revolutionen: "Sålænge revolutionen endnu var under sin udfoldelse, frembød forestillingen om et tredje alternativ midt imellem øst og vest, imellem den socialistiske og kapitalitiske verdensanskuelse, ingen tillokkelse for den vesteuropæiske intelligentsia; det gjorde den hverken for den borgerlige, der kunne regrediere til den tabte borgerlige kultur, eller den kritiske, for hvem udviklingen i Sovjetunionen endnu fremstod som utopi og mål for de politiske bestræbelser" (Fjord Jensen 1981: 62-63).

[5] Johan Fjord Jensen gør uden tøven Villy Sørensen til rendyrket modernist. Villy Sørensen udtrykker ifølge Fjord Jensen "den gamle konstruktions sammenbrud i en altomfattende modernistisk erkendelse af den menneskelige tilværelse som spaltet og dets forhold til samfund og historie som sammenhængsløs" (Fjord Jensen 1981 bd. III: 60). Eftertiden har været knapt så skråsikker. Opfattelsen af Villy Sørensen er i de senere år blevet mere broget i takt med at nye generationer har genlæst forfatterskabet. Jf. Kasper Støvrings bøger *Det etiske kunstværk. Villy Sørensens poetik og litterære kritik* (2006) og *Villy Sørensen og kulturkonservatismen* (2011).

[6] Stangerup var især kritisk over for dansk modernisme. Han kunne ifølge Lars Bonnevie mange "inside-historier ... om den hjemlige modernistiske tørvegrav" (Bonnevie 2000: 161).

[7] Opfattelsen af sted i det 20. århundredes dominerende modernistiske miljø har mest peget i retning af et sted som et stabilt fundament bestående af gammelmetafysiske, reaktionære forestillinger om jord og rødder (DeLoughrey 2011: 30).

[8] Stangerup var ét med Paris siger Lars Bonnevie (Bonnevie 2000: 161).

[9] Jf. følgende bøger, som alle i øvrigt forbinder midten med forestillinger om storhed i form af vovestykke eller tab: *Midtens vovestykke. Om Villy Sørensens essayistiske forfatterskab* af Carl Steen Pedersens, *Das Wagnis der Mitte. Ein Beitrag zur Ethik und Politik der Zeit* af Felix Welsch og *Verlust der Mitte* af Hans Sedlmayr.

[10] Trianguleringstanken gennemsyrer filosofien. I *Timaios* indleder Platons Sokrates med at tælle til tre, som fremstilles som det altafgørende. Et andet eksempel kunne være Hegels trinitariske udlægning af menneskets bevidsthed og Guds væsen. Der er altid tre: jeg, den anden og det fælles svarende til faderen, sønnen og helligånden. Hegel siger videre, at filosoffer tænker treenigheden Gud, verden og mennesket som relationelle størrelser. Mennesket er uvilkårligt forbundet med Gud og verden.

[11] Besværlighederne ved at kortlægge det mentalitetshistoriske niveau hænger sammen med, at det er en slags overbygning over til de betydeligt bedre udforskede og "mere bastante [...] materielle, økonomiske, politiske og militære måder for samfundets omgang med hinanden. Til gengæld vil jeg også påstå, at ingen af disse materielle måder er mulige uden en sådan overbygning" (Harbsmeier 1984: 40). Den manglende udforskning hænger ifølge Harbsmeier sammen med, at traditionel filologisk, idéhistoriske og kulturhistorisk forskning sjældent får fat i kulturens fineste forgreninger i holdninger, indstillinger, forventninger og ubevidste opfattelser, som svarer til de "ubevidste strukturer og logikker af en mere langvarig, sejg og tavs beskaffenhed, der til gengæld har en større gyldighed både over tid og i samfundsmæssig dybde" (ibid.: 40).

[12] Jf. "threshold concept", der er et kernebegreb hos litteraten Ray Land, som ifølge Land selv ændrer opfattelsen af et emne, når det er forstået. Tærskelsbegreber som Stangerups trianguleringer gør det muligt både at omfatte og forstå mere herunder både den europæiske og den ikke-europæiske, den metropole og den ikke-metropole verden.

[13] Bogens titel stammer fra Villy Sørensens bog *Demokratiet og kunsten*: "Her har ikke været tale om *midtens sikkerhed*, men om *midtens vovestykke*" (Sørensen 1988: 65).

[14] Stangerup skriver i essayet "Vive la Weltliteratur": "Romanens modoffensiv var begyndt, og via Paris blev latinamerikansk litteratur snart kendt i det meste af den øvrige verden. Latinamerikanske klassikere blev opdaget eller nyudgivet [...] den "3." verden holdt sit indtog og ruskede op i det til døden trætte intellektuelle Paris. Noget lignende skete i det multikulturelle og multiraciale London: det var fra Indien, Pakistan og fra Trinidad og Nigeria at den engelsksprogede roman fik nyt blod, ny energi – ny fantasi" (Stangerup 1991: 485).

[15] Jf. titlen på og perspektivet i artiklen "The West and the Rest: Frames for World Literature" af Sarah Lawall.
[16] Jf. Kondrup 1994: 390; jf. også Hardis, 5.11.2010 og 12.11.2010.
[17] Hans Hertel arbejder med begrebet 'postmemory' i forhold til Henrik Stangerup og det stangerupske familietraume (Jf. Hans Hertel: "Modstandskampens børn". *Politiken* 16.2.2014).
[18] Af Frederik Stjernfelts kronik "Mellem Krarup og Rifbjerg" fra 2014 fremgår det, at polariseringen mellem Søren Krarup og Klaus Rifbjerg består som om ingenting er sket i de sidste 40 år! Stjernfelt skriver bl.a.: "[...] Men den [...] debat illustrerer meget fint, hvordan venstre og højre fløj lever af hinanden – Rifbjerg hverver tilhængere imod Krarups forsimplinger, og Krarup hverver tilhængere imod Rifbjergs enfoldigheder [...] Jeg skal da meget betakke mig for at havne i nogen lejr, der bestyres af en af de to olme søelefanter" (*Politiken* 23.10.2014).
[19] Henrik Stangerup tænkte også bogen *Oprør fra midten* ind i en lignende puritansk angst for urenhed og for meget uorden: "På den ene side: mestertænkeren og hans tro disciple; på den anden: kunstneren, forføreren, Don Juan, sigøjneren, eventyreren, vagabonden, mirakelmageren – rottefængeren. De rene og de urene" (Stangerup 1978: 575).
[20] Digtningens omfattende inspiration fra strukturalistisk og anden sprogfilosofisk påvirket tekstteori var "hjernegymnastik" (Stangerup 1989: 466).
[21] Det var ikke uden grund, at Stangerup kobler tilsyneladende vidt forskellige tilgange som marxist-leninisme og semiologi sammen – og han stod heller ikke helt alene med denne fundamentale kritik. Koblingen bunder nemlig i en stærkt kritisk opfattelse af begge som historicistiske, dvs. af dem som en objektiverende opfattelse af mennesket som et materiale, der står til rådighed og som derfor frit kan modelleres. Sprogfilosofiens fokus på non-associativ tegnværdi og kontekstløs tekst har beredt grundlaget for bevidsthedsfilosofiens hegemoni i samtiden, hvori historicismen kulminerer. Da den marxistiske tanke, som selv var tung af budskaber over i det budskabistiske, havde så let ved at acceptere formalisme og nonassociativ tegnværdi inden for semiologi og andre sprogfilosofiske retninger, hænger det sammen med en fælles tro på, at mennesket er en fuldstændig modellerbar størrelse. Der er ikke noget indhold, nogen natur. Alt er en konstruktion og det mennesket gør det til. Per Øhrgaard siger først i 1980'erne: "Når marxister endnu i dag har så svært ved at affinde sig med [...] hvad der er naturligt for mennesket [...] kan det skyldes, at de virkelig betragter mennesket som i den grad modellérbart, at det bliver anderledes efter revolutionen – men så er der jo slet ingen grund til at lave revolution, for så

kan man lige så godt modellere menneskene til det samfund, vi har nu. Det kan også skyldes, at overvejelser om menneskets natur måtte føre til nogle selvpålagte begrænsninger i egen magtudfoldelse, og det er ubekvemt. Anderledes sagt: hvis mennesket kun er et historisk væsen, så gælder ingen anden lov end magtkampens, og sejrherren har ret alene ved at være sejrherre. Det er måske en indlysende teori for de marxister, som er ved magten, men den bør ikke være helt så indlysende for dem, der — som i flertallet af de vestlige samfund — er i opposition eller dog i mindretal" (Øhrgaard 1982: 122).

[22] Stangerup læste teologi ved Teologisk Fakultet, Københavns Universitet, men afsluttede aldrig sit studium og blev mig bekendt aldrig færdig med det planlagte speciale, der jo ligger i slutfasen af studiet. *Eksistentialismen i religiøs-ethisk aspekt hos Gabriel Marcel, J.-P. Sartre og Camus* var hans arbejdstitel, og et resultat af det ufærdige arbejde var dobbeltartiklen om Camus i *Perspektiv* 1961-62, som er optrykt i *Tværtimod!* Evt. andre dele af det ufuldførte speciale er forsvundet.

[23] Jf. Stangerups beskrivelse af sig selv som "Europamüde" i *Fjenden i forkøbet*. Begrebet "Europamüde" stammer fra Heinrich Heine og blev taget op af Meïr Goldschmidt i *Corsaren* nr. 124 og 127 (1843). Stangerup kendte Goldschmidts artikel fra *Perspektiv*, hvor den blev trykt op som aktuel i 1960'ernes Europa-debat (*Perspektiv* 1. årg. nr. 4, dec. 1962), fundet frem og introduceret af Hans Hertel.

[24] "It is this "prestige" of anthropology as a source of scientific knowledge about culture, as well as its complicity with modern art (particularly with the Surrealists), that made it a dominant form of discourse in Latin America." (Gonzáles 1990: 151).

[25] Jf. W. Glyn Jones formulering om William Heinesen (Jones 1994: 75).

[26] Surrealismen bekender sig til en totaliserende forestilling om poesien, der ligesom antropologien udfordrer vidensfelternes udspaltning. Surrealismen insisterer på det skønne, sande og gode som en enhed: "Æstetik, moral og objektivitet er alle ingredienser i poesien. Ideelt set. At det ikke er så enkelt endda at forene disse adskilte felter for viden, kunst og handling i en moderne sammenhæng er en anden sag" (Højbjerg 1992: 129).

[27] De positive anmeldelser kan også hænge sammen med, at *Vejen til Lagoa Santa* har en hel del til fælles den latinamerikanske roman, som tit omtales som komplekse, totaliserende romaner. Den totale roman kendetegnes ifølge Martin Zerlang ved: 1) mikrokosmos, 2) fusion af historiske og mytiske perspektiver 3) romanen som arkiv 4) encyclopædiske referencer, 5) mundtligt maskeret fortælleteknik, 6) den vestlige tidsopfattelse udviskes. Det totaliserende element kommer i stand som legende narrative fragmenter, der fungerer som et

distancerende lag i forhold til de forhåndenværende begivenheder. De bedste eksempler på denne romanform er ifølge Zerlang *La Casa* (Llosa 1965), *Cien anos de solidad* (Márquez), *La Muerte* de Artemio Cruz (Fuentes 1962) og *Rayuela* (Cortazar 1963). Det var primært disse fire romaner der blev anledning til diskussioner blandt latinamerikanske forfattere i 1960'erne og 1970'erne om den "totale roman" (Zerlang 2001: 137).
[28] Det samme siger Pascale Casanova om den litterære republiks specifikke virkemåde.
[29] Min oversættelse, BRM.
[30] To beslægtede begreber er "grassroots cosmopolitanism" og "literary cosmopolitanism" (Kotodziejczyk 2010: 153).
[31] "The Archive in its modern version does not add up, literally and figuratively; it is not a *suma*, but a *resta*, an intermittent series of subtractions" (González 1998: 180). Arkivet er også en rest som endetid: "The Archive is an image of the end of time [...] The Archive is apocalyptic" (ibid.: 181).
[32] Manta er også betegnelsen på arten djævlerokker, der kan være dødelige. Manta betyder således både liv og død og bliver dermed et fuldgyldigt udtryk for romanens modsætningsfyldte hjemlighedsproblematik.
[33] I sine essayer har Hoydal reflekteret over Færøerne i den moderne verden. Titlen på et af dem er "Verdensbygden Færøerne" (Hoydal 1987).
[34] Bengt Kristensson Uggla siger om opdagelsen af Amerika som en opfindelse: "I stället för en ren blick som skådar en redan given verklighet, handlar det om tolkningar og konstruktioner som bidrog till att en helt ny värld uppstod med utgångspunkt från "upptäckarnas" egna önskningar och behov [...] Därför skulle man också med den argintinske filosofen Enrique Dussel kunna säga att upptäckten av Amerika i praktiken innebar att Amerika uppfanns som Europas avbild – men med resultatet att den Andre, den amerikanske Indianen, helt enkelt försvann. Dussel leker med orden och menar att Europa inte *upptäckte (discovered)* den Andra, utan i stället *övertäckte (covered over)* den Andra som en del av det Samma" (Kristensson Uggla 2002: 26-27).
[35] Formuleringen stammer oprindelig fra forfatteren Salman Rushdie: "... The Empire writes back to the Centre ..." (Ashcroft 1989: forrest).
[36] Anna von Sperling: "Vi er alle grådige islændinge og dovne grækere". *Information* 24. november 2011.
[37] Jf. Lisa Salamons bog *Selvmål*.
[38] Pascale Casanova 2007: *The World Republic of Letters*. Oversat af M.B. Debevoise, p. 110.

Af samme forfatter

Bundin av undursjónum. Yrkjarin Karsten Hoydal
(Monografi om digteren Karsten Hoydal)
Mentunargrunnur Studentafelagsins, 1999.

Tá søgan byrjar á staðnum
(Tekster om modernitet, æstetik, metafysik, færøsk litteraturhistorieskrivning)
Mentunargrunnur Studentafelagsins, 2006.

Á langbylgju
(Digtsamling)
Mentunargrunnur Studentafelagsins, 2006.

Læn mær oyra títt
(Tekster om mundtlig, skriftlig og elektronisk kultur)
Eksil, 2007.

Ongar planir fyri næsta sunnudag
(Digtsamling)
Mentunargrunnur Studentafelagsins, 2007.

Barn av grundsøgum
(Tekster om sted, nation, litterær færøsk kultur)
Mentunargrunnur Studentafelagsins, 2008.

Resten i Vesten. Verdenslitteratur i modernismens margin
Forlaget Spring, 2014.

www.ingramcontent.com/pod-product-compliance
Lightning Source LLC
Chambersburg PA
CBHW020612300426
44113CB00007B/612